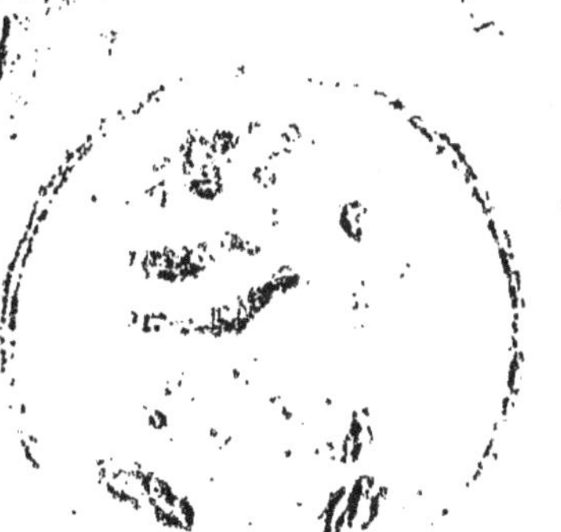

ŒUVRES

DE

MIRABEAU

LES DISCOURS

Avec une Préface et des Notes

PAR

LOUIS LUMET

TOME PREMIER

PARIS

EUGÈNE FASQUELLE, ÉDITEUR

11, RUE DE GRENELLE, 11

1921

ŒUVRES
DE MIRABEAU

—

LES DISCOURS

I

Eugène FASQUELLE, Éditeur, 11, rue de Grenelle, Paris

COLLECTION « L'ÉLITE DE LA RÉVOLUTION »

E. GREVIN. — IMPRIMERIE DE LAGNY.

L'ÉLITE DE LA RÉVOLUTION

ŒUVRES

DE

MIRABEAU

LES DISCOURS

AVEC UNE PRÉFACE ET DES NOTES

PAR

LOUIS LUMET

TOME PREMIER

PARIS

LIBRAIRIE CHARPENTIER ET FASQUELLE

EUGÈNE FASQUELLE, ÉDITEUR

11, RUE DE GRENELLE, 11

1921

PRÉFACE

Portant haut sa tête livide, sur un collet noir où tranchait la blancheur du jabot, le torse gros, avec du ventre, les épaules carrées, donnant l'impression de la bravoure et de la force, Mirabeau marchait vers la tribune, avec lenteur. Il s'y installait, souverainement, droit devant l'Assemblée, son manuscrit à la main, la bouche sinueuse et hautaine ; et ses yeux gris, sous la double touffe des sourcils, jetaient de vifs éclairs sur l'auditoire souvent hostile et rebelle qu'il fallait convaincre et dominer.

Mirabeau lisait posément (1), d'une voix claire, timbrée et pleine. Il articulait les syllabes très distinctement, scandant ses phrases, appuyant sur le

(1) « ...Il avait un grand mépris pour la volubilité française, et la fausse chaleur qu'il appelait les tonnerres et les tempêtes de l'Opéra. Il n'a jamais perdu la gravité d'un sénateur, et son défaut était peut-être, à son début, un peu d'apprêt et de prétention. » (Souvenirs sur Mirabeau et sur les deux premières Assemblées législatives, Étienne Dumont, I, p. 281.)

mot essentiel. Son débit avait quelque chose de lourd, d'insistant et de solennel, et, même dans les mouvements de passion et de chaleur, il n'en précipitait point la cadence.

Pendant qu'il exposait des principes, qu'il développait des arguments, qu'il invoquait des sentiments généreux, qu'il s'adressait à la raison et à la sensibilité, il restait en apparence indifférent aux agitations de l'Assemblée, tout à son devoir de la soumettre à sa volonté. Dans le tumulte outrageant, menacé de mort, sous les accusations les plus affreuses, sa face ravagée se figeait impassible, et les coins de ses lèvres amères s'abaissaient avec mépris. Il attendait que le silence fût obtenu, et il reprenait la lecture de son discours, sans élever la voix davantage, là où il avait été interrompu.

Parfois Mirabeau se départissait de son calme et de sa gravité. Il pouvait être cordial et débonnaire. Il avait de l'élégance et de la courtoisie. Il avait de l'esprit, de cet esprit qui appelle le rire, et même le sourire, du plus fin, qui caresse et ne blesse point, mais il en avait aussi du mieux aiguisé qui laissait des traces cuisantes à l'amour-propre d'un interrupteur trop aventureux. Puis, lorsqu'il devait riposter à l'attaque d'un adversaire de choix, il lançait à la volée de ces mots pesants qui assomment l'agresseur et le font se tenir coi, le souffle rentré. Tout cela, cependant, n'était pas au-dessus du talent de certains constituants, et nous n'aurions pas le Mirabeau légendaire, s'il n'avait été, passionnément, le verbe puissant et magnifique des espoirs et des craintes de la naissante révolution. Mirabeau fut, à

des heures rares et prestigieuses, l'expression même
des États-Généraux comme de l'Assemblée Nationale. Il fut l'orateur inspiré qui, dans une strophe,
par la clarté des mots, formule les sentiments con-
fus et communs d'hommes réunis autant que les
siens propres, l'orateur qui se confond avec l'auditoire, avec ceux qui, en l'écoutant, croient prononcer eux-mêmes les paroles qu'ils entendent,
dans un enthousiasme haletant. Il est, par là, l'orateur unique qui se sépare des meilleurs de l'Assemblée, à part et sans comparaison, par le feu du génie
et la passion civique (1).

Mirabeau descendait de la tribune, souvent exté-
nué, tout en sueur, près de défaillir, mais soutenu
par une indéfectible volonté. Qu'il fût malade (2),
tremblant de fièvre, les reins tenaillés par des douleurs, le sang aux yeux, ne pouvant presque pas
lire, qu'il fût brisé par des travaux immenses (3),

(1) « Au fond de l'âme de Mirabeau il y avait de la grandeur,
de la générosité, et un véritable amour de la liberté, une franche
haine de la tyrannie ; c'est de là que jaillissaient ces éclairs de
génie et ses beaux mouvements oratoires que Barnave n'a jamais
eus qu'après les avoir étudiés. » *Mémoires de Brissot*. t. III, p. 150.

(2) « Quoique Mirabeau fût né avec un tempérament très vigou-
reux, je ne l'ai pas vu, pendant tout le temps où je l'ai connu,
jouir d'une bonne santé... Il avait eu de la jaunisse au commencement de l'Assemblée Nationale, et ne s'en était pas bien remis ;
il eut bientôt un mal aux yeux, qui ne le quitta presque plus, et
qui allait toujours en augmentant. Son œil gauche devint même
tellement enflammé, qu'on craignit qu'il ne le perdît. D'autres
douleurs affectèrent aussi les différentes parties de son corps ; il
avait fréquemment des coliques néphrétiques ; enfin les infirmités
se succédaient sans interruption. » *Correspondance entre le comte
de Mirabeau et le comte de La Marck*, t. Ier, pp. 249-250.

(3) Si je n'avais pas vécu avec lui, je ne saurais pas tout ce
qu'on peut faire d'un jour, tout ce qu'on peut placer dans un intervalle de douze heures. Un jour lui valait plus qu'à d'autres une

de jour ou de nuit, qu'il fût épuisé par les plaisirs, il ne se croyait pas libre de manquer une discussion où il jugeait ses paroles nécessaires, portant à lui seul, malgré son extrême fatigue, le poids de séances entières.

Les débuts de Mirabeau aux États-Généraux furent pénibles. Noble et rejeté par la noblesse, élu du Tiers, il a, contre lui, les ministres et la Cour, la noblesse et le clergé (1), et par surcroît la méfiance des représentants du tiers ordre. Il arrive précédé par une réputation d'homme douteux, prêt à toutes les besognes, et il est peu connu comme orateur dans une Assemblée qui comprend l'élite de la Nation. S'il s'imposa, ce fut non seulement par son talent et par son courage, mais parce que, dans le flottement presque général, il avait une doctrine et un plan (2). Intransigeant sur les théories, les principes, il est opportuniste dans leur application. C'est un réaliste.

Pour comprendre l'unité profonde des discours parlementaires de Mirabeau, du premier au dernier,

semaine et un mois : tout ce qu'il menait ensemble était prodigieux ; du projet à l'exécution point de temps de perdu... »

« Monsieur le comte, lui disait un jour son secrétaire, ce que vous demandez est impossible. — Impossible dit-il en se soulevant de sa chaise ; ne me dites jamais ce bête de mot. »

(Étienne Dumont, *Souvenirs* p. 310.)

(1) Rendant compte de la 4ᵉ séance, « l'Assemblée Nationale » dit, à propos d'une motion de l'Archevêque de Vienne sur la réunion du clergé : « M. de Mirabeau a fortement appuyé cette motion ; mais la chaleur du *jeune* orateur a enflammé la bile de M. l'archevêque d'Aix ».

(2) Dès le 28 décembre 1788, près de six mois avant l'ouverture des États-généraux, il le propose à M. de Montmorin. Dédaigné par le ministre, il le soumet aussi vainement à Necker lorsque les États sont réunis.

Il faut les juger d'ensemble, comme prononcés dans un double but : l'un personnel auquel il attachait un intérêt public, son entrée dans un ministère, l'autre général, l'établissement d'une monarchie constitutionnelle, et ce double but se résume en dernière analyse à un seul, la substitution du pouvoir exécutif, prenant son droit dans la souveraineté populaire, au pouvoir absolu, sans contrôle, en se réservant d'être, lui, l'agent actif de cette substitution. Il fonde cette transformation radicale du pouvoir en France, sur ce principe que le peuple, jusque-là gouverné, possède en réalité la souveraineté comme corps politique et que le roi, devenu son délégué, est l'exécuteur de sa volonté exprimée par des lois. Mais ce principe peut comporter différentes interprétations dans son application, d'où nécessité d'une constitution qui fixe les droits et les devoirs du peuple et du roi, les rapports nouveaux qui seront établis entre le peuple et le roi. Quels seront ces droits, ces devoirs? Pour le peuple, l'accession à la capacité politique, la liberté individuelle dans toutes ses activités, économique, religieuse et intellectuelle, la justice commune et l'égalité, en conséquence suppression des ordres, abolition des privilèges, puis en contre-partie la soumission aux lois; pour le roi, premier magistrat de la nation, acceptation et promulgation des lois, administration du royaume, quant aux intérêts intérieurs et extérieurs, garde de la Constitution et des Libertés acquises. Quels seront ces rapports? Ici la pensée de Mirabeau est moins nette. Il admet que le pouvoir du roi n'existe qu'en vertu d'une délégation de la souveraineté du peuple, mais il admet aussi une prérogative royale, contenue, à la vérité, dans ce pouvoir délégué, et toutefois en étant indépendante. Il y a donc deux unités politiques, et tout l'art de Mirabeau consiste à les équilibrer, à les accorder pour la bonne marche générale des affaires de l'Etat. Les rapports entre le peuple et le roi ne peuvent pas être directs, chacun aura ses représentants, le peuple élira des députés pour le législatif, le roi choisira des ministres pour l'exécutif. Le peuple et le roi sont irresponsables comme unités politiques, les députés et les ministres seront responsables, les premiers devant le roi qui peut dissoudre l'Assemblée, devant le peuple qui peut ne pas les réélire, les ministres devant le roi qui les a choisis et devant les députés qui peuvent demander leur renvoi comme mauvais exécuteurs de leurs volontés législatives traduisant la souveraineté du peuple. Dans la prérogative royale, Mirabeau comprend le veto, le droit pour le roi d'accepter ou de ne pas accepter les lois, selon qu'il les juge bonnes ou mauvaises pour la nation. Est-ce une atteinte au pouvoir souverain du peuple? Non, dit Mirabeau. Le veto absolu est une garantie contre une loi mauvaise, contre la possibilité qu'auraient dans certaines circonstances les députés de se former en oligarchie, de se séparer du peuple et d'usurper l'autorité royale. D'autre part, le veto appliqué à une loi bonne et voulue du peuple ne saurait être maintenu indéfiniment par le roi. En conflit avec les députés sur les nécessités d'une loi qu'ils ont votée et qu'il refuse de sanctionner, le roi dissout l'Assemblée et fait appel au peuple en lui demandant d'élire de nouveaux députés. Si ceux-ci reviennent avec la même opinion que leurs prédécesseurs sur la loi contestée, et que pour le montrer ils refusent l'impôt, le peuple aura clairement manifesté sa volonté, et il faudra que « le prince obéisse ». (1) L'alliance étroite, directe, indispensable entre le peuple et le roi, celui-ci tirant son pouvoir et sa force d'exécution de celui-là et le protégeant dans l'intérêt général de la nation, tel est le noyau de la pensée politique de Mirabeau. Tous ses discours gravitent autour, et quand ils paraissent faire des écarts, contenir des contradictions, il n'y a là que de l'adaptation aux événements, sans que l'essentiel du principe en soit touché.

Est-ce que Mirabeau pouvait composer, écrire les discours qu'il a prononcés, dans son labeur immense d'homme politique mêlé à toutes les discussions, à toutes les intrigues d'une assemblée constituante? Non. Il eut des collaborateurs (2), mais j'ai dit (MIRABEAU, *Les Écrits*), à propos de la *Monarchie prussienne* et du major Mauvillon, quelle part capitale il prenait

(1) Mirabeau. Discours sur la sanction royale du 1" septembre 1789.

(2) « ... Il se faisait un devoir de tirer des travaux d'autrui tout ce qui pouvait contribuer au triomphe de ses idées. La France entière se disputait l'honneur de participer à tant d'efforts. Chaque jour la poste lui apportait (gratis par décision royale) une foule de lettres, de mémoires, de discours, de documents de tout genre et de toute valeur. Aucun n'était négligé. Tout était lu et analysé. Plusieurs secrétaires remplissaient cette tâche et faisaient de la maison de Mirabeau comme le ministère de l'Assemblée Nationale. Au-dessus de ce bureau de rédaction dans lequel se distinguaient, à des degrés divers, Pellenc, Étienne Dumont, Du Roveray. Clavière, l'abbé Lamourette, Beyerll, Comps, se groupaient dans un comité de censure les intimes amis, La Marck, Pellenc, Frochot (LOUIS PASSY, *Frochot, préfet de la Seine*, p. 23).

lui-même, par son inspiration, par ses indications, par ses directives, à l'ouvrage qu'il demandait aux hommes dont il appréciait le savoir et le jugement, et qui avaient des principes généraux conformes aux siens. Ces collaborateurs, il ne les cachait pas, il les montrait avec complaisance, son amour-propre littéraire n'en souffrait aucunement, et il estimait que son meilleur discours (1) n'était pas celui qui

(1) Index des discours et travaux de Mirabeau à la Constituante qui sont ou qui paraissent dus, en tout ou partie, à d'autres plumes que la sienne.

1. Discours sur l'appellation de l'Assemblée. Séance du soir, le 16 juin 1789, par Dumont et Du Roveray. — 2. Projet d'adresse de l'Assemblée Nationale aux électeurs, 27 juin 1789, par Dumont. — 3. Discours sur l'éloignement des troupes de Versailles, 8 juillet 1789, collaboration de Dumont et de Du Roveray. — 4. Adresse au Roi sur le même sujet, 9 juillet 1789, par Dumont. — 5. Rédaction des droits de l'homme, avec le concours de Dumont, Du Roveray, Clavière, lue au Comité des Cinq, le 17 août 1789. — 6. Discours sur le veto du roi, 1er septembre 1789, utilisation d'un travail de de Cazeaux. — 7. Projet de discours non prononcé, sur la traite des noirs. Automne 1789. Collaboration de Clarkson. — 8. Projet de discours non prononcé sur la Caisse d'Escompte (V. Méjean, II, 189-229). — 9. Projet d'adresse de l'Assemblée Nationale aux électeurs pour appuyer un impôt extraordinaire sur le revenu, lue les 2 et 3 octobre 1789, par Dumont. — 10. Projet de loi martiale, 18 octobre 1789, par Du Roveray. — 11. Discours de remerciement à Bailly et Lafayette, 19 octobre 1789, par Dumont. — 12. Discours sur l'inéligibilité des banqueroutiers, 27 octobre 1789, par Du Roveray. — 13. Discours sur la composition des listes électorales, 28 octobre 1789, par Dumont. — 14. Discours sur les biens du clergé, 30 octobre 1789, par Pellenc. — 15. Projet de discours, non prononcé, sur les biens du clergé, commencement de novembre 1789, par Pellenc. — 16. Partie du discours du 6 novembre 1789 qui a trait à la question du droit de participation des ministres aux débats, par Du Roveray. — 17. Discours sur la caisse d'escompte et son plan de transformation en banque nationale, 20 novembre 1789, par Clavière. — 18. Discours sur un système d'élections successives aux emplois publics, 10 décembre 1789, par Dumont. — 19. Discours sur les affaires de Marseille, 26 janvier 1790, collaboration de Pellenc. — 20. Discours sur le droit de paix et de guerre, 20 mai 1790. Collaboration de Pellenc. — 21. Projet de discours

avait eu le plus de succès à la tribune, mais celui qui avait obtenu le résultat le plus décisif, le plus exactement conforme à son dessein. Parler, c'était agir, et lui seul parlant, lui seul agissait, d'où le rôle secondaire qu'il assignait à ces collaborateurs chargés seulement de lui préparer de bons outils bien en main et tels qu'il les voulait.

Quelle fut son influence sur l'Assemblée? Prépondérante dans certaines questions de tactique politique et de doctrine, nulle souvent. Mirabeau eut l'étrange fortune de défendre la royauté par la révolution, et d'être incompris par la royauté et la révolution. Rejeté par la droite qu'il effrayait par la suppression de tous les organes du passé, soutien du trône auquel il donnait une force nouvelle par le peuple, étranger au sens profond de la révolution telle que la concevait la gauche qui, consciemment ou inconsciemment, allait vers la démocratie par l'élimination du roi, dernier obstacle à la vraie souveraineté de la nation, il était en

non prononcé, sur le célibat des prêtres, mai ou juin 1790, par Reybaz. — 22. Premier discours sur les assignats, 27 août 1790, par Reybaz. — 23. Second discours sur les assignats, 27 septembre 1790, par Reybaz. — 24. Discours sur la Constitution civile du clergé, 26 novembre 1790, par Lamourette. — 25. Projet de discours, non prononcé, sur l'impôt des rentes, fin de novembre 1790, par Reybaz. — 26. Adresse aux Français sur la Constitution civile du clergé, 14 janvier 1791, par Lamourette. — 27. Rapport sur les relations extérieures de la France, fait au nom du Comité diplomatique, le 25 janvier 1791. Collaboration de Dumont. — 28. Discours sur les droits des propriétaires des mines, collaboration de Pellenc. — 29. Discours, lu par Talleyrand, le 2 avril 1791, sur le droit égal à l'héritage en ligne directe, par Reybaz. — 30. Projet de discours, non prononcé, sur les académies, par Chamfort. (Alfred Stern, *La vie de Mirabeau*, 2 vol. Paris 1895-96. Vol. II, page 393.)

avant et en arrière des deux grands courants qui se partageaient l'Assemblée. Le double désaccord s'accentuait régulièrement, et la révolution, à laquelle il avait assigné des limites, s'étendant de plus en plus au delà de sa conception, il aurait été submergé, malgré son courage et son génie. De l'inquiétude qu'il en avait, sont venus ses projets, non de contre-révolution, mais de fixation de l'ordre nouveau, circonscrit dans sa formule politique.

Louis LUMET.

ŒUVRES
DE MIRABEAU

(LES DISCOURS)

I

ÉTATS-GÉNÉRAUX

DÉLIBÉRATIONS DES COMMUNES

Par un arrêt du Conseil d'Etat du Roi, du 8 août 1788, la tenue des Etats-Généraux ayant été fixée au 27 avril 1789, des lettres de convocation étaient adressées aux gouverneurs des provinces, le 24 janvier, avec un règlement pour leur exécution, et les élections en majorité faites, les députés des trois ordres se réunissaient à Versailles. Tous n'étant pas présents à la date indiquée, l'ouverture des Etats était remise au 5 mai.

Le roi recevait les députés le 2 mai, et le protocole adopté pour la présentation, ainsi que l'habit de cérémonie différent imposé à chaque ordre, froissaient une partie de ceux du Tiers. Après une procession solennelle, le 4 mai, partie de Notre-Dame de Versailles pour aller à l'église Saint-Louis où une messe était célébrée, le 5, Louis XVI ouvrait, par une séance royale, les Etats-Généraux de son royaume [1].

1. Les salles affectées aux députés des Etats-Généraux avaient été aménagées dans les bâtiments des Menus-Plaisirs. La salle commune mesurait trente-neuf mètres de long sur dix-huit mètres cinquante de large. Elle était ornée de colonnes cannelées d'ordre ionique et la lumière lui était distribuée par des ovales ménagés dans

Le conflit entre les ordres privilégiés de la Noblesse et du Clergé, et l'ordre du Tiers, se manifestait dès le lendemain, jour fixé par le roi, pour le commencement des travaux [1]. Les députés du Tiers prenaient place dans la salle commune, et attendaient vainement, jusqu'à deux heures et demie, l'arrivée des députés de la Noblesse et du Clergé. Une question politique essentielle dominait toutes les opérations des Etats-Généraux : est-ce que les délibérations et les votes se feraient

le plafond. Des gradins pour les spectateurs garnissaient ses bas-côtés, et à mi-hauteur des murs couraient des travées garnies de balustrades.

Dans l'une des extrémités de la salle se dressait l'estrade du roi et de la cour. Près du marchepied du trône, il y avait une chaise à bras réservée au garde des sceaux. Un banc pour les secrétaires d'Etat s'appuyait au bas de l'estrade. Ils avaient devant eux une table recouverte d'un tapis de velours violet brodé de fleurs de lys. Les conseillers d'Etat et les maîtres des requêtes avaient des banquettes à droite, et à gauche étaient celles des gouverneurs et lieutenants généraux des provinces. Face au trône se tenaient les députés des trois ordres, à droite le Clergé, à gauche la Noblesse, au milieu et au fond, le Tiers.

Pour la séance royale du 5 mai, les députés étaient convoqués à 8 heures. L'appel commença dans l'ordre des bailliages de 1614, et il en résulta pour le plus grand nombre une longue attente dans « un corridor étroit et obscur ». Plus de deux mille spectateurs qui occupaient les tribunes et les gradins applaudissaient les députations à leur entrée dans la salle. Celle d'Aix, dont faisait partie Mirabeau, fut accueillie par un murmure qui marquait un sentiment de réprobation contre ce dernier. La séance royale ne commença qu'à midi, et selon Frochot, Mirabeau avait l'intention d'y prendre la parole et d'y lire une adresse au roi, dans laquelle il le suppliait de résoudre la question qui divisait les trois ordres, à savoir s'ils devaient délibérer en commun ou séparément. Quand les ministres eurent fini leurs discours et que Necker eut exposé l'état des finances, Mirabeau se leva audacieusement, et il ne fut empêché de parler que par les acclamations qui saluaient le départ du roi.

M. Louis Passy a publié cette adresse dans *Frochot, préfet de la Seine.*

[1]. Ce placard avait été affiché dans la nuit du 5 au 6 mai.

DE PAR LE ROI

« Sa Majesté ayant fait connaître aux députés des trois ordres l'intention où elle était qu'ils s'assemblassent dès aujourd'hui, 6 mai, les députés sont avertis que le local destiné à les recevoir, sera prêt à neuf heures du matin. »

et par Chambre et par Ordre, ou bien dans une assemblée commune comprenant les députés des trois ordres et par tête ? La vérification des pouvoirs mettait immédiatement à l'épreuve les deux théories, et de son résultat dépendait l'avenir de la Révolution. La Noblesse et le Clergé voulaient que chaque ordre vérifiât les pouvoirs de ses propres députés, quand le Tiers demandait que les pouvoirs fussent vérifiés en commun sans que l'on tînt compte de la distinction des ordres.

Le 7 mai, les députés du Tiers s'assemblèrent à nouveau dans la salle où s'était tenue la séance royale, et ils apprirent que la Noblesse et le Clergé s'étaient constitués en Chambre séparée, et qu'ils s'étaient prononcés contre la vérification des pouvoirs par des commissaires pris dans les trois ordres, la Noblesse par 188 voix contre 47, le Clergé par 133 voix contre 114, et qu'ils étaient prêts à délibérer valablement. Devant cette attitude, le Tiers résolut de rester un corps inerte, sans pouvoir politique, jusqu'à ce que les deux ordres privilégiés se fussent joints aux députés qu'il considérait comme les véritables représentants de la nation.

Dans les réunions du 6 et du 7 mai, Malouet proposa de nommer une délégation chargée d'aller inviter les députés de la Noblesse et du Clergé à se réunir aux députés du Tiers, tandis que Mounier se montra partisan de la temporisation. Du 8 mai au 13 mai, le Tiers s'occupa d'organiser la police de ses séances. Le 14, Rabaud de Saint-Étienne, les réunions des députés du Tiers ayant pris une forme régulière, proposa de nommer seize commissaires devant se concerter avec ceux de la Noblesse et du Clergé, afin de rechercher les moyens de concilier les trois ordres, mais avec le mandat de maintenir le vote par tête et la communauté des députés aux États-Généraux. Le même jour Le Chapelier fit une déclaration plus énergique et plus intransigeante, par laquelle il exposait que les députés du Tiers ne reconnaîtraient comme représentants légaux les députés de la Noblesse et du Clergé, que lorsque ceux-ci auraient soumis leurs pouvoirs à une vérification commune.

Jusqu'à cette date l'activité de Mirabeau s'était témoignée plutôt au dehors qu'au dedans de l'Assemblée [1]. Il était

1. Il n'avait pas attendu que la liberté de la presse fût dévolée, et sans autorisation il avait publié une feuille, *États-Généraux*, où il rendait compte des délibérations de l'Assemblée. Le premier

suspect au Tiers, tenu à l'écart, redouté de la Noblesse et du Clergé, méprisé par la Cour et les ministres, Montmorin et Necker.

La discussion sur les propositions de Le Chapelier et de Rabaud de Saint-Etienne fournit à Mirabeau l'occasion de son premier discours : il n'avait encore eu que de brèves interventions. Les débats s'étaient prolongés du 14 au 18 mai, et Malouet ayant présenté sans succès une motion transactionnelle, Mirabeau parla pour résumer de longs discours et formuler lui-même une proposition.

numéro, daté de Versailles, ce 2 mai 1789, contenait des attaques très vives contre l'étiquette observée pour la présentation au roi des députés des trois ordres. Le second, du 5 mai, critiquait sur un ton acerbe l'exposé financier de Necker, et Mirabeau y développait les arguments dont il s'était servi dans son adresse au roi, pour la réunion des trois ordres. Il régentait même les députés vertement : « Espérons que les représentants de la nation sentiront mieux désormais la dignité de leurs fonctions, de leur mission, de leur caractère, écrivait-il ; qu'ils ne consentiront plus à se montrer enthousiastes à tout prix et sans condition ; qu'enfin, au lieu de donner à l'Europe le spectacle de jeunes écoliers échappés à la férule et ivres de joie, parce qu'on leur promet un congé de plus par semaine, ils se montreront des hommes, et les hommes d'élite d'une nation qui, pour être la première du monde, n'a besoin que d'une constitution. »

C'était écrire trop hardiment. Le 7 mai, un arrêt du Conseil d'Etat du roi supprimait le n° 1 d'une feuille périodique ayant pour titre ETATS-GÉNÉRAUX, et faisait défense d'en publier la suite « parce que, disait l'arrêt, le roi cru devoir marquer particulièrement son improbation sur un écrit aussi condamnable au fond qu'il est répréhensible dans sa forme. » Cet arrêt était dénoncé, le 8, par Target, à l'assemblée des électeurs du Tiers de Paris qui prenait aussitôt un arrêté pour réclamer la liberté de la presse.

Mais sans attendre le 10 mai, où le garde des sceaux autorisa les comptes rendus des Etats-Généraux, sans commentaires, Mirabeau avait publié une nouvelle feuille qui faisait directement suite à la première. LETTRES DU COMTE DE MIRABEAU A SES COMMETTANTS, pendant la tenue des Etats-Généraux de 1789. Et au début de la lettre première, datée du 10 mai, il disait : « Nommé votre représentant aux Etats-Généraux, je vous dois un compte particulier de tout ce qui est relatif aux affaires publiques : puisqu'il m'est physiquement impossible de remplir ce devoir envers vous tous, autrement que par la voie de l'impression, souffrez que je publie cette correspondance, et qu'elle devienne commune entre vous et la nation; car bien que vous ayez des droits plus directs

SÉANCE DU 18 MAI

Messieurs, les sentiments très estimables, les principes en général très purs qui caractérisent les deux motions dont nous sommes occupés, n'ont pas suffi pour me ranger entièrement aux propositions de MM. Rabaud de Saint-Etienne et Chapelier. Je désirerais qu'un avis mitoyen tempérât ou plutôt réunît ces deux opinions.

M. Rabaud de Saint-Etienne demande que nous autorisions messieurs du bureau à conférer avec les commissaires du clergé et de la noblesse, pour obtenir la réunion des membres qui doivent former les Etats-Généraux.

M. Chapelier désire que, dans une déclaration très formelle, nous démontrions au clergé et à la noblesse l'illégalité de leur conduite, et que nous les avisions des démarches qu'il deviendra nécessaire d'opposer à leurs prétentions.

Ce dernier avis, plus aux principes que le premier, il faut en convenir, plus animé de cette mâle énergie qui entraîne les hommes à leur insu même, renferme, selon moi, un grand inconvénient dont les préopinants ne m'ont pas paru tous assez frappés.

Indépendamment de ce que le parti que nous propose aux instructions que mes lettres pourront renfermer, chaque membre des Etats-Généraux devant se considérer, non comme le député d'un ordre ou d'un district, mais comme le procureur fondé de la nation entière, il manquerait au premier de ses engagements, s'il ne l'instruisait de tout ce qui peut l'intéresser ; personne, sans exception, ne pouvait s'y opposer, sans se rendre coupable du crime de lèse-majesté nationale, puisque même, de particulier à particulier, ce serait une injustice des plus atroces ».

Et Mirabeau, après avoir protesté contre la suppression des *Etats-Généraux*, commentait les événements quotidiens et exposait ses principes. Il rédigea presque seul jusqu'à la 11ᵉ lettre, mais à partir de la 12ᵉ il eut comme principaux collaborateurs Dumont, Clavière et Du Roveray. Les *Lettres du Comte de Mirabeau* devinrent après la 19ᵉ le *Courrier de Provence*, feuille paraissant trois fois par semaine.

M. Chapelier tend à porter un décret très solennel avant que nous ayons aucune existence légale, indépendamment de ce qu'il confond deux ordres qui ont tenu une conduite très différente, indépendamment de ce qu'il avertit nos adversaires d'un système qu'il est bon de ne leur faire connaître qu'en le développant tout entier lorsque nous-mêmes en aurons saisi toutes les conséquences ; il appelle, il nécessite en quelque sorte une déclaration de la noblesse encore plus impérative que celle dont nous fûmes accueillis hier ; une déclaration que, dans nos formes actuelles, nous ne sommes ni préparés ni aptes à repousser, et qui cependant peut exiger les résolutions les plus promptes. Si nous sommes persuadés, messieurs, autant que nous devons l'être, qu'une démarche aussi mémorable, aussi nouvelle, aussi profondément décisive que celle de nous déclarer Assemblée Nationale, et de prononcer défaut contre les autres ordres, ne saurait jamais être trop mûrie, trop mesurée, trop imposante, et même qu'elle nécessite d'autres actes sans lesquels nous pourrions obtenir pour tout succès une dissolution qui livrerait la France aux plus terribles désordres : nous devons infiniment redouter de nous trouver contraints en quelque sorte, par notre déclaration même, à faire avec précipitation ce qui ne peut jamais être soumis à trop de délibérations.

D'un autre côté, la motion de M. Rabaud de Saint-Etienne dissimule entièrement la conduite arrogante de la noblesse : elle donne en quelque sorte l'attitude de la clientèle suppliante aux communes, qui, ne fussent-elles pas bravées et presque défiées, doivent sentir qu'il est temps que le peuple soit protégé par lui seul, c'est-à-dire par la loi, qui suppose l'expression de la volonté générale. Cette motion enfin traite avec la même déférence ceux qui, se rendant juges dans leur propre cause, n'ont pas même daigné condescendre à la discuter, et ceux qui, plus habiles ou plus délicats, couvrent du moins de quelques procédés leur marche irrégulière et chancelante.

Ces deux avis, chacun dans leur sens, me paraissent également exagérés.

Et qu'on ne nous répète pas de grands lieux communs sur la nécessité d'une conciliation. Rien n'est plus aisé que de saisir, par le mot salutaire, les esprits peu attentifs, ou même les bons citoyens qui ont plus de qualités morales que de connaissance des affaires, plus de zèle que de prévoyance ; car le vœu de tous les cœurs honnêtes est la concorde et la paix ; mais les hommes éclairés savent aussi qu'une paix durable n'a d'autre base que la justice, qui ne peut reposer que sur les principes.

Mais peut-on, sans aveuglement volontaire, se flatter d'une conciliation avec les membres de la noblesse, lorsqu'ils ne daignent laisser entrevoir qu'ils pourront s'y prêter qu'après avoir dicté des lois exclusives de toute conciliation ? lorsqu'ils font précéder leur consentement à nommer des commissaires pour *se concerter avec les autres ordres*, de la fière déclaration qu'ils sont légalement constitués ? N'est-ce pas là joindre la dérision au despotisme ? Et que leur reste-t-il à concerter du moment où ils s'adjugent eux-mêmes leurs prétentions ? Laissez-les faire, messieurs ; ils vont nous donner une constitution, régler l'État, arranger les finances ; et l'on vous apportera solennellement l'extrait de leurs registres pour servir désormais de code national... Non, messieurs ; on ne transige point avec un tel orgueil, ou l'on est bientôt esclave.

Que si nous voulons essayer encore des voies de conciliation, c'est au clergé, qui du moins a eu pour nos invitations l'égard de déclarer qu'il ne se regardait pas comme constitué légalement, et cela au moment même où la noblesse nous dictait ses décrets souverains ; c'est au clergé qui, soit intérêt bien entendu, soit politique déliée, montre le désir de rester fidèle au caractère de médiateur ; c'est au clergé, trop habile pour s'exposer au premier coup de tempête ; c'est au clergé, qui aura toujours une grande part à la confiance des peuples, et auquel il nous importera longtemps encore de la conserver ; c'est au clergé qu'il faut nous adresser, non pour arbitrer ce différend, une nation juge d'elle et de tous ses membres ne peut avoir ni procès, ni arbitres avec eux, mais pour interposer la puissance de la doctrine chrétienne, des fonctions sacrées, des ministres de la religion, des officiers de morale et d'instruction, qu'elle consacre à faire revenir, s'il est possible, la noblesse à des principes plus équitables, à des sentiments plus fraternels, à un système moins périlleux, avant que les députés des communes, obligés de remplir enfin leur devoir et les vœux de leurs commettants, ne puissent se dispenser de déclarer à leur tour les principes éternels de la justice et les droits imprescriptibles de la nation.

Cette marche a plusieurs avantages : elle nous laisse le temps de délibérer mûrement sur la conduite à tenir avec la noblesse, et sur la suite des démarches qu'exigent ses hostilités ; elle offre un prétexte naturel et favorable à l'inaction, qui est de prudence, mais non pas de devoir ; elle fournit à la partie des députés du clergé qui fait des vœux pour la cause populaire, l'occasion, dont ils ont paru très avides, de se réunir avec nous ; elle donne enfin des forces à la trop peu nombreuse partie de la noblesse que sa généreuse conduite nous permet de regarder comme les auxiliaires des bons principes. Vous conservez donc ainsi tous vos avantages, et vous ne vous compromettez en aucun sens, ce qui ne peut pas se dire dans tous les systèmes ; car on aura beau se récrier sur ce qu'on appelle des disputes de mots, tant que les hommes n'auront que des mots pour exprimer leur pensée, il faudra peser ces mots. Eh ! de bonne foi, est-ce bien à ceux qui courbent la tête devant les pointilleries des publicistes ; est-ce bien à ceux qui nous rappellent sans cesse à de vieux textes, à de vieux titres, à de belles phrases, à des autorités de discours et d'insinuations ; est-ce bien à ceux qui nous ont journellement fait dire ce que nous ne voulions pas dire, répondre ce que nous ne pouvions pas répondre, à nous reprocher de peser sur les mots? Nous n'avons pas cessé de convenir que nous n'étions pas constitués : devons-nous nous permettre des formules qui aient toutes les apparences d'un acte de juridiction? Avons-nous eu tort de prétendre que la puissance doit précéder l'action? Si cela était vrai hier, cela ne l'est-il plus aujourd'hui? Si cela l'est encore, pouvons-nous, plus que les jours passés, faire des déclarations secrètes, commencer des registres, donner des pouvoirs? Tout peut se défendre, messieurs, excepté l'inconséquence.

Envoyez au clergé, messieurs, et n'envoyez point à la noblesse ; car la noblesse ordonne, et le clergé négocie. Autorisez qui vous voudrez à conférer avec les commissaires du clergé, pourvu que vos envoyés ne puissent pas proposer la plus légère composition, parce que, sur le point fondamental de la vérification des pouvoirs dans l'Assemblée Nationale, vous ne pouvez vous départir de rien ; et quant à la noblesse, tolérez que les adjoints confèrent avec elle comme individus ; mais ne leur donnez aucune mission, parce qu'elle serait sans but, et ne serait pas sans danger.

En effet, ne nous dissimulons pas que dans notre sein même on s'efforce de former un parti pour diviser les États-Généraux en trois chambres, pour les faire délibérer et opiner par ordre, unique ambition des privilégiés en cet instant, et qui est l'objet d'un véritable fanatisme. Toute déviation du principe, toute apparence de composition encouragera le parti, et entraînera ceux d'entre nous qu'on est parvenu à ébranler. Déjà l'on a répandu, déjà l'on professe qu'il vaut mieux opiner par ordre que de s'exposer à une scission (ce qui revient à dire : *séparons-nous de peur de nous séparer*) ; que le ministre désire, que le roi veut, que le royaume craint. Si le ministre est faible, soutenez-le contre lui-même, prêtez-lui de vos forces, parce que vous avez besoin de ses forces. Un aussi bon roi que le nôtre ne veut pas ce qu'il n'a pas le droit de vouloir. Le royaume craindrait, s'il pouvait vous croire vacillants. Qu'il vous sache fermes et unis, vous serez investis de toute sa sécurité. On vous flatte enfin (et c'est le plus adroit des pièges que depuis vingt-quatre heures seulement on n'a pas craint de dresser, même à découvert). On nous flatte que les ordres privilégiés vont sacrifier leurs exemptions pécuniaires : et quel intérêt, dit-on alors, d'opiner plutôt par tête que par ordre? Quel intérêt! Je comprendrais ce langage, s'il était adressé à ceux qui s'appellent les deux premiers ordres ; car comme ils n'ont pas un seul privilège au delà des exemptions pécuniaires, comme hors de ce cercle tous nos intérêts sont évidemment communs, je ne leur vois pas une seule raison de s'opposer à la délibération par tête, s'ils sont de bonne foi ; et voilà, pour le dire en passant, pourquoi je ne crois encore que faiblement à la sincérité de leurs sacrifices. Mais nous qui, malgré leur fierté dédaigneuse, avons de grandes raisons de douter qu'ils aient le privilège exclusif de l'instruction et des lumières ; nous qui ne regardons point l'Assemblée Nationale comme un bureau de subdélégués ; nous qui croyons que travailler à la constitution est le premier de nos devoirs et la plus sainte de nos missions ; nous qui savons qu'il est physiquement impossible de s'assurer d'avoir obtenu le vœu national autrement que par la votation par tête ; la renonciation la plus complète et la moins ambiguë aux exemptions pécuniaires ne nous désintéressera nullement du seul mode de délibérer et d'opiner auquel nos pouvoirs nous autorisent, et nos consciences nous contraignent.

Ne compromettons pas ce principe sacré, messieurs ; n'encourageons pas les intrigants, n'exposons pas les faibles, n'égarons pas, n'alarmons pas l'opinion publique, marchons avec une circonspection prévoyante, mais marchons......

La noblesse a rompu par le fait l'ajournement du roi ; nous devons en aviser M. le garde des sceaux, pour constater que le provisoire est fini, et annoncer ainsi, par la voie la plus modérée et la plus respectueuse, mais la plus régulière et la plus directe, que les communes vont s'occuper des moyens d'exercer leurs droits et de conserver les principes.

Envoyons ensuite au clergé des hommes munis de notre confiance, et autorisés à inviter, à entendre, mais non à proposer. Laissons la noblesse continuer paisiblement sa marche usurpatrice autant qu'orgueilleuse ; plus elle aura fait de chemin, plus elle se sera donné des torts ; plus les communes, qui n'en veulent point avoir, qui n'en auront jamais, seront encouragées aux principes, sûres de leur force, et par cela même de leur modération ; plus la concorde, l'ensemble, l'harmonie s'établiront parmi nous ; plus l'esprit public se formera, et de lui seul se composeront notre irrésistible puissance, nos glorieux et durables succès [1].

SÉANCES DU 19 AU 25 MAI

Le 10, les communes nommèrent leurs commissaires, et il est à remarquer que Mirabeau ne faisait point partie de la commission malgré son intervention. Soucieuses que rien ne se perdît de leurs délibérations, elles s'occupèrent le 20, le 22 et le 23, d'organiser un comité de rédaction et de publier un journal officiel. Le 23, un adjoint du bureau avait lu une lettre du marquis de Dreux-Brezé annonçant que les députés non arrivés le 2 mai seraient reçus le 24 par le roi, lettre qui se terminait par les formules qu'employaient les grands personnages envers leurs inférieurs : « J'ai l'honneur d'être, avec un très sincère attachement... » Mirabeau s'exclamait aussitôt.

1. La motion de Rabaud de Saint-Etienne fut adoptée à une grande majorité avec les deux amendements qu'on y avait proposés.

« L'Assemblée des Communes a résolu qu'elle nommerait des personnes pour conférer avec celles qui ont été ou qui seront choisies par messieurs du clergé et de la noblesse sur les moyens proposés pour réunir tous les députés afin de vérifier tous les pouvoirs en commun ; et il sera fait une relation écrite des conférences ».

MIRABEAU. — A qui s'adresse ce très sincère attachement?

L'ADJOINT AU BUREAU. — On lit au bas de la lettre : *A
monsieur le doyen de l'ordre du Tiers*...

MIRABEAU. — Il ne convient à personne, dans le
royaume, d'écrire ainsi au doyen des communes.

C'est sur cette apostrophe où il prend violemment parti
contre un protocole humiliant qu'il obtient pour la première
fois l'assentiment presque unanime des députés du Tiers.
L'Assemblée déclare qu'elle s'associe à sa protestation et elle
charge son doyen de la faire connaître au grand-maître des
cérémonies.

Le 25 mai, Mirabeau intervint à nouveau à propos d'une
proposition de Moreau demandant que les députés fussent
en habit noir pour parler et réclamant diverses mesures de
police.

MIRABEAU. — Toutes ces discussions prouvent la nécessité d'un règlement de police, dans lequel les objets proposés pourront être déterminés. Je demande qu'on nomme
des commissaires pour travailler à la rédaction de ce
règlement, qui sera sanctionné par l'assemblée, et au
moyen duquel on remédiera au tumulte et à la longueur
des délibérations. Comme les délibérations les plus sérieuses vont se présenter chaque jour, il faut nécessairement arrêter les formes les plus sévères pour établir
l'ordre et la liberté des débats, et recueillir les voix
dans toute leur intégrité. A Dieu ne plaise que je blesse
aucun amour-propre, ni même que je m'afflige de nos
débats un peu bruyants, qui jusqu'à présent ont mieux
montré notre zèle et notre ferme volonté d'être libres
que ne l'eût fait la tranquillité la plus passive. Mais la
liberté suppose la discipline; et puisque tous les moments
peuvent nécessiter des demandes dont on ne saurait prévoir toutes les suites ni exagérer l'importance, il faut
pour l'acquit de tous nos devoirs, et même pour notre
sûreté individuelle, prendre un mode de débattre et de
voter, qui donnera incontestablement le résultat de
l'opinion de tous.

Mounier s'oppose à la proposition de Mirabeau parce qu'il l'a faite lui-même quinze jours avant.

MIRABEAU. — Le règlement ne sera que provisoire, au lieu qu'on proposait il y a quinze jours un règlement définitif[1].

Dans les débats un député ayant donné à Mirabeau son titre de comte, un membre dit : J'observe que les rangs et les dignités ne doivent pas être répétés sans cesse dans une assemblée d'hommes égaux.

MIRABEAU. — J'attache si peu d'importance à mon titre de comte que je le donne à qui le voudra ; mon plus beau titre, le seul dont je m'honore, est celui de représentant d'une grande province et d'un grand nombre de mes concitoyens.

SÉANCE DU 27 MAI

Les commissaires de la Noblesse, du Clergé et du Tiers n'avaient pu se mettre d'accord dans leurs conférences, sur la vérification des pouvoirs. Elles avaient été suspendues. Une discussion s'ouvrit pour savoir s'il fallait les reprendre, ou bien demander au Clergé de remplir les fonctions de conciliateur, et même le prier de se joindre aux communes à l'exclusion de la noblesse, plus résistante dans son privilège. Mirabeau parla sur ce troisième avis.

MIRABEAU. — Je ne vois rien que de sage et de mesuré dans la motion qui vous est soumise, et je conviens que l'on peut sans inconvénient se donner encore le mérite de cet inutile essai ; mais je crois qu'il ne suffit pas, et je vous demande la permission d'examiner s'il ne serait pas bon d'y joindre une autre démarche plus efficace, et qui ait un but plus déterminé.

Il est clair, d'après le compte rendu que vos très dignes commissaires ont mis sous vos yeux, que la pro-

1. La proposition de Mirabeau fut adoptée par 436 voix contre 11.

position qu'on leur a faite est entièrement inacceptable, et ne peut conduire à aucune espèce de dénoûment raisonnable. Elle choque tous les principes; elle excède nos pouvoirs.

La vérification par commissaires choque les principes; il est et il sera à jamais impossible de suppléer dans cette vérification à la sanction des Etats-Généraux réunis, surtout aussi longtemps que l'Assemblée Nationale sera composée de ce qu'on appelle trois ordres. Il ne l'est pas moins que des contestations qui intéressent les ordres respectifs ne soient pas débattues par les trois ordres, en présence les uns des autres. Il l'est encore davantage, qu'un ordre en particulier devienne le juge des questions qui intéressent les deux autres; chaque ordre n'est que partie. Les Etats-Généraux sont seuls juges; et, indépendamment de ce que l'intégrité, la pureté, la légalité de l'Assemblée Nationale est le premier devoir, le premier intérêt, et l'objet de la continuelle surveillance de tous les membres qui la composent, admettre une vérification des pouvoirs, séparée ou partielle, c'est vouloir être agités d'un éternel conflit de juridiction, c'est susciter une foule de procès interminables.

La vérification par commissaires excède nos pouvoirs. Investis de la puissance nationale, autant du moins qu'une espèce de législature provisoire peut l'être, nous ne le sommes pas du droit de la déléguer. Nous pouvons nommer des examinateurs, des rapporteurs, mais nous ne pouvons pas subroger des juges à notre place. La conséquence du principe contraire serait que, sous le prétexte de conciliation, de la simplicité, de la rapidité de nos opérations, nous pourrions limiter les Etats-Généraux, les circonscrire, les dénaturer, les réduire, enfin nommer des dictateurs. Or, une telle prétention serait criminelle autant qu'absurde. Ce serait une usurpation de la souveraineté, qui ferait sortir de cette assemblée une véritable tyrannie, et qui frapperait de la plus détestable, si ce n'était en même temps de la plus pitoyable nullité, toutes nos opérations.

Voilà, messieurs, où conduit le système que proposent les deux ordres, et dont sans doute ils n'ont pas senti toutes les conséquences.

Je ne parlerai point de la proposition d'un des commissaires du clergé : elle est probablement celle d'un ami de la paix ; mais, outre qu'en reconnaissant qu'il y a, dans la vérification des pouvoirs, procès et nécessité à un jugement, elle nous renvoie à la sévérité du principe sur le choix des juges, outre qu'elle ne saurait jamais échapper à cette observation simple, que, s'il est possible, s'il est nécessaire, s'il est inévitable de se réunir pour la solution de certaines difficultés, il n'existe point une raison de ne pas se réunir pour la solution de toutes les difficultés. La proposition d'un seul homme ne peut point en pareil cas être matière à délibération, et nous savons que la noblesse a déjà repoussé les expédients.

Sans doute, messieurs, le système des ordres privilégiés est très conséquent. L'un s'est déclaré légalement constitué. Il s'est lui seul investi de tous les pouvoirs qu'il a trouvés à sa convenance ; il a fait des actes de véritable souveraineté ; et l'un de ses membres, tout en parlant des principes constitutifs de la monarchie, ridicule cri de ralliement de tous ceux qui voudraient bien que la monarchie ne fût jamais constituée, n'a pas craint d'appeler l'assemblée des députés présumés de la Noblesse, *cette Chambre législative et souveraine.*

L'autre, plus temporiseur, plus circonspect, et surtout plus menacé de divisions intérieures, sous le titre modeste d'états provisoires, fait à peu près les mêmes choses, et tend évidemment au-même but, avec cette circonstance très remarquable, qu'il augmente tous les jours, par sa modération même, le nombre de ses auxiliaires, tandis que la démarche violente de la Noblesse attiédit les préjugés des hommes de bonne foi qu'elle renferme, et augmente les forces des amis de la liberté et de la paix.

Que devons-nous à nous-mêmes dans ces circonstances

pour être fidèles tout à la fois à notre système de pacification, à nos devoirs, et aux intérêts de nos commettants ?

J'ai déjà eu l'honneur de le dire dans cette assemblée, messieurs ; je ne conçois pas qu'il puisse être ni convenable ni prudent, de traiter de même avec celui qui ordonne sans titre et celui qui négocie de notre gré. Est-il bien certain d'ailleurs que dans ce système il y ait compensation entre nos acquisitions et nos pertes ? L'est-il que le contraste de la conduite des communes et des ordres privilégiés nous acquière autant d'amis dans la noblesse que l'intrigue favorisée par notre inaction nous en fait perdre dans le clergé ? L'est-il qu'une plus longue persévérance dans notre immobilité, et surtout dans l'uniformité de notre tolérance, ne compromette pas les droits nationaux, en propageant l'idée que le monarque doit prononcer, si les ordres ne peuvent s'accorder, qu'au lieu de n'être que l'organe du jugement national, il peut en être l'auteur ? Ces maximes très odieuses, mais autorisées par des exemples, si la déraison et l'injustice pouvaient l'être, et que la mauvaise foi parvint à confondre les temps et les circonstances, ces maximes acquièrent tous les jours beaucoup de partisans, parce qu'elles ont beaucoup de prôneurs intéressés, et que le besoin de faire et d'agir qui nous tourmente, leur conquiert un grand nombre de suffrages.

Il me semble, messieurs, qu'il est temps, sinon d'entrer en pleine activité, du moins, de nous préparer de manière à ne pas laisser le plus léger doute sur notre résolution, sur nos principes, sur la nécessité où nous sommes de les mettre incessamment en pratique.

Les arguments de la Noblesse se réduisent à ce peu de mots : *nous ne voulons pas nous réunir pour juger des pouvoirs communs.* Notre réponse est très simple : *nous voulons vérifier les pouvoirs* EN COMMUN. Je ne vois pas, messieurs, pourquoi le noble exemple de l'obstination, étayée de la déraison et de l'injustice, ne serait point à l'usage de la fermeté qui plaide pour la raison et la justice.

Le clergé persévère dans le rôle de conciliateur qu'il a choisi, et que nous lui avons confirmé. Adressons-nous à lui, mais d'une manière qui ne laisse pas le plus léger prétexte à une évasion.

Et pour y parvenir, j'ai l'honneur de vous demander d'abord de fixer un terme, et un terme très court, à la nouvelle conférence que l'on vous propose d'ordonner à vos commissaires.

Je vous demande ensuite de décréter une députation vers le clergé, députation très solennelle et très nombreuse, qui, résumant tout ce que nos adversaires ont si subtilement allégué, tout ce que nos commissaires conciliateurs ont si bien dit, adjurera les ministres d'un Dieu de paix de se ranger du côté de la raison, de la justice, de la vérité, et de se réunir à nous pour tenter un nouvel effort auprès de la Noblesse. Si les espérances que nous avons conçues d'une grande partie du Clergé sont fondées, elles se réaliseront à l'instant même; et quelle différence pour nous d'inviter la Noblesse, de la sommer au besoin, de réclamer contre elle, s'il est malheureusement nécessaire, réunis avec le Clergé ou isolés de lui ! Mais, quel que soit le succès d'une telle démarche, elle vous donnera l'honneur de tous les procédés, elle conquerra l'opinion universelle à votre modération et à votre fermeté.

Que si, par impossible, si, ce qu'à Dieu ne plaise, les privilégiés s'obstinent dans leur conduite impérieuse et ambiguë, nous recourrons au commissaire du roi, et nous lui demanderons de faire respecter son ajournement. M. le garde des sceaux, par ordre du roi, a ajourné cette assemblée. Toute assemblée ajournée doit incontestablement se retrouver la même qu'elle était au moment où on l'a ajournée. M. le garde des sceaux doit donc faire respecter et exécuter l'ordre du législateur provisoire dont il a été l'organe; et ce n'est qu'alors, que la conduite des ordres privilégiés aura montré tout à la

fois leur indiscipline et l'impuissance du ministère, que
forcés d'établir et d'exercer vous-mêmes les droits nationaux, vous aviseriez dans votre sagesse aux moyens
les plus paisibles, mais les plus sûrs, d'en développer
l'étendue [1].

SÉANCE DU 29 MAI

Une députation du Clergé vint le 28 mai avertir les communes que cet ordre délibérait sur leur proposition, lorsqu'il avait reçu une lettre du roi demandant que les conférences fussent reprises entre les commissaires conciliateurs
des trois ordres, et en présence du garde des sceaux, ainsi que
de commissaires royaux. Peu après cette communication, le
doyen des communes recevait une lettre semblable à celle
du Clergé, laquelle aussitôt lue donnait lieu à une discussion
violente. On rejetait la proposition d'accéder immédiatement
au désir du roi, et la séance interrompue, reprise à quatre
heures et continuée jusqu'à minuit, était reportée au lendemain, sans que le Tiers eût décidé de son attitude. Devait-on
accepter les conférences, avec ou sans modifications dans
le mandat des commissaires? Et, si elles étaient acceptées,
fallait-il faire une démarche auprès du roi? Mirabeau parla
le 29 en résumant la plupart des opinions émises.

Mirabeau. — Il est difficile de fermer les yeux sur les
circonstances où la lettre du roi nous a été remise. Il est
impossible de ne pas distinguer les motifs de ceux qui
l'ont provoquée, du sentiment de l'auguste auteur de cette
lettre. Il serait dangereux de confondre ses intentions
respectables et les suites probables de son invitation.

La lettre du roi nous a été remise sans que nous
ayons donné le plus léger prétexte à l'intervention de
l'autorité. Et si nous voulons apprécier cette observation

1. La motion de Mirabeau : « MM. les députés des communes invitent
messieurs du clergé, au nom du Dieu de paix et de l'intérêt national,
à se réunir à eux dans la salle de l'assemblée générale, pour y opérer de concert l'union et la concorde », fut accueillie par des acclamations. Les commissaires conciliateurs et les membres du bureau
la portèrent aussitôt dans la salle du Clergé.

à sa juste valeur, ne soyons pas dupes des mots. Un médiateur tel que le roi ne peut jamais laisser une véritable liberté aux parties qu'il *désire* concilier. La majesté du trône suffirait seule pour la leur ravir.. Eh ! qui ne sent combien NON est difficile à proférer devant celui qui a dit si longtemps, sans discussion et sans partage, JE VEUX. Qui ne sait que le despotisme de l'amour est bien plus puissant encore que celui de l'autorité !

Nous n'avons pas donné le plus léger prétexte à son intervention, et elle paraît au moment où deux ordres sont en négociation avec le troisième. Je me sers du mot ridicule que l'usage a consacré. Au moment où l'un de ces ordres est presque invinciblement entraîné par le parti populaire, c'est-à-dire par celui de la justice et des principes, c'est au milieu de la délibération de l'ordre du Clergé, avant aucun résultat, après des conciliabules — je parle des assemblées nocturnes du haut Clergé, que la notoriété publique nous a dénoncées — que les lettres du roi sont remises aux divers ordres ; elles arrêtent les délibérations, suspendent toute négociation ultérieure, aiguisent les méfiances, enflamment les jalousies réciproques.

Enfin le messager du roi reconnaît un des ordres comme constitué, à l'instant même où l'on nous parle des moyens de nous concilier pour nous constituer en commun. Je dis le messager du roi, parce qu'il ne paraît pas prouvé qu'on ait pris les ordres de Sa Majesté sur cette démarche singulière... Mais aussi qui croira que la Noblesse, malgré les formes impétueuses et tranchantes, eût osé, sur l'invitation du monarque à se concilier, agir comme constitué, et croire que le déclarer c'était le prouver, s'il lui eût été manifeste que le roi ne la regardait pas comme telle ?

Voilà les principales circonstances qui ont précédé et accompagné la lettre du roi. Certes, elles sont alarmantes, et cette lettre elle-même, où se trouvent plusieurs expressions remplies de sagesse et de bonté, plusieurs paroles vraiment civiques qu'il est bon de

consacrer, cette lettre ne peut nous laisser sans inquiétude, que grâce à la ferme persuasion où nous sommes
que le roi est personnellement le premier du peuple,
comme le plus puissant auxiliaire de la justice et de la
vérité ; autrement *l'inte .tion qui succède au désir*, et surtout la déclaration plutôt que l'offre de *contribuer* DIREC-
TEMENT à *l'accord* des ordres, ne permettait à aucun
homme de bonne foi, qui connaît les choses et le pays,
de douter que l'on ne veuille nous conduire à un jugement prononcé par une commission.

Ainsi, tandis que ces assemblées vraiment bizarres,
connues autrefois sous le nom d'Etats-Généraux, et qui
ne furent presque jamais que des convocations irrégu-
lières de notables, ne voyaient leurs procurations — on
ne saurait dire leurs *pouvoirs* — vérifiées, reconnues que
par le conseil du roi, alors composé de membres essentiels, considérés comme partie législative, et qui ne l'est
aujourd'hui que d'individus qui n'ont que le caractère
que l'autorité du roi leur donne, tandis que ces assemblées ne traitaient avec le monarque que directement,
et tout au plus par l'organe du seul grand référendaire
ou chancelier, de vrais Etats-Généraux, une représentation vraiment nationale verrait subroger à ses pouvoirs
des commissaires, une commission ! Et le premier jugement de cette commission donnerait des lois aux parties intégrantes de la souveraineté ! Les députés de la
nation dépendraient d'une commission ! Quand les mandants ont dit à leurs mandataires : « *Allez, et exécutes
nos ordres souverains* », croit-on qu'ils aient dit implici-
tement : « *Vous ne vous en soumettrez pas moins aux
volontés d'une commission ?* » Certes, ce n'est pas là ce
que le garde des sceaux, ce que le directeur général des
finances, ce que tous les organes de la volonté du législateur provisoire nous avaient dit en son nom, et nous
ne devons pas perdre de vue que si le parti gouvernant
la cour a évidemment dessein de forcer l'Assemblée
Nationale par la division de ses parties constituantes à
invoquer l'autorité ministérielle, et de contraindre le

roi à se porter contre son cœur et la justice pour l'auteur du jugement national, le gouvernement lui-même a reconnu que le monarque n'en pouvait être que le déclarateur.

Qu'est-ce donc que tout ceci ?

Un effort de courage, de patience et de bonté de la part du roi.

Mais en même temps un piège dressé par la main de ceux qui lui ont rendu un compte inexact de la situation des esprits et des choses, un piège en tous sens, un piège ourdi de la main des druides. Piège si l'on défère au désir du roi, piège si on s'y refuse !

Acceptons-nous les conférences ? Tout ceci finira par un arrêt du conseil ; nous serons chambrés et despotisés par le fait, d'autant plus infailliblement que tous les aristocrates tendent à l'opinion par ordre, parce que là ils ont leur place, tandis que dans le mode d'opiner par tête, ils ne sont pas toujours les premiers, et souvent ils sont les derniers.

Si nous n'acceptons pas, ceux qui ont tant dit, lorsqu'il s'agissait de s'opposer à la proposition populaire, que les communes ignorantes, sans l'habitude des affaires, façonnées à un long esclavage, enchaîneraient la nation au pied du trône, et qui disent aujourd'hui, pour tuer l'opinion par tête, que les communes tumultueuses, indisciplinées, avides d'indépendance, sans système, sans principes, détruiront l'autorité royale ; ces gens de bonne foi professeront avec plus de ferveur que jamais cette absurdité profonde, que la constitution va périr sous l'influence de la démocratie. Le trône sera assiégé de dénonciations, de calomnies, de prédictions sinistres. M. de Boutbillier[1] répétera que nous éludons le combat. L'appel au peuple de M. d'Entraigues retentira plus que jamais.

Faisons route entre ces deux écueils.

Rendons-nous à l'invitation du roi. Eh ! comment pour-

1. Commissaire conciliateur de la Noblesse.

rait-on s'y refuser, quand on a jugé à propos de déférer à celle du Clergé? Mais faisons précéder les conférences d'une démarche plus éclatante, qui déjoue l'intrigue et démasque la calomnie. Vers quel but tendent les efforts des ordres privilégiés? À inspirer de la méfiance au roi sur nos intentions et nos projets, parce qu'ils sentent bien que la puissance d'un roi uni à son peuple a une influence irrésistible contre les préjugés tyranniques, les prétentions oppressives, les résistances de l'intérêt privé. Nous sommes bien forts, si toute leur ressource est de nous calomnier. Nous sommes bien forts, si, pour faire triompher la bonne cause, il ne nous faut que marcher unis avec le roi, et ajouter chaque jour à la puissance du prince, qui ne veut l'augmenter qu'en réglant l'exercice de son autorité sur les principes éternels de la justice et de l'invariable but de la prospérité publique. Le roi nous a adressé un hommage rempli de bonté. Portons-lui une adresse pleine d'amour, où nous consacrerons à la fois nos sentiments et nos principes.

Je demande qu'il soit fait à Sa Majesté une très humble adresse, pour lui exprimer l'attachement inviolable de ses fidèles communes à sa royale personne, à son auguste maison et aux vrais principes de la monarchie; pour témoigner à Sa Majesté leur respectueuse reconnaissance de ce que, dans sa sagesse et sa bonté pour ses peuples, elle a convoqué, non trois assemblées distinctes de trois ordres séparés d'intérêts et de vues, mais *l'Assemblée Nationale*, pour s'occuper, de concert avec Sa Majesté, de la régénération du royaume; de ce que, dans sa sollicitude bienfaisante, Sa Majesté a daigné rechercher les moyens de *mettre fin à la malheureuse inaction* à laquelle cette Assemblée Nationale est réduite par l'incident le plus imprévu, le plus contraire au bien général; pour lui exposer que, par déférence au *désir* de Sa Majesté, les communes de son royaume ont autorisé leurs commissaires à assister à la conférence à laquelle Sa Majesté a daigné les inviter, et l'informer en même temps qu'intimement convaincus que les députés des différents ordres sont députés à une seule et même assemblée, L'ASSEMBLÉE NATIONALE; que la vérification de leurs pouvoirs ne peut être définitivement faite et arrêtée que dans l'Assemblée Nationale; et, déterminés, comme ils y sont obligés par les ordres de leurs constituants, à ne reconnaître pour députés à l'Assemblée Nationale que ceux dont les pouvoirs auront été vérifiés et approuvés dans la dernière assemblée, ils chargent expressément leurs commissaires de s'occuper de tous les expédients qui, sans porter atteinte à ce principe fondamental, pourront être jugés propres à ramener la concorde entre les divers ordres, et les faire concourir à rechercher en commun les moyens de réaliser les espérances que Sa Majesté a conçues pour le bonheur et la prospérité de l'Etat; enfin de leur en faire le rapport, à l'effet que lesdites fidèles communes prennent une détermination qui, s'accordant avec les instructions qu'ils ont reçues de leurs commettants, les mette à portée de donner à Sa Majesté des preuves non équivoques de leur immortel dévouement à sa personne royale et à tout ce qui la touche, et de leur zèle illimité pour le bien et la prospérité du royaume.

Si cette motion est adoptée, je demande qu'il soit, immédiatement après la délibération, nommé un comité de cinq ou six personnes au plus, pour se retirer dans une autre chambre, rédiger l'adresse ainsi que la résolution de l'assemblée portant les instructions des communes, et les rapporter dans cette séance même à l'assemblée. Je demande que les instructions portent :

1º que les commissaires déjà chargés de la conciliation des ordres, sont autorisés à se rendre dans la conférence à laquelle il a plu à Sa Majesté de les inviter, et chargés d'y faire tous leurs efforts pour obtenir que cette conférence ait lieu dans la salle commune.

2º Qu'il leur soit intimé de n'agir dans cette conférence que comme représentant les communes, d'y exposer leurs principes, de chercher les moyens de ramener l'harmonie et la concorde sans toucher à ces mêmes principes.

3° Qu'il leur soit de plus intimé de représenter que, dans une telle conférence, ils sont prêts à ouïr avec attention et à rapporter aux communes les ouvertures de conciliation qui pourraient être faites, tant par les autres ordres que par les commissaires de Sa Majesté. Mais que, lorsqu'il s'agit des droits les plus précieux des communes, ils ne peuvent prendre ni juges ni arbitres.

4° Enfin, qu'il leur soit intimé de dresser dans chaque conférence, de concert avec les autres commissaires des autres ordres, un verbal commun de ce qui se sera passé, de le signer en commun, et d'en préparer un double, *pour être soumis à l'assemblée et livré à l'impression* [1].

DU 30 MAI AU 11 JUIN

Les conférences reprirent le 30 mai, entre les commissaires conciliateurs des trois ordres, devant le garde des sceaux, les ministres du roi, des conseillers d'Etat, un maître des requêtes. Pas davantage que les précédentes, elles n'aboutirent à un résultat, et les commissaires de la Noblesse protestèrent même contre l'appellation de « *Communes* » que s'étaient donnée les députés du Tiers réunis. Le 5 juin on apprit que Necker devait présenter un projet de conciliation et d'arbitrage qui mettait la solution des questions controversées entre les mains du roi. Les conférences se poursuivirent jusqu'au 10 juin, date de la clôture des procès-verbaux des commissaires du tiers. L'accord était impossible ; si le Clergé était indécis, prêt dans sa masse à la vérification en commun, la noblesse en majorité se refusait à toute conciliation. Dans cet état Sieyès proposa, le 10, aux communes de sortir de leur inertie, de se constituer et d'entrer en activité. Il fit une

1. Après de longs débats, cette proposition fut votée : « *Les conférences seront reprises purement et simplement, telles qu'elles sont proposées dans la lettre du roi* », avec ces deux amendements : 1° *à condition qu'à la fin de chaque conférence, il sera rédigé et signé un procès-verbal par les commissaires. 2° Que les conférences ne seront reprises qu'après une députation solennelle au roi.*

motion, qui fut adoptée, de laisser une copie au Clergé et à la Noblesse, d'un dernier appel à la réunion des trois ordres en une seule assemblée, pour la vérification des pouvoirs, ajoutant « que l'appel général de tous les bailliages convoqués se fera dans le jour et qu'il sera procédé à la vérification, tant en présence qu'en l'absence des députés des classes privilégiées. »

Dans la séance du 11, cette mise en demeure était communiquée au Clergé et à la Noblesse, et avant que la discussion commençât sur l'ordre du jour, un incident procura à Mirabeau son premier succès oratoire.

La plus grande liberté régnait dans la salle des séances, et l'on pouvait se mêler aux députés sans être inquiété. Ils amenaient leurs amis, leurs familles. Un des plus assidus aux séances était Du Roveray, collaborateur de Mirabeau, qui constamment prenait des notes et les lui passait pour le compte rendu des délibérations dans les *Lettres aux commettants*. Le 11, un député demanda que tous les étrangers se retirassent de parmi les membres des communes, et particulièrement Du Roveray, qu'il désigna ainsi : « *Il en est un surtout, étranger, proscrit de son pays, réfugié en Angleterre, pensionnaire du roi d'Angleterre, que nous voyons depuis plusieurs jours, écrire et faire circuler des billets dans la salle.* »

A ces mots, Mirabeau se leva et prit la défense de son ami attaqué.

MIRABEAU. — Je conviens avec le préopinant que nul individu non député, soit indigène, soit étranger, ne doit être assis parmi nous. Mais les droits sacrés de l'amitié, les droits plus saints de l'humanité, le respect que je porte à cette assemblée d'enfants de la patrie, d'amis de a paix, m'ordonnent à la fois de séparer de l'avertissement de police, la dénonciation, la délation vraiment odieuse que le préopinant n'a pas craint d'y ajouter. Il a osé dire que dans le grand nombre d'étrangers qui se trouvaient parmi nous, il était un proscrit, un réfugié en Angleterre, un pensionnaire du roi d'Angleterre.

Cet *étranger*, ce *proscrit*, ce *réfugié*, c'est M. du Roveray, l'un des plus respectables citoyens du monde. Jamais la liberté n'eut de défenseur plus éclairé, plus laborieux, plus désintéressé. Dès sa jeunesse, il obtint la confiance de ses concitoyens pour concourir à la formation d'un corps de lois qui devait assurer à jamais la constitution de sa patrie. Rien de plus beau, rien de plus philosophiquement politique que la loi en faveur des natifs, dont il fut un des auteurs, loi si peu connue et si digne de l'être, loi qui consacre cette grande vérité, que toutes les républiques ont péri, disons mieux, qu'elles ont mérité de périr, pour avoir opprimé des sujets, et ignoré que l'on ne conserve sa liberté qu'en respectant celle de ses frères. Déjà procureur général de Genève par l'élection de ses concitoyens, M. du Roveray avait mérité la haine des aristocrates ; dès lors ils avaient juré sa perte et réussi à faire demander sa destitution par un ministre despote, trop sûrs que l'intrépide magistrat ne cesserait jamais de se servir des droits de sa place pour défendre l'indépendance de sa patrie, que l'on attaquait. Mais, au milieu des haines et des factions, la calomnie elle-même respecta les vertus de M. du Roveray ; jamais son souffle impur n'essaya de ternir une seule action de sa vie. Enveloppé dans la proscription que les aristocrates firent prononcer par les généraux des armées, destructeurs de la liberté genevoise, M. du Roveray se retira en Angleterre, et sans doute il n'abdiquera jamais l'honneur de son exil, aussi longtemps que la liberté n'aura pas recouvré ses droits dans sa patrie. Un grand nombre de citoyens respectables de la Grande-Bretagne s'empressèrent d'accueillir le républicain proscrit, lui ménagèrent la réception la plus honorable, et provoquèrent le gouvernement à lui donner une pension. Ce fut en quelque sorte une couronne civique décernée par le peuple moderne, que le génie tutélaire de l'espèce humaine paraît avoir proposé plus spécialement au culte de la liberté..... *Voilà l'étranger, le proscrit, le réfugié* que l'on vous dénonce... Autrefois un infortuné embrassait les autels, il y échappait à la rage des méchants, il y trouvait un asile inviolable. Cette salle va devenir le temple qu'au nom des Français vous élevez à la liberté :

souffrirez-vous qu'un martyr de cette liberté y reçoive un outrage [1] ?

SÉANCE DU 15 JUIN

Ainsi qu'en avaient décidé les communes, sur la motion de Sieyès, la vérification des pouvoirs commença dans des bureaux nommés à cet effet, après l'invitation faite aux deux ordres non réunis. Le 13, trois curés du Poitou, se séparant de leur ordre, étaient venus soumettre leurs titres, et le 14, d'autres les avaient suivis. Le travail de vérification étant terminé ce jour-là fut présenté à l'assemblée générale qui, ayant admis les pouvoirs non contestés, n'avait plus qu'à se constituer en assemblée active. Mais sous quel titre ? Le 15 juin la foule se porta nombreuse vers la salle des séances où les députés des communes allaient avoir à délibérer sur l'un des plus graves sujets qui leur avait encore été soumis. Sieyès demanda que l'assemblée se constituât sous le titre d'*Assemblée des représentants connus et vérifiés de la nation française*, et qu'elle se mît aussitôt au travail. Après l'intervention de quelques députés qui proposaient : *Assemblée des représentants de vingt-cinq millions de Français*, Mirabeau prit la parole.

MIRABEAU. — Je n'ai jamais été moins capable qu'aujourd'hui de discuter une question importante et de parler devant vous. Agité depuis plusieurs jours d'une fièvre opiniâtre, elle me tourmente dans ce moment même ; je sollicite donc une grande indulgence pour ce que je vais dire. Si mon âme parle à votre âme, vos forces suppléeront à mes forces. Mais j'ose vous demander en même temps une grande attention pour la série des résolutions que j'aurai l'honneur de vous offrir. Longtemps médités, rédigées dans un moment plus favorable, je les soumets à votre sagesse avec plus de confiance que le peu de mots que je vais balbutier.

1 Les applaudissements arrêtèrent Mirabeau, et le député qui avait dénoncé Du Roveray s'excusa. Dans la lettre X à ses commettants, Mirabeau expose l'histoire de Genève et les luttes soutenues pour la liberté.

Nous sommes prêts à sortir du cercle où votre sagesse s'est longtemps circonscrite. Si vous avez persévéré avec une fermeté rare dans un système d'inaction politique, infiniment décrié par ceux qui avaient un grand intérêt à vous faire adopter de fausses mesures, c'était pour donner le temps aux esprits de se calmer, aux amis du bien public celui de seconder le vœu de la justice et de la raison ; c'était pour vous assurer mieux que, même dans la poursuite du bien, vous n'excéderiez aucune borne ; c'était, en un mot, pour manifester une modération qui convient surtout au courage, ou plutôt sans laquelle il n'est pas de courage vraiment durable et invincible.

Cependant le temps s'est écoulé ; les prétentions, les usurpations des deux ordres se sont accrues ; votre sage lenteur a été prise pour faiblesse ; on a conçu l'espoir que l'ennui, l'inquiétude, les malheurs publics, incessamment aggravés par des circonstances presque inouïes, vous arracheraient quelque démarche pusillanime ou inconsidérée. Voici le moment de rassurer vos âmes, et d'inspirer la retenue, la crainte, j'ai presque dit la terreur du respect à vos adversaires, en montrant, dès vos premières opérations, la prévoyance de l'habileté jointe à la fermeté douce de la raison.

Chacun de vous sent, messieurs, combien il serait facile aujourd'hui d'essayer, par un discours véhément, de vous porter à des résolutions extrêmes : vos droits sont si évidents, vos réclamations si simples, et les procédés des deux ordres si manifestement irréguliers, leurs principes tellement insoutenables, que le parallèle en serait au-dessus de l'attente publique.

Que dans les circonstances où le roi lui-même a senti qu'il fallait donner à la France *une manière fixe d'être gouvernée,* c'est-à-dire une constitution, on oppose à ses volontés, et aux vœux de son peuple, les vieux préjugés, les gothiques oppressions des siècles barbares ; qu'à la fin du xviiie siècle une foule de citoyens dévoile et suive le projet de nous y replonger, réclame le droit d'arrêter tout quand tout doit marcher, c'est-à-dire de gouverner tout à sa guise, et qualifie cette prétention vraiment délirante de *propriétés*; que quelques *personnes*, quelques *gens* des trois états, parce que dans l'idiome moderne on les a appelés des *ordres*, opposent sans pudeur la magie de ce mot vide de sens à l'intérêt général, sans daigner dissimuler que leurs intérêts privés sont en contradiction ouverte avec cet intérêt général; qu'ils veuillent ramener le peuple de France à ces formes qui classaient la nation en deux espèces d'hommes, des oppresseurs et des opprimés; qu'ils s'efforcent de perpétuer une prétendue constitution où un seul mot prononcé par cent cinquante et un individus pourrait arrêter le roi et vingt-quatre millions d'hommes ; une constitution où deux ordres qui ne sont ni le peuple ni le principe, se serviront du second pour pressurer le premier, du premier pour effrayer le second, et des circonstances pour réduire tout ce qui n'est pas eux à la nullité; qu'enfin, tandis que vous n'attestez que les principes et l'intérêt de tous, plutôt que de ne pas river sur nous les fers de l'aristocratie, ils invoquent hautement le despotisme ministériel, sûrs qu'ils se croient de le faire toujours dégénérer par leurs cabales en une anarchie ministérielle : c'est le comble sans doute de la déraison orgueilleuse, et je n'ai pas besoin de colorer cette faible esquisse pour démontrer que la division des ordres, que le *veto* des ordres, que l'opinion et la délibération par ordre, seraient une invention vraiment sublime pour fixer constitutionnellement l'égoïsme dans le sacerdoce, l'orgueil dans le patriciat, la bassesse dans le peuple, la division entre tous les intérêts, la corruption dans toutes les classes dont se compose la grande famille, la cupidité dans toutes les âmes, l'insignifiance de la nation, la tutelle du prince, le despotisme des ministres.

Cependant, messieurs, que conclurons-nous de ces tristes vérités, sinon la nécessité de redoubler de sagesse et de persévérance pour parvenir à une constitution qui nous tire d'un état de choses si déplorable, et de proportionner notre émulation et nos efforts aux difficultés de cette entreprise sublime sans doute, mais simple, et qui ne demande que le concours des lumières et de la suite dans les volontés? car c'est aux développements de la raison que la nature a remis la destinée éternelle des sociétés; et la raison seule peut faire des lois obligatoires et durables; et la raison et la loi seules doivent gouverner l'homme en société.

Espérons donc, messieurs, loin de nous décourager, et marchons d'un pas ferme vers un but qui ne saurait nous échapper.

Mais toutes les voies de douceur sont épuisées, toutes les conférences sont finies; il ne nous reste que des partis décisifs, et peut-être extrêmes... Extrêmes! oh! non, messieurs; la justice et la vérité sont toujours dans un sage milieu: les partis extrêmes ne sont jamais que les dernières ressources du désespoir; et qui donc pourrait réduire le peuple français dans une telle situation?

Il faut nous constituer, nous en sommes tous d'accord; mais comment? sous quelle forme? sous quelle dénomination?

En états-généraux? — Le mot serait impropre; vous l'avez tous senti : il suppose trois ordres, trois états, et certes ces trois ordres ne sont pas ici.

Nous proposerait-on de nous constituer sous quelque autre dénomination, synonyme après tout de celle d'états-généraux? Je demanderai toujours : aurez-vous la sanction du roi? et pouvez-vous vous en passer? L'autorité du monarque peut-elle sommeiller un instant? ne faut-il pas qu'il concoure à votre décret, ne fût-ce que pour en être lié? et quand on nierait, contre tous les principes, que sa sanction fût nécessaire pour rendre obligatoire tout acte extérieur de cette assemblée, accordera-t-il aux décrets subséquents une sanction dont on avoue qu'il est impossible de se passer, lorsqu'ils émaneront d'un mode de constitution qu'il ne voudra pas reconnaître?

Etes-vous sûrs d'être approuvés de vos commettants ? N'allez pas croire que le peuple s'intéresse aux discussions métaphysiques qui nous ont agités jusqu'ici. Elles ont plus d'importance qu'on ne leur en donnera sans doute : elles sont le développement et la conséquence du principe de la représentation nationale, base de toute constitution. Mais le peuple est trop loin encore de connaître le système de ses droits et la saine théorie de la liberté. Le peuple veut des soulagements, parce qu'il n'a plus de forces pour souffrir ; le peuple secoue l'oppression, parce qu'il ne peut plus respirer sous l'horrible faix dont on l'écrase ; mais il demande seulement de ne payer que ce qu'il peut, et de porter paisiblement sa misère. Sans doute nous devons avoir des vues plus élevées, et former des vœux plus dignes d'hommes qui aspirent à la liberté ; mais il faut s'accommoder aux circonstances, et se servir des instruments que le sort nous a confiés. Ce n'est qu'alors que vos opérations toucheront directement aux premiers intérêts des contribuables, des classes les plus utiles et les plus infortunées, que vous pourrez compter sur leur appui, que vous serez investis de l'irrésistible puissance de l'opinion publique, de la confiance, du dévouement illimité du peuple. Jusque-là, il est trop aisé de le diviser par des secours passagers, des dons éphémères, des accusations forcenées, des machinations ourdies de la main des courtisans. Il est trop facile de l'engager à vendre la constitution pour du pain.

Enfin le principe est-il indubitablement pour vous ? Nous sommes tous ici sous le mode de convocation que nous a donné le roi. Sans doute vous pourrez et vous devrez le changer pour l'avenir, lorsque vous serez en activité ; mais le pouvez-vous aujourd'hui ? Le pouvez-vous avant d'être constitués ? Le pouvez-vous en vous constituan' ? De quel droit sortiriez-vous aujourd'hui des limites de votre titre ? N'êtes-vous point appelés en *états* ? Le législateur provisoire n'a-t-il pas supposé trois ordres, quoiqu'il les ait convoqués en une seule assemblée? Vos mandats, vos cahiers, vous autorisent-ils à vous déclarer l'assemblée des *seuls* représentants connus et vérifiés? Et ne dites point que le cas où vous vous trouvez n'a pas été prévu : il l'a trop été, puisque quelques-uns de vos mandants, heureusement en très petit nombre, vous enjoignent de vous retirer, s'il vous est impossible de parvenir à la délibération en commun, sans qu'il y en ait un qui vous autorise à vous dire *les seuls représentants connus et vérifiés*. Il ne vous suffira donc pas de vous donner ce titre pour l'avoir en effet, ni pour qu'on vous en croie légalement revêtus.

Mais si vous échouez, si le roi vous refuse sa sanction, si les ordres réclament son autorité, qu'arrivera-t-il? Dissolution ou prorogation. — La suite évidente en est le déchaînement de toutes les vengeances, la coalition de toutes les aristocraties, et la hideuse anarchie, qui toujours ramène au despotisme. Vous aurez des pillages, vous aurez des boucheries ; vous n'aurez pas même l'exécrable honneur d'une guerre civile ; car on ne s'est jamais battu dans vos contrées pour les choses, mais pour tel ou tel individu ; et les bannières des intérêts privés ne permirent en aucun temps à l'oriflamme de la liberté de s'élever.

D'ailleurs ce titre de *représentants connus et vérifiés* est-il bien intelligible? Frappera-t-il vos commettants, qui ne connaissent que les Etats-Généraux? — Les réticences qu'il est destiné à couvrir conviennent-elles à votre dignité? — La motion de M. l'abbé Sieyès vous donne-t-elle des racines assez profondes? — N'est-elle pas évidemment une détermination première, laquelle a des conséquences qui doivent être développées? — Doit-on vous lancer dans la carrière sans vous montrer le but auquel on se propose de vous conduire? Pouvez-vous, sans une précipitation indigne de votre prudence, et vraiment périlleuse dans les circonstances, ne pas avoir un plan arrêté d'opérations successives, qui soit le garant de votre sagesse et le mobile de vos forces?

Le titre de *députés reconnus et vérifiés de la nation*

française ne convient, ni à votre dignité, ni à la suite de vos opérations, puisque la réunion que vous voulez espérer et faciliter dans tous les temps vous forcerait à le changer.

Ne prenez pas un titre qui effraie. — Cherchez-en un qu'on ne puisse vous contester ; qui, plus doux, et non moins imposant dans sa plénitude, convienne à tous les temps, soit susceptible de tous les développements que vous permettront les événements, et puisse, au besoin, servir de lance comme d'aide aux droits et aux principes nationaux.

Telle est, à mon sens, la formule suivante : *Représentants du peuple français.*

Qui peut vous disputer ce titre? Que ne deviendra-t-il pas quand vos principes seront connus, quand vous aurez proposé de bonnes lois, quand vous aurez conquis la confiance publique? — Que feront les deux autres ordres alors? — Adhéreront-ils? — Il le faudra bien ; et, s'ils en reconnaissent la nécessité, que leur en coûtera-t-il de plus pour adhérer dans une forme régulière? — Refuseront-ils d'adhérer? — Nous prononcerons contre eux, quand tout le monde pourra juger entre nous.

Mais ce n'est point assez de constituer notre assemblée, de lui donner un titre, le seul qui lui convienne, tant que les deux autres ordres ne se réuniront pas à nous en *États-Généraux*. Il faut établir nos principes, ces principes sages et lumineux, qui jusqu'à présent nous ont dirigés. Il faut montrer que ce n'est pas à nous, mais aux deux ordres, qu'on doit attribuer cette non-réunion des trois états que Sa Majesté a convoqués en une seule assemblée. Il faut montrer pourquoi et comment nous allons entrer en activité; pourquoi et comment nous soutenons que les deux ordres ne peuvent s'y mettre eux-mêmes en se séparant de nous. Il faut montrer qu'ils n'ont aucun *veto*, aucun droit de prendre des résolutions séparées des nôtres. Il faut annoncer nos intentions et nos vues; il faut assurer, par une démarche également sage, légale et graduée, la solidité de nos mesures, maintenir les ressources du gouvernement, tant qu'on les fera servir au bien national, et présenter aux créanciers de l'État l'espoir de cette sécurité qu'ils désirent, que l'honneur national exige que nous leur offrions, mais toujours en la faisant dépendre du succès de cette régénération nationale qui est le grand et le premier objet de notre convocation et de nos vœux.

C'est dans ce but qu'a été dressée la résolution que je vais avoir l'honneur de vous lire :

« Les députés des communes ayant, en conséquence de leurs délibérations du 10 juin, fait signifier aux députés du Clergé et de la Noblesse une dernière invitation à se rendre le même jour, tant individuellement que collectivement, en l'Assemblée Nationale, pour faire vérifier leurs pouvoirs, conjointement avec ceux des députés des communes, sur l'appel qui y serait fait de tous les bailliages convoqués par Sa Majesté en ladite assemblée, et le susdit appel n'ayant été suivi que de la comparution d'un petit nombre des députés du Clergé, le plus grand nombre des députés de cette classe, ainsi que ceux de la Noblesse, paraissant persister dans le funeste esprit de séparation et d'éloignement qu'ils ont manifesté en différentes occasions depuis l'ouverture des États-Généraux, les députés des communes se sont vus obligés, en conformité de leurs susdites délibérations, de procéder à la vérification de leurs pouvoirs en l'absence du plus grand nombre des députés du Clergé, et en celle de la totalité des députés de la Noblesse. Lecture faite du procès-verbal de vérification des susdits pouvoirs, en date des 13 et 14 juin, les députés dont les pouvoirs ont été vérifiés ledit jour, pénétrés des malheureux effets que pourrait avoir une plus longue durée de l'inaction à laquelle ils ont été jusqu'à présent forcés, par la persévérance des députés des classes privilégiées dans leur refus de se réunir, et voulant, autant qu'il est en eux, se mettre en état de concourir aux vues bienfaisantes de Sa Majesté et au vœu général de la nation pour la régé-

nération du royaume, ont pris et arrêté les résolutions
suivantes :

1° Résolu que le roi n'ayant pas estimé pouvoir remplir ses vues de sagesse, de justice et de bonté envers
ses peuples, autrement que par la convocation d'une
Assemblée Nationale composée des députés des trois
ordres, nommés respectivement dans les divers bailliages, sénéchaussées, villes et provinces du royaume,
les susdits députés, de quelque ordre qu'ils soient, ont
un droit individuel et commun à siéger ensemble dans
cette Assemblée Nationale, et à y faire vérifier les pouvoirs de leurs commettants : tout comme aussi ils ont
le droit d'exiger que les pouvoirs de leurs co-députés,
de quelque ordre qu'ils puissent être, soient produits et
vérifiés dans la même assemblée, laquelle seule est qua-
lifiée pour prononcer définitivement sur toutes les difficultés ou contestations qui pourraient s'élever ou être
élevées au sujet des pouvoirs de quelques-uns des susdits députés.

2° Résolu que, d'après le refus qu'ont fait les autres
députés d'acquiescer à la réunion requise, et à la vérifi-
tion en commun, à laquelle ils ont été si souvent invités,
il est maintenant indispensable de déclarer que les
députés dont les pouvoirs ont été vérifiés lesdits jours
13 et 14 juin ne peuvent considérer la vérification des
pouvoirs que les autres députés ont pu faire, ou pourront
faire à l'avenir hors de l'Assemblée Nationale, que
comme un acte insuffisant et incomplet, qui ne peut
recevoir sa force légale et son complément que par la
confirmation de l'Assemblée Nationale, ou, ce qui revient
au même, d'une assemblée à laquelle les députés des
trois ordres aient été dûment invités et libres d'assister.

3° Résolu que la vérification faite les 13 et 14 juin
des pouvoirs des députés, après due convocation des
députés des classes privilégiées, à l'effet qu'ils pussent
y concourir pour ce qui les concerne, est suffisante
pour autoriser les susdits députés à se former et à se
constituer ainsi qu'ils le font par la présente délibé-

ration, dans la forme et sous le nom d'assemblée des représentants du peuple de France, à se mettre incessamment en activité comme tels, et à procéder en conséquence à la nomination d'un président et autres officiers nécessaires au maintien de la police de ladite assemblée.

4° Résolu qu'en se constituant en la forme et qualité d'assemblée des représentants du peuple de France, l'assemblée n'entend point mettre d'obstacles à la réunion si désirée des autres députés avec les représentants du peuple dans l'Assemblée Nationale, qu'elle sera toujours prête à les recevoir aussitôt qu'ils témoigneront le désir de se joindre à eux dans l'unique qualité que leur assignent la raison et l'intérêt national, et de se faire légalement reconnaître en l'Assemblée Nationale par la vérification de leurs pouvoirs.

5° Résolu que l'assemblée des représentants du peuple de France s'occupera sans relâche, et avec toute l'activité dont elle est capable, des moyens de seconder les grands et nobles desseins du roi, et de remplir l'attente de ses peuples pour le bonheur du royaume, en communiquant directement à Sa Majesté les différentes mesures qu'elle estimera les plus propres à remplir ce but ; mais qu'elle ne reconnaîtra jamais dans les députés des classes privilégiées, en quelque nombre qu'ils soient, aucun *veto*, c'est-à-dire aucun droit de s'opposer par des délibérations séparées, prises hors de l'Assemblée Nationale, à ce qui sera jugé nécessaire pour le bien général de la France, attendu qu'il ne tient qu'à eux, par leur présence individuelle et leurs suffrages en ladite assemblée, de contribuer au bien général, en la seule manière qui soit compatible avec la justice, avec la raison, et avec le vœu unanime du peuple de France.

6° Résolu que, dans la présente circonstance, ce que l'assemblée doit à la sécurité de ses constituants, son attachement pour le roi, pour les vrais principes de la constitution, et la nécessité de pourvoir, durant la tenue des États-Généraux, aux besoins publics d'une manière légale, qui porte les caractères du vœu national, et qui prévienne les effets trop actifs d'un zèle égaré par les malheurs publics, exigent de sa part la déclaration suivante :

Attendu qu'aucun impôt, c'est-à-dire, aucune levée de deniers pour les besoins publics, sous quelque forme ou dénomination qu'il soit établi, ne peut légalement exister sans le consentement exprès du peuple par ses représentants aux États-Généraux, et seulement pour le temps qu'ils auront jugé à propos de fixer; attendu encore que ce principe sacré de toute constitution où le peuple est compté pour quelque chose, a été reconnu par Sa Majesté elle-même, par les cours souveraines et par le vœu unanime des peuples, comme l'une des bases essentielles de la monarchie ; attendu enfin qu'il n'est aucun des impôts actuels qui ne soit illégal, ou dans son origine ou dans l'extension qu'il peut avoir reçue, l'assemblée des représentants du peuple les déclare tous nuls et supprimés de droit, par l'effet nécessaire du défaut de consentement du peuple auxdits impôts ; et cependant, vu le temps nécessaire pour créer un ordre nouveau dans cette partie des affaires nationales, et aussi afin d'éviter les inconvénients qui résulteraient pour le crédit public et pour l'impôt futur d'une cessation absolue de tous rapports entre les contribuables et le fisc, l'assemblée consent provisoirement, au nom de ses constituants, et statue, sous le bon plaisir de Sa Majesté, que tous les impôts perçus jusqu'à ce jour soient momentanément autorisés et continuent à être payés en la même manière que ci-devant, et aux termes des arrêts qui les ont établis ou prolongés, mais seulement durant le cours de la présente session des États-Généraux, et non au delà, à moins d'une nouvelle prolongation d'iceux, librement consentie et expressément votée par les représentants du peuple auxdits États-Généraux.

7° Résolu qu'aussitôt que les principes d'après lesquels la régénération du royaume doit être opérée, auront été légalement convenus et fixés, les droits des peuples assurés, les bases d'une sage et heureuse constitution posées et mises à l'abri de toute atteinte, sous la sauvegarde de la puissance législative du roi et de l'Assemblée Nationale, les représentants du peuple de France prendront toutes les mesures nécessaires pour la sécurité des créanciers de l'Etat, et pour que la dette du roi, qui deviendra alors celle de la nation, ait désormais pour gage l'honneur et la fidélité de cette nation même et la surveillance de ses représentants, organes et dépositaires du trésor sacré de la foi publique.

8° Résolu que les délibérations ci-dessus seront incessamment présentées à Sa Majesté, avec une humble adresse, dans laquelle seront exposés les motifs de la conduite de l'assemblée des représentants du peuple depuis leur précédente adresse, la disposition invariable où ils sont de répondre par leur respect, leur amour pour la personne sacrée du roi, et par leur application constante à tous les devoirs qui résultent pour eux de la mission dont ils sont honorés, aux intentions vraiment magnanimes de Sa Majesté pour le commun avantage de ses peuples, et que ces résolutions et cette adresse seront incontinent imprimées et publiées ».

Vous venez d'entendre, messieurs, la série des résolutions dont je pense qu'il faut appuyer le titre sous lequel je vous propose de constituer notre assemblée ; si elles vous paraissent mériter une discussion particulière, j'aurai l'honneur de vous exposer les motifs qui les rendent nécessaires. Dans ce moment, je me borne à insister sur la convenance de la dénomination que j'ai adoptée de *représentants du peuple français*. Je dis la convenance, car je reconnais que la motion de l'abbé Sieyès est conforme à la rigueur des principes, et telle qu'on doit l'attendre d'un citoyen philosophe. Mais, messieurs, il n'est pas toujours expédient, il n'est pas toujours convenable de consulter uniquement le droit sans rien accorder aux circonstances.

Il est cette différence essentielle entre le métaphysicien, qui, dans la méditation du cabinet, saisit la vérité dans son énergique pureté, et l'homme d'État, qui est obligé de tenir compte des antécédents, des difficultés, des obstacles; il est, dis-je, cette différence entre l'instructeur du peuple et l'administrateur politique, que l'un ne songe qu'à *ce qui est*, et l'autre s'occupe de *ce qui peut être*.

Le métaphysicien, voyageant sur une mappemonde, franchit tout sans peine, ne s'embarrasse ni des montagnes, ni des déserts, ni des fleuves, ni des abîmes; mais quand on veut réaliser le voyage, quand on veut arriver au but, il faut se rappeler sans cesse qu'on marche sur la terre, et qu'on n'est plus dans le monde idéal.

Voilà, messieurs, un des grands motifs de préférence pour la dénomination que j'ai mûrement réfléchie. Si nous en prenons une autre, nous aurons à créer une nouveauté; elle va fournir abondamment aux déclamations de ceux qui nous calomnient : nous aurons contre nous tous les antécédents, tous les usages, tout ce qui est, tout ce qui est consacré par les habitudes, tout ce qui est sous la garde puissante des préjugés et de l'aristocratie. Si nous prenons le titre de représentants du peuple, qui peut nous l'ôter? qui peut nous le disputer? qui peut crier à l'innovation, à des prétentions exorbitantes, à la dangereuse ambition de notre assemblée? qui peut nous empêcher d'être ce que nous sommes? Et cependant, cette dénomination si peu alarmante, si peu prétentieuse, si indispensable, cette dénomination contient tout, renferme tout, répond à tout. Elle abordera facilement le trône; elle ôtera tout prétexte à nos ennemis; elle ne nous exposera point à des combats, à des chocs dangereux dans tous les temps, qui pourraient nous être funestes dans l'état où nous sommes, et jusqu'à ce que nous ayons jeté des racines profondes : cette dénomination simple, paisible, incontestable, deviendra tout avec le temps; elle est propre à notre naissance, elle le sera encore à notre maturité, elle prendra les mêmes degrés de force que nous-mêmes; et si elle est au-

jourd'hui peu fastueuse, parce que les classes privilégiées ont avili le corps de la nation, qu'elle sera grande,
imposante, majestueuse ! Elle sera tout, lorsque le
peuple, relevé par nos efforts, aura pris le rang que l'é-
ternelle nature des choses lui destine.

Dans la séance du soir, Malouet combattit la proposition de
Mirabeau et proposa aux communes de se constituer en
représentants du peuple, soutenu par Rabaud de Saint-Etienne.
Le titre que défendit Mounier était *Assemblée légitime des représentants de la majeure partie de la nation, agissant en l'absence
de la mineure partie*. Un député, Legrand, donna le nom qui
allait triompher : les Communes devaient se constituer en
Assemblée Nationale. Les débats durèrent jusqu'à dix heures
et furent remis au lendemain.

SÉANCE DU 16 JUIN

Chaque auteur de motion prit plusieurs fois la parole ;
Mirabeau parla deux fois, et ses deux discours ont été réunis en un seul[1].

MIRABEAU. — La manière dont un des honorables membres a parlé, je ne dirai pas contre ma motion, elle reste
entière, mais contre la dénomination que j'ai choisie
pour nous constituer *représentants du peuple français ;*
l'approbation qu'ont donnée aux objections plusieurs de
ceux qui ont parlé après l'honorable membre, m'ont
causé, je l'avoue, une extrême surprise. Je croyais avoir
énoncé clairement mon opinion touchant la séparation
des ordres ; et l'on m'accuse d'avoir favorisé la séparation des ordres. Je croyais avoir présenté une série de
résolutions qui montraient les droits et la dignité du
peuple ; et l'on m'apprend que ce mot de *peuple* a une
acceptation basse, qu'on pourrait nous adapter exclusivement. Je suis peu inquiet de la signification des mots
dans la langue absurde du préjugé ; je parlais ici la

1. Le second, qui est une réplique à Thouret, a été attribué à
Etienne Dumont.

langue de la liberté, et je m'appuyais sur l'exemple des Anglais, sur celui des Américains, qui ont toujours honoré le nom de *peuple*, qui l'ont toujours consacré dans leurs déclarations, dans leurs lois, dans leur politique. Quand Chatham renferma dans un seul mot la charte des nations, et dit *la majesté du peuple*, quand les Américains ont opposé les droits naturels du peuple à tout le fatras des publicistes sur les conventions qu'on leur oppose, ils ont reconnu toute la signification, toute l'énergie de cette expression, à qui la liberté donne tant de valeur. Est-ce, messieurs, à l'école des Anglais et des Américains que j'aurais appris à employer ce nom d'une manière suspecte, qui blessât la délicatesse des représentants nationaux, et que je serais devenu moins jaloux qu'eux de la dignité de notre assemblée ? Non, je ne le pense pas : je n'imagine pas même que je puisse être accusé de dégrader le peuple, si je réfute l'opinion hasardée d'un préopinant dont la jeunesse peut bien ajouter à mon estime pour ses talents, mais n'est pas un titre pour m'en imposer.

Il répond à ce que j'ai dit sur la nécessité de la sanction royale, que, lorsque le peuple a parlé, il ne la croit pas nécessaire. Et moi, messieurs, je crois le *veto* du roi tellement nécessaire, que j'aimerais mieux vivre à Constantinople qu'en France, s'il ne l'avait pas : oui, je le déclare, je ne connaîtrais rien de plus terrible que l'aristocratie souveraine de six cents personnes, qui demain pourraient se rendre inamovibles, après-demain héréditaires, et finiraient, comme les aristocrates de tous les pays du monde, par tout envahir. Mais, messieurs, puisque ma motion a été mal comprise, je dois la défendre avec des raisons plutôt qu'avec des récriminations ou des exemples tirés des langues étrangères. Je dois vous montrer en quoi elle ressemble à toutes les autres, et vous prouver que, dans les points où elle en diffère, elle présente de grands avantages. Tant que nous sommes ici des individus qui exposons notre sentiment, mon devoir m'impose de défendre le mien, et il n'appartient qu'à la décision de l'assemblée de me soumettre.

Plus je considère les différentes motions entre lesquelles vous avez à vous déterminer, plus je me pénètre de cette incontestable vérité, c'est qu'elles se rapprochent, c'est qu'elles coïncident en ces points essentiels :

1° La nécessité de se constituer promptement en assemblée active ; cette nécessité est reconnue par M. l'abbé Sieyès, par M. Mounier ; elle l'est par ma motion, qui tend à nous préserver des « malheureux effets que pourrait avoir une plus longue durée de l'inaction à laquelle nous avons été jusqu'à présent forcés par la persévérance des classes privilégiées dans leur refus de se réunir ».

2° L'aveu que notre assemblée n'est et ne peut être les *États-Généraux*. Aucun de nous n'ose nous donner ce titre. Chacun sent qu'il n'appartient qu'à une assemblée des députés des états des trois ordres. Ici encore M. l'abbé Sieyès, M. Mounier et moi, nous nous rencontrons parfaitement.

« 3° L'avantage qu'il y aurait à trouver quelque autre dénomination sous laquelle cette assemblée puisse être constituée, et qui, sans équivaloir à celle d'États-Généraux, soit cependant suffisante pour la mettre en activité. »

Ici nous sommes d'accord ; car, soit que nous nous appelions les *représentants connus et vérifiés de la nation*, les *représentants de la majeure partie de la nation*, et les *représentants du peuple*, notre but est le même ; toujours nous réunissons-nous contre la qualification également absurde et déplacée d'*États-Généraux*; toujours cherchons-nous, en excluant ces titres, à en trouver un qui aille au grand but de l'*activité*, sans avoir le funeste inconvénient de paraître une spoliation de deux ordres dont, quoi que nous fassions, nous ne pourrons nous dissimuler l'existence, bien que nous nous accordions à penser qu'ils ne peuvent rien par eux-mêmes.

4° Le quatrième point sur lequel nous sommes d'accord, c'est la nécessité de prévenir toute opinion par chambres, toute scission de l'Assemblée Nationale, tout veto des ordres privilégiés.

Ici encore je me plais à rendre hommage aux autres motions, mais sans croire qu'elles aient pourvu à ce mal que nous craignons tous, avec plus d'énergie que je ne l'ai fait. En est-il une qui ait plus fortement exprimé que la mienne l'intention de *communiquer*, non avec les autres ordres, mais *directement à Sa Majesté*, les mesures que nous estimons nécessaires à la régénération du royaume? En est-il une qui rejette plus fortement que la mienne tout *veto*, c'est-à-dire tout « droit par lequel les députés des classes privilégiées, en quelque nombre qu'ils soient, voudraient s'opposer, par des délibérations séparées, prises hors de l'Assemblée Nationale, à ce qui serait jugé nécessaire pour le bien général de la France? »

Nous sommes donc d'accord sur ces quatre points vraiment cardinaux, vraiment nécessaires, qui devraient nous servir à tous de signal de ralliement.

En quoi différons-nous? Qu'est-ce qui peut justifier cette chaleur, cet éloignement que nous marquent les uns, pour les opinions des autres? Comment se fait-il que ma motion, si clairement fondée sur les principes, qui les met au-dessus de toute atteinte, si explicite, si satisfaisante pour tout homme qui déteste, comme moi, toute espèce d'aristocratie; comment se peut-il que cette motion ait été présentée comme si étrange, si peu digne d'une assemblée d'amis, de serviteurs de ce peuple qui nous a chargés de le défendre?

Un défaut commun aux dénominations que j'attaque, c'est qu'elles sont longues, c'est qu'elles sont inintelligibles pour cette portion immense des Français qui nous ont honorés de leur confiance; en est-il un seul qui puisse se faire une idée juste de ce que c'est que *les représentants connus et vérifiés de la nation?* En est-il un seul qui vous comprenne, quand vous lui direz que vous êtes « l'assemblée formée par les représentants de la plus grande partie de la nation, et par la majorité de tous les députés envoyés aux Etats-Généraux, dûment invités, délibérant en l'absence de la minorité dûment invitée ? »

A ces titres énigmatiques, à ces doubles logogriphes, substituez : *les représentants du peuple français*, et voyez quelle dénomination offre la définition la plus claire, la plus sensible, la plus propre à nous concilier nos commettants mêmes.

Un défaut particulier à une de ces deux motions, c'est qu'elle nous donne un nom qui ne nous désigne pas seuls, qui par conséquent ne nous distingue pas, qui peut convenir aux députés des autres ordres, des autres Chambres, aux députés des classes privilégiées, suivant qu'il vous plaira les appeler : car ils peuvent, aussi bien que nous, se dénommer *les représentants connus de la nation*. Supposons que vous ayez à vous adresser au roi : oseriez-vous lui dire que vous êtes *les seuls représentants de la nation qui soient connus de Sa Majesté?* Lui diriez-vous qu'il ne connaît pas les députés du Clergé, qu'il ne connaît pas ceux de la Noblesse pour des *représentants de la nation*, lui qui les a convoqués comme tels, lui qui a désiré qu'ils lui fussent présentés comme tels, lui qui les a fait appeler comme tels, lui qui les a présidés, ainsi que nous, dans l'Assemblée Nationale, lui enfin qui a reçu leurs discours, leurs adresses comme les nôtres, et qui les a constamment désignés par des termes équivalents à ceux dont il s'est servi avec nous.

Le titre que je vous propose, ce titre que vous réprouvez, n'a point l'inconvénient de s'appliquer à d'autres qu'à nous, il ne convient qu'à nous, il ne nous sera disputé par personne. *Les représentants du peuple français!* Quel titre pour des hommes qui, comme vous, aiment le peuple, qui sentent, comme vous, ce qu'ils doivent au peuple!

Cette même motion que je combats, tout en vouant mon estime, mon respect à celui qui l'a proposée, vous appelle *les représentants vérifiés* de la nation, comme si les autres représentants n'avaient pas aussi été vérifiés ; comme s'il pouvait leur être défendu de s'appeler, ainsi que nous, les *représentants vérifiés*, parce qu'ils n'ont pas été vérifiés à notre manière.

Cette même motion tire une conséquence qui n'a aucun rapport avec les premières. Consultez celle-ci, on croirait que vous allez vous constituer en *Assemblée Nationale*, en *États-Généraux*. C'est ce qui résulte de cette phrase remarquable : « Il appartient à cette assemblée, il n'appartient qu'à elle d'interpréter et de présenter la volonté générale de la nation. » Est-ce là cependant ce qu'on nous propose ? Est-ce la conclusion que, selon la motion, vous devez tirer du principe ? Non ; vous allez vous déclarer *les représentants connus et vérifiés de la nation*. Vous laissez à ceux qu'il vous plaît d'appeler *les représentants non connus, non vérifiés*, le soin de fixer à leur tour les qualifications dont il leur plaira de se décorer.

Cette même qualification ne porte que sur une simple dispute de forme, dans laquelle notre droit n'est fondé que sur des arguments très subtils, quoique très solides, et non sur une loi positive. La mienne porte sur un fait, un fait authentique, indéniable : c'est que *nous sommes les représentants du peuple français*.

Cette même qualification est d'une telle faiblesse, comme l'a observé un des préopinants (M. Thouret), que, dans le cas (très aisé à supposer) où les députés du Clergé et de la Noblesse se détermineraient à venir dans notre salle pour faire vérifier leurs pouvoirs, et retourneraient ensuite dans leurs chambres respectives pour y opiner par ordre, cette qualification ne pourrait plus nous convenir.

Celle que je vous propose nous convient dans tous les temps, dans tous les cas, et même dans celui où, comme nous le désirons tous, les députés des trois ordres se réuniraient formellement dans cette salle en *États-Généraux*, pour y voter par *tête* et non par *ordre*.

On vous a dit, messieurs, on l'a dit au public, on en a fait une espèce de cri d'alarme contre ma motion, qu'elle tendait à chambrer les États-Généraux, à autoriser la distinction des ordres. Mais moi, je vous le demande, je le demande à tous ceux qui m'ont entendu, à tous ceux qui m'ont lu ou qui liront ma motion : où s'y trouve cette distinction des ordres, cette nécessité des chambres? Peut-on ainsi, en prenant une partie de cette motion, passer l'autre sous silence? Je vous ai déjà rappelé les termes dont je me suis servi; je vous ai dit, et j'ai exprimé de la manière la plus forte, que les deux ordres qui veulent s'isoler du peuple ne sont rien quant à la constitution, tant qu'ils veulent être étrangers au peuple; qu'ils ne peuvent pas avoir une volonté séparée de la sienne; qu'ils ne peuvent ni s'assembler, ni exercer un *veto*, ni prendre des résolutions séparées.

Voilà le principe sur lequel ma motion est fondée, voilà le but où elle tend, voilà ce que, à moins de s'aveugler volontairement, tout homme de sens y trouvera.

Si je voulais employer contre les autres motions les armes dont on se sert pour attaquer la mienne, ne pourrais-je pas dire à mon tour : De quelque manière que vous vous qualifiez, que vous soyez *les représentants connus et vérifiés de la nation, les représentants de vingt-cinq millions d'hommes, les représentants de la majorité du peuple,* dussiez-vous même vous appeler *l'Assemblée Nationale, les États-Généraux,* empêcherez-vous les classes privilégiées de continuer des assemblées que Sa Majesté a reconnues? Les empêcherez-vous de prendre des délibérations? Les empêcherez-vous de prétendre au *veto*? Empêcherez-vous le roi de les recevoir, de les reconnaître, de leur continuer les mêmes titres qu'il leur a donnés jusqu'à présent? Enfin empêcherez-vous la nation d'appeler le Clergé, *clergé*; la Noblesse, *noblesse*?

On a cru m'opposer le plus terrible dilemme, en me disant que le mot *peuple* signifie nécessairement ou trop ou trop peu; que si on l'explique dans le même sens que le latin *populus*, il signifie la *nation*, et qu'alors il a

une acception plus étendue que le titre auquel aspire
la généralité de l'assemblée ; que si on l'entend dans un
sens plus restreint, comme le latin *plebs*, alors il suppose des ordres, des différences d'ordres, et que c'est là
ce que nous voulons prévenir. On a même été jusqu'à
craindre que ce mot ne signifiât ce que les Latins appe-
laient *vulgus*, ce que les Anglais appellent *mob*, ce que
les aristocrates, tant nobles que roturiers, appellent
insolémment la *canaille*:...

A cet argument je n'ai que ceci a répondre : c'est
qu'il est infiniment heureux que notre langue, dans sa
stérilité, nous ait fourni un mot que les autres langues
n'auraient pas donné dans leur abondance ; un mot qui
présente tant d'acceptions différentes ; un mot qui, dans
ce moment où il s'agit de nous constituer sans hasarder
le bien public, nous qualifie sans nous avilir, nous
désigne sans nous rendre terribles ; un mot qui ne
puisse nous être contesté, et qui, dans son exquise simplicité, nous rende chers à nos commettants, sans
effrayer ceux dont nous avons à combattre la hauteur et
les prétentions ; un mot qui se prête à tout, qui, modeste
aujourd'hui, puisse agrandir notre existence à mesure
que les circonstances le rendront nécessaire, à mesure
que, par leur obstination, par leurs fautes, les classes
privilégiées nous forceront à prendre en main la défense
des droits nationaux, de la liberté du peuple.

Je persévère dans ma motion, et dans la seule expression qu'on en avait attaquée : je veux dire la qualification DU PEUPLE FRANÇAIS. Je l'adopte, je la défends, je la
proclame, par la raison qui la fait combattre !

Oui, c'est parce que le nom de *peuple* n'est pas assez
respecté en France, parce qu'il est obscurci, couvert de
la rouille du préjugé, parce qu'il nous présente une
idée dont l'orgueil s'alarme, et dont la vanité se révolte,
parce qu'il est prononcé avec mépris dans les chambres
des aristocrates ; c'est pour cela même, messieurs, que
je voudrais, c'est pour cela même que nous devons nous
imposer non seulement de le relever, mais de l'ennoblir,

de le rendre désormais respectable aux ministres et cher à tous les cœurs. Si ce nom n'était pas le nôtre, il faudrait le choisir entre tous, l'envisager comme la plus précieuse occasion de servir ce peuple qui existe; ce peuple qui est tout; ce peuple que nous représentons, dont nous défendons les droits, de qui nous avons reçu les nôtres, et dont on semble rougir que nous empruntions notre dénomination et nos titres. Ah! si le choix de ce nom rendait au peuple abattu de la fermeté, du courage!... Mon âme s'élève en contemplant dans l'avenir les heureuses suites que ce nom peut avoir! Le peuple ne verra plus que nous, et nous ne verrons plus que le peuple; notre titre nous rappellera et nos devoirs et nos forces. A l'abri d'un nom qui n'effarouche point qui n'alarme point, nous jetons un germe, nous le cultiverons, nous en écarterons les ombres funestes qui voudraient l'étouffer, nous le protégerons; nos derniers descendants seront assis sous l'ombrage bienfaisant de ses branches immenses.

Représentants du peuple, daignez me répondre : irez-vous dire à vos commettants que vous avez repoussé ce nom de *peuple?* que, si vous n'avez pas rougi d'eux, vous avez pourtant cherché à éluder cette dénomination, qui ne vous paraît pas assez brillante? qu'il vous faut un titre plus fastueux que celui qu'ils vous ont conféré? Eh! ne voyez-vous pas que le nom de *représentants du peuple* vous est nécessaire, parce qu'il vous attache le peuple, cette masse imposante, sans laquelle vous ne seriez que des individus, de faibles roseaux que l'on briserait un à un? Ne voyez-vous pas qu'il vous faut le nom de *peuple*, parce qu'il donne à connaître au peuple que nous avons lié notre sort au sien; ce qui lui apprendra à reposer sur nous toutes ses pensées, toutes ses espérances?

Plus habiles que nous, les héros bataves qui fondèrent la liberté de leur pays prirent le nom de *gueux*; ils ne voulurent que ce titre, parce que le mépris de leurs tyrans avait prétendu les en flétrir; et ce titre, en leur attachant cette classe immense que l'aristocratie et le despotisme avilissaient, fut à la fois leur force, leur gloire et le gage de leur succès. Les amis de la liberté choisissent le nom qui les sert le mieux, et non celui qui les flatte le plus : ils s'appelleront les *remontrants* en Amérique, les *pâtres* en Suisse, les *gueux* dans les Pays-Bas ; ils se pareront des injures de leurs ennemis ; ils leur ôteront le pouvoir de les humilier, avec des expressions dont ils auront su s'honorer [1].

1. La dernière partie du discours de Mirabeau fut accueillie par de violents murmures. Avant de descendre de la tribune il s'écria dans le tumulte. « Si ce morceau de mon discours est coupable, je ne crains pas de l'avouer, je le laisse signé de ma main, sur le bureau. »

Le lendemain 17 juin, les représentants des communes se constituaient en *Assemblée Nationale* (491 voix pour, 90 contre). Le même jour, les députés adoptaient une formule de serment : « Nous jurons et promettons de remplir avec zèle et fidélité les fonctions dont nous sommes chargés », et pour montrer qu'ils étaient en activité, ils nommèrent Bailly leur président, et ils délibérèrent sur la continuation provisoire des impôts, la disette et la dette publique.

ASSEMBLÉE NATIONALE

DU 18 AU 23 JUIN

Le gouvernement répondit presque aussitôt au décret des représentants des communes en fermant la salle où ils délibéraient, et donnant comme raison des travaux nécessités par une prochaine séance royale. Le 20 juin la salle des Menus était interdite aux députés et occupée militairement. Bailly protestait, prenait les papiers de l'Assemblée et se transportait rue Saint-François, au Jeu de Paume. Les députés l'y suivaient, et devant ce qu'ils considéraient comme un coup de force, se liaient par un serment [1] : « Nous jurons de ne jamais nous retirer de l'Assemblée Nationale, de nous réunir partout où les circonstances l'exigeront, jusqu'à ce que la

[1]. Décret pris par l'assemblée au Jeu de Paume :

« L'Assemblée Nationale, considérant qu'appelée à fixer la constitution du royaume, opérer la régénération de l'ordre public, et maintenir les vrais principes de la monarchie, rien ne peut empêcher qu'elle ne continue ses délibérations, dans quelque lieu qu'elle soit forcée de s'établir et qu'enfin, partout où ses membres sont réunis, là est l'Assemblée Nationale ;

« Arrête, que tous les membres de cette Assemblée prêteront à l'instant serment solennel de ne jamais se séparer et de se rassembler partout où les circonstances l'exigeront, jusqu'à ce que la constitution du royaume soit établie sur des fondements solides ; et que ledit serment étant prêté, tous les membres, et chacun d'eux en particulier, confirmeront par leur signature cette résolution inébranlable. »

constitution du royaume soit établie et affermie sur des fondements solides. » Le lendemain dimanche il n'y eut pas de séance, mais le 22, la salle des Menus étant toujours fermée, les députés s'assemblèrent dans l'église Saint-Louis, où ils furent rejoints par la majorité du Clergé en vertu d'une délibération de cet ordre du 19, par laquelle il acceptait la vérification des pouvoirs en commun. Le 23 juin, ce fut la séance royale, entourée d'un menaçant appareil militaire. Louis XVI parla devant les trois ordres réunis, terminant son discours par une expression ferme de son autorité royale : « Je vous ordonne, messieurs, de vous séparer tout de suite, et de vous rendre demain matin chacun dans les chambres affectées à votre ordre, pour y reprendre vos séances. J'ordonne en conséquence au grand-maître des cérémonies de faire préparer les salles. » C'était condamner l'attitude des communes, considérer leurs délibérations comme nulles. La Noblesse et une partie du Clergé suivirent le roi qui se retirait et obéirent à son ordre. Les députés du Tiers et du bas Clergé restèrent immobiles à leurs places. Il y eut un lourd silence. Le grand-maître des cérémonies, le marquis de Brezé s'avança vers le président et dit : « Messieurs, vous connaissez les intentions du roi... »

Bailly qui présidait sut à peine répondre, et ce fut Mirabeau qui, dans son audace géniale, fut l'interprète de la conscience de l'Assemblée Nationale. Il se leva.

MIRABEAU. — Oui, monsieur, nous avons entendu les intentions qu'on a suggérées au Roi, et vous qui ne sauriez être son organe auprès des États-Généraux, vous qui n'avez ici, ni place, ni voix, ni droit de parler, vous n'êtes pas fait pour nous rappeler son discours. Cependant, pour éviter toute équivoque et tout délai, je vous déclare que si l'on vous a chargé de nous faire sortir d'ici, vous devez demander des ordres pour employer la force, car nous ne quitterons nos places que par la puissance de la baïonnette. »

Enflammés par cette apostrophe, les députés s'écrient unanimement : « Tel est le vœu de l'Assemblée », et le marquis de Brézé se retire à reculons. La décision est grave et il y a de nouveau un long silence, puis, conscients de sa souveraineté, l'Assemblée s'agite et délibère. Camus, Barnave, Pétion de Villeneuve, Buzot, Garat l'aîné, Sieyès, l'abbé Grégoire représentent que l'Assemblée est légalement active, et les députés déclarent à l'unanimité qu'ils persistent dans leurs précédents arrêtés.

C'était résister au gouvernement et au roi, et il pouvait y avoir là du danger pour les représentants de la nation. Mirabeau proposa une motion qui devait les garantir contre tout arbitraire de l'autorité.

MIRABEAU. — C'est aujourd'hui que je bénis la liberté de ce qu'elle mûrit de si beaux fruits dans l'Assemblée Nationale. Assurons notre ouvrage, en déclarant inviolable la personne des députés aux Etats-Généraux. Ce n'est pas manifester une crainte; c'est agir avec prudence : c'est un frein contre les conseils violents qui assiègent le trône.

Et Mirabeau fit la motion suivante :

L'Assemblée Nationale déclare que la personne de chacun des députés est inviolable; que tous individus, toutes corporations, tribunal, cour, ou commission qui oseraient, pendant ou après la présente session, poursuivre, rechercher, arrêter où faire arrêter, détenir ou faire détenir un député pour raison d'aucunes propositions, avis, opinions, ou discours par lui faits aux Etats-Généraux, de même que toutes personnes qui prêteraient leur ministère à aucun desdits attentats, de quelque part qu'ils soient ordonnés, sont infâmes et traîtres envers la Nation, et coupables de crime capital. L'Assemblée Nationale arrête que dans les cas susdits elle prendra toutes les mesures nécessaires, pour faire rechercher, poursuivre et punir ceux qui en seront les auteurs, instigateurs ou exécutants[1].

---

1. La motion fut adoptée par 493 voix contre 74.

DU 24 AU 30 JUIN

Le 24, l'Assemblée Nationale reçut les membres du Clergé qui venaient se réunir. Mais la présence des troupes à Versailles inquiétait l'Assemblée, et Mounier amorça un débat qui devait se prolonger, en demandant que l'on fit une adresse au roi pour le prier de leur donner l'ordre de se retirer. Le 25, quarante-neuf députés de la Noblesse se présentèrent à l'Assemblée, et Barnave reprit la motion de Mounier sur le retrait des troupes. Le peuple qui n'avait plus l'accès de la salle des séances, avait failli provoquer une émeute devant ses portes, irrité de cette interdiction et de la présence des soldats. Le 26, des évêques se réunirent, et notamment l'archevêque de Paris, puis une délégation de la majorité de la Noblesse non réunie fut annoncée. Fréteau demanda que ces députés fussent admis. Mirabeau s'y opposa.

MIRABEAU. — Les principes seuls conservent tous les droits, eux seuls peuvent servir de base à la justice et même à la prudence. Les députés de la Noblesse qui sont ici présents ont reconnu eux-mêmes que les pouvoirs ne pouvaient être jugés que dans l'Assemblée Nationale, puisqu'ils sont venus lui remettre les leurs; ils ne peuvent donc pas répondre de la légalité des pouvoirs de la délégation qu'on vous annonce ; ils ne peuvent pas attester comme témoins, ce qu'ils avaient jugé sans en avoir le droit. Si donc l'Assemblée reçoit la députation, elle ne peut admettre les individus qui la composent que sous le titre de *députés présumés de la partie non réunie de la Noblesse.*

Cet avis fut adopté et la délégation reçue avec cette réserve. Le 27, on continua la lecture des rapports sur la vérification des pouvoirs. Celui sur les représentants de Saint-Domingue devait provoquer des débats. Mirabeau se préparait à lire un projet d'adresse de l'*Assemblée Nationale à ses commettans* nécessité par des commencements de troubles populaires, lorsque l'on apprit que le roi avait ordonné aux députés non réunis de la Noblesse et du Clergé de se joindre à l'Assemblée Nationale. L'annonce d'un événement aussi capital retarda sa lecture, et le jour même, à la séance du soir, les derniers séparés étaient réunis.

Le 30 juin, l'Assemblée Nationale comprenait tous les députés, mais certains membres de la Noblesse et du Clergé déposèrent sur le bureau des protestations et des déclarations, par lesquelles ils s'élevaient contre l'action passée des communes, et faisaient toutes leurs réserves pour l'avenir. Mirabeau observa « que des personnes dont les pouvoirs n'étaient pas encore vérifiés, n'avaient pas le droit de protester dans une assemblée à laquelle elles étaient étrangères, jusqu'à ce que leurs pouvoirs fussent vérifiés, et qu'une Assemblée Nationale ne devait pas surtout écouter plus longtemps des protestations qui lui contestaient ses droits et son existence. »

SÉANCE DU 1er JUILLET

Deux gardes françaises détenus à la prison de l'Abbaye par ordre de leur colonel, du Chatelet, avaient été délivrés par le peuple, et une foule armée les avait pris sous sa garde. Une délégation de vingt citoyens vint à Versailles demander à l'Assemblée Nationale les moyens de ramener la paix à Paris, en intervenant pour les gardes françaises et leurs sauveurs. A ce sujet, Mirabeau prononça, modifié selon les circonstances, le discours qu'il avait été empéché de lire le 27 juin [1].

MIRABEAU. — Je sais que les événements inopinés d'un jour trop mémorable ont affligé les cœurs patriotes, mais qu'ils ne les ébranleront pas. A la hauteur où la raison a placé les représentants de la nation, ils jugent sainement les objets, et ne sont point trompés par les

[1]. « Un membre des communes qui tenait aux principes et dont l'avis était qu'il *n'y avait plus lieu à délibérer*, a proposé l'adresse aux commettans avec les changements devenus nécessaires par la réunion des ordres. Il était malade, sa voix était faible, l'adresse a été mal entendue et n'a point été mise en discussion. » (*Lettres du Comte de Mirabeau à ses commettans*. Lettre XV.)

apparences, qu'au travers des préjugés et des passions
on aperçoit comme autant de fantômes. Si nos rois,
instruits que la défiance est la première sagesse de ceux
qui portent le sceptre, ont permis à de simples cours
de judicature de leur présenter des remontrances, d'en
appeler à leur volonté mieux éclairée; si nos rois, persuadés qu'il n'appartenait qu'à un despote imbécile de
se croire infaillible, cédèrent tant de fois aux avis de
leurs parlements, comment le prince qui a eu le noble
courage de convoquer l'Assemblée Nationale, n'en écou-
terait-il pas les membres avec autant de faveur que des
cours de judicature, qui défendent aussi souvent leurs
intérêts personnels que ceux du peuple? En éclairant la
religion du roi, lorsque des conseils violents l'auront
trompé, les députés du peuple assureront leur triomphe;
ils invoqueront toujours la bonté du monarque; et ce
ne sera pas en vain, dès qu'il aura voulu prendre sur
lui-même de ne se fier qu'à la droiture de ses intentions,
et de sortir du piège qu'on a su tendre à sa vertu. Ils
ont été calmes dans un moment orageux; ils le seront
toujours; et ce calme est le signe non équivoque du
courage.

Mais la journée du 23 juin a fait sur ce peuple, inquiet
et malheureux, une impression dont je crains les suites.
Où les représentants de la Nation n'ont vu qu'une erreur
de l'autorité, le peuple a cru voir un dessein formel
d'attaquer leurs droits et leurs pouvoirs. Il n'a pas
encore eu l'occasion de connaître toute la fermeté de
ses mandataires. Sa confiance en eux n'a point encore
de racines assez profondes. Qui ne sait d'ailleurs comment les alarmes se propagent; comment la vérité
même, dénaturée par des craintes, exagérée par les
échos d'une grande ville, empoisonnée par toutes les passions, peut occasionner une fermentation violente, qui,
dans les circonstances actuelles et les crises de la misère
publique, serait une calamité ajoutée à une calamité?
Le mouvement de Versailles est bientôt le mouvement de Paris; l'agitation de la capitale se commu-

nique aux provinces voisines ; et chaque commotion, s'étendant à un cercle plus vaste, de proche en proche, produit enfin une agitation universelle. Telle est l'image faible, mais vraie, des mouvements populaires ; et je n'ai pas besoin de prouver que les derniers événements, dénaturés par la crainte, interprétés par la défiance, accompagnés de toutes les rumeurs publiques, risquent d'égarer l'imagination du peuple, déjà préparée aux impressions sinistres par une situation vraiment déplorable.

Ah ! sans doute, ils seraient pardonnables, ces mouvements, fussent-ils même ceux du désespoir, à un peuple qui, sous le règne d'un bon roi, s'est vu traîné, par la perfidie des mauvais conseils, je ne dirai pas sur les bords, mais sur les pentes escarpées du plus affreux des précipices. Et comment les citoyens auraient-ils les mêmes motifs que les députés pour rassurer leur confiance ? Ont-ils vu dans les regards mêmes du roi, ont-ils senti dans l'accent de son discours, combien cet acte de rigueur et de violence coûtait à son cœur ? Ont-ils jugé par leurs propres yeux qu'il est lui-même quand il veut le bien, lui-même quand il invite les représentants de son peuple à fixer une manière d'être équitablement gouverné, et qu'il cède à des impressions étrangères lorsqu'il restreint la générosité de son cœur, lorsqu'il retient les mouvements de sa justice naturelle ? Si notre roi était plus qu'un homme, s'il pouvait tout par lui-même, on ne redouterait pas les effets de cette démarche, que des conseillers imprudents et pervers lui ont arrachée ; il serait inutile de prémunir le peuple contre les égarements où des intentions criminelles et des séductions adroites pourraient le précipiter.

Quand on se rappelle les désastres occasionnés dans la capitale par une cause infiniment disproportionnée à ses suites cruelles, tant de scènes déplorables dans différentes provinces, où le sang des citoyens a coulé par le fer des soldats et le glaive des bourreaux, on sent la nécessité de prévenir de nouveaux accès de frénésie et de vengeance; car les agitations, les tumultes, les excès ne servent que les ennemis de la liberté.

Mais les hommes de mauvaise foi, qui affectent toujours de confondre la liberté avec les écarts de la licence; les hommes faibles, incessamment alarmés lorsqu'on leur montre le plus précieux des biens précédé de ces dangers et de ces convulsions populaires; le ralliement des partisans du pouvoir absolu, alors armé d'un prétexte; tant d'infortunées victimes de la fureur du moment, des précautions sanguinaires ou dés punitions légitimes; tous ces maux si graves ne sont pas ceux qui, dans ce moment, m'effraient le plus.

Je considère tous les bons effets d'une marche ferme, sage et tranquille; c'est par elle seule qu'on peut se rendre les événements favorables, qu'on profite des fautes de ses adversaires, pour le triomphe du bon droit; au lieu que, jétés peut-être hors des mesures sages, les représentants de la nation ne seraient plus les maitres de leurs mouvements; ils verraient d'un jour à l'autre les progrès d'un mal qu'ils ne pourraient plus arrêter, et ils seraient réduits au plus grand des malheurs, celui de n'avoir plus que le choix des fautes.

Les délégués de la nation ont pour eux la souveraine des événements, la nécessité; elle les pousse au but salutaire qu'ils se sont proposé, elle soumettra tout par sa propre force; mais sa force est dans la raison : rien ne lui est plus étranger que les tumultes, les cris du désordre, les agitations sans objet et sans règle. La raison veut vaincre par ses propres armes; tous ces auxiliaires séditieux sont ses plus grands ennemis.

A qui, dans ce moment, convient-il mieux qu'aux députés de la France, d'éclairer, de calmer, de sauver le peuple des excès que pourrait produire l'ivresse d'un zèle furieux? C'est un devoir pour les députés, que d'inviter leurs commettants à se reposer entièrement sur eux du soin de soutenir leurs intérêts et du soin de faire triompher leurs droits, en leur apprenant que, loin d'avoir aucune raison de désespérer, jamais leur confiance n'a été mieux fondée. Trop souvent on n'oppose aux convulsions que la misère ou l'oppression arrachent aux peuples, que les baïonnettes ; mais les baïonnettes ne rétablissent jamais que la paix de la terreur et le silence qui plaît au despotisme. Les représentants de la nation doivent au contraire verser dans les cœurs inquiets le baume adoucissant de l'espérance, et les apaiser avec la puissance de la persuasion et de la raison. La tranquillité de l'Assemblée deviendra peu à peu le fondement de la tranquillité de la France ; et nos représentants prouveront à ceux qui ne connaissent pas les effets infaillibles du régime de la liberté, qu'elle est plus forte, pour enchaîner les peuples à l'ordre public, que toutes les cruelles mais petites ressources d'un gouvernement qui ne met sa confiance que dans ses moyens de contrainte et de terreur.

Il serait donc de la prudence des représentants de la nation de faire une adresse à leurs commettants, pour leur ins..'rer une confiance calme, en leur exposant la position de l'Assemblée Nationale ; pour leur recommander, au nom de leurs intérêts les plus chers, de contribuer de toute leur sagesse et de tous leurs conseils au maintien de l'ordre, à la tranquillité publique, à l'autorité des lois et de leurs ministres ; pour se justifier enfin à leurs yeux, quels que soient les événements, en leur montrant qu'ils ont connu tout le prix de la modération et de la paix.

Voici le projet d'adresse que je présente :

PROJET D'ADRESSE DE L'ASSEMBLÉE NATIONALE A SES COMMETTANTS

Messieurs, vos députés aux Etats-Généraux, longtemps retenus dans une inaction bien pénible à leurs cœurs, mais dont vous avez approuvé les motifs, entraient en activité, par le seul moyen qui leur parût compatible avec vos intérêts et vos droits.

La majorité du Clergé s'était déclarée pour la réunion ;

une minorité respectable dans la Noblesse manifestait le même vœu, et tout annonçait à la France le beau jour qui sera l'époque de sa constitution et de son bonheur.

Des événements que vous connaissez ont retardé cette réunion, et rendu à l'aristocratie le courage de persister encore dans une séparation dont elle sentira bientôt les dangers.

L'alarme s'est trop aisément répandue ; la capitale a été consternée ; le lieu même où nous sommes a éprouvé une agitation contre laquelle nous avons vu employer des précautions que l'on croit nécessaires, mais qui n'en sont pas moins alarmantes.

Tout nous fait un devoir d'aller au-devant des malheurs et des désordres qui, dans une situation aussi extraordinaire, peuvent sortir à chaque instant de l'inquiétude générale. *Le renouvellement des États-Généraux, après un si long terme, l'agitation qui l'a précédé, le but de cette convocation si différent de celui qui rassemblait vos ancêtres*[1], les prétentions de la Noblesse, son attachement à des lois gothiques et barbares, mais surtout les formes vraiment extraordinaires dont on s'est servi pour faire intervenir le roi, beaucoup d'autres causes enfin ont échauffé les esprits ; et l'état de fermentation où se trouve le royaume est tel, nous osons le dire, que ceux qui veulent user de violence, lorsque les plus grands ménagements sont tous les jours plus nécessaires, ne se rendent pas seulement *indignes d'être regardés comme Français*[2], mais d'être envisagés comme des incendiaires.

D'après ces considérations, messieurs, nous croyons devoir vous présenter le tableau de notre vraie position pour vous prémunir contre toutes les exagérations et les craintes qu'un zèle trompé ou que des intentions coupables pourraient affecter de faire prévaloir.

Dans cette même journée où un appareil plutôt menaçant qu'imposant vous montrait un monarque absolu et

---

1. Discours du roi.
2. Discours du roi.

sévère, quand l'Assemblée Nationale n'aurait voulu voir que le chef suprême, escorté seulement de ses vertus ; dans cette même journée nous avons entendu de sa bouche les déclarations les plus pures de ses grandes vues, de ses intentions vraiment généreuses, vraiment magnanimes. Non, les formes les moins propres à concilier les cœurs ne nous déguiseront point les sentiments de notre roi ; nous pourrions gémir d'être mal connus de ce prince ; mais nous n'aurons jamais à nous reprocher d'être injustes. Malheur à ceux qui nous peindraient formidables ! Nous pourrions le devenir au jour de la justice, mais ce serait pour eux seuls.

Et comment les sentiments du roi pourraient-ils causer quelques alarmes? Si nous connaissions moins ses vues, n'avons-nous pas la garantie de ses lumières et de son intérêt? L'aristocratie cessera-t-elle jamais d'être l'ennemie du trône? Toute son ambition n'est-elle pas de fractionner l'autorité? Ne sont-ce pas ses prérogatives, ses privilèges, ses usurpations qu'elle cherche à cimenter par de mauvaises lois? Et n'est-ce pas une vérité démontrée, que le peuple ne veut que la justice, mais qu'aux grands il faut du pouvoir? Ah! l'aristocratie a fait à nos rois le plus grand de tous les maux ; elle a souvent fait douter de leurs vertus mêmes ; mais la vérité est arrivée au pied du trône ; et le roi, qui s'est déclaré le père de son peuple, veut que ses bienfaits soient communs ; il ne consacrera point les titres de la spoliation, qui n'ont été que trop longtemps respectés. C'est à la prévention seule, c'est à la fatigue des obsessions, c'est peut-être à la considération que les meilleurs esprits conservent longtemps pour les anciens usages, et à l'espoir d'opérer promptement la réunion ; c'est à tous ces motifs que nous attribuons les déclarations en faveur de la séparation des ordres, du *veto* des ordres, des privilèges féodaux ; ces timides ménagements pour tous ces restes de barbarie, pour ces mesures de la féodalité, qui ôteraient toute solidité, toute beauté, toute proportion à l'édifice que nous sommes appelés à construire.

Nous voyons, par l'histoire de tous les temps, surtout par la nôtre, que ce qui est vrai, juste, nécessaire, ne peut pas être disputé longtemps comme illégitime, faux et dangereux ; que les préjugés s'usent, et succombent enfin par la discussion. Notre confiance est donc ferme et tranquille. Vous la partagerez avec nous, messieurs ; vous ne croirez pas que, sous l'empire d'un sage monarque, les justes, les persévérantes réclamations d'un grand peuple puissent être vaines, à côté de quelques illusions particulières, adoptées par un petit nombre, et qui perdent chaque jour de leurs partisans. Vous sentirez que le triomphe de l'ordre, quand on l'attend de la sagesse et de la prudence, ne doit point être exposé par des agitations inconsidérées. C'est à vous, messieurs, à nous aider dans la carrière qui nous est ouverte, par vos conseils et par vos lumières; vous entretiendrez partout le calme et la modération ; vous serez les promoteurs de l'ordre, de la subordination, du respect pour les lois et pour leurs ministres; vous reposerez la plénitude de votre confiance dans l'immuable fidélité de vos représentants, et vous nous prêterez ainsi le secours le plus efficace.

C'est dans une classe vénale et corrompue que nos ennemis chercheront à exciter des tumultes, des révoltes, qui embarrasseront et retarderont la chose publique. Voilà les fruits de la liberté! voilà la démocratie! affectent de répéter tous ceux qui n'ont pas honte de représenter le peuple comme un troupeau furieux qu'il faut enchaîner, tous ceux qui feignent d'ignorer que ce même peuple, toujours calme et mesuré lorsqu'il est vraiment libre, n'est violent et fougueux que dans les constitutions où on l'avilit, pour avoir droit de le mépriser. Combien n'est-il pas de ces hommes cruels, qui, indifférents au sort de ce peuple toujours victime de ses imprudences, font naître des événements dont la conséquence infaillible est d'augmenter la force de l'autorité, qui, lorsqu'elle se fait précéder de la terreur, est toujours suivie de la servitude! Ah! qu'ils sont funestes à la liberté ceux qui croient la soutenir par leurs inquiétudes et leurs révoltes ! Ne voient-ils pas qu'ils font redoubler les précautions qui enchaînent les peuples, qu'ils arment la calomnie au moins d'un prétexte, qu'ils effraient toutes les âmes faibles, et soulèvent tous ceux qui, n'ayant rien à perdre, se font un moment auxiliaires, pour devenir les plus dangereux ennemis ?

On exagère beaucoup, messieurs, le nombre de nos ennemis. Plusieurs de ceux qui ne pensent pas comme nous sont loin de mériter pour cela ce titre odieux. Les choses arrivent souvent à la suite des expressions, et les inimitiés trop aisément supposées font naître des inimitiés réelles. Des concitoyens qui ne cherchent comme nous que le bien public, mais qui le cherchent dans une autre route ; des hommes qui, entraînés par les préjugés de l'éducation et les habitudes de l'enfance, n'ont pas la force de remonter le torrent ; des hommes qui, en nous voyant dans une position toute nouvelle, ont redouté de notre part des prétentions exagérées, se sont alarmés pour leurs propriétés, ont craint que la liberté ne fût un prétexte pour arriver à la licence ; tous ces hommes méritent de notre part des ménagements : il faut plaindre les uns, donner aux autres le temps de revenir, les éclairer tous, et ne point faire dégénérer en querelles d'amour-propre, en guerre de factions, des différences d'opinions qui sont inséparables de la faiblesse de l'esprit humain, de la multitude des aspects que présentent des objets si compliqués, et dont la diversité même est utile à la chose publique, sous les vastes rapports de la discussion et de l'examen.

Déjà nous pouvons nous honorer de plusieurs conquêtes heureuses et paisibles. Il n'est pas un jour qui ne nous ait amené quelques-uns de ceux qui d'abord s'étaient éloignés de nous. Il n'est pas un jour où l'horizon de la vérité ne s'agrandisse, et où l'aurore de la raison ne se lève pour quelques individus qui, jusqu'à présent, avaient été éblouis plutôt qu'éclairés par l'éclat même de la lumière. Que serait-ce si, désespérant de la puissance de la vérité, nous nous étions séparés de ceux que nous invitions inutilement? Nous aurions glacé nos amis mêmes, dans les deux premiers ordres de nos concitoyens; nous nous serions privés peut-être de cette réunion si avantageuse à la France; au lieu que, notre modération actuelle leur ayant paru un gage de notre modération future, ils ont conclu que la justice dirigeait nos démarches; et c'est en leur nom comme au nôtre que nous vous recommandons cette douce modération dont nous avons déjà recueilli les fruits.

Qu'il sera glorieux pour la France, pour nous, que cette grande révolution ne coûte à l'humanité ni des forfaits ni des larmes! Les plus petits États n'ont souvent acheté une ombre de liberté qu'au prix du sang le plus précieux. Une nation, trop fière de sa constitution et des vices de la nôtre, a souffert plus d'un siècle de convulsions et de guerres civiles avant que d'affermir ses lois. L'Amérique même, dont le génie tutélaire des mondes semble récompenser aujourd'hui l'affranchissement qui est notre ouvrage, n'a joui de ce bien inestimable qu'après des revers sanglants et des combats longs et douteux. Et nous, messieurs, nous verrons la même révolution s'opérer par le seul concours des lumières et des intentions patriotiques! Nos combats sont de simples discussions, nos ennemis sont des préjugés pardonnables, nos victoires ne seront point cruelles, nos triomphes seront bénis par ceux qui seront subjugués les derniers. L'histoire n'a trop souvent raconté les actions que de bêtes féroces, parmi lesquelles on distingue de loin en loin des héros; il nous est permis d'espérer que nous commençons l'histoire des hommes, celle de frères qui, nés pour se rendre mutuellement heureux, sont d'accord presque dans leurs dissentiments, puisque leur objet est le même, et que leurs moyens seuls diffèrent. Ah! malheur à qui ne craindrait de corrompre une révolution pure, et de livrer aux tristes hasards des événements les plus incertains le sort de la France, qui n'est pas douteux, si nous voulons tout attendre de la justice et de la raison.

Quand on pèse tout ce qui doit résulter, pour le bonheur de vingt-cinq millions d'hommes, d'une constitution légale, substituée aux caprices ministériels, du concours de toutes les volontés, de toutes les lumières pour le perfectionnement de nos lois, de la réforme des abus, de l'adoucissement des impôts, de l'économie dans les finances, de la modération dans les peines, de la règle dans les tribunaux, de l'abolition d'une foule de servitudes qui entravent l'industrie et mutilent les facultés humaines, en un mot, de ce grand système de liberté qui, s'affermissant sur les bases des municipalités rendues à des élections libres, s'élève graduellement jusqu'aux administrations provinciales, et reçoit sa perfection du retour annuel des Etats-Généraux ; quand on pèse tout ce qui doit résulter de la restauration de ce vaste empire, on sent que le plus grand des forfaits, le plus noir attentat contre l'humanité, serait de s'opposer à la haute destinée de notre nation, de la repousser dans le fond de l'abîme pour l'y tenir opprimée sous le poids de toutes ses chaînes. Mais ce malheur ne pourrait être que le résultat des calamités de tout genre qui accompagnent les troubles, la licence, les noirceurs, les abominations des guerres civiles. Notre sort est dans notre sagesse. La violence seule pourrait rendre douteuse ou même anéantir cette liberté que la raison nous assure.

Voilà nos sentiments, messieurs ; nous nous devions à nous-mêmes de vous les exposer, pour nous honorer de leur conformité avec les vôtres : il était important de vous prouver qu'en poursuivant le grand but patriotique, nous ne nous écarterions point des mesures propres à l'atteindre.

Tels nous nous sommes montrés depuis le moment où vous nous avez confié les plus nobles intérêts, tels nous serons toujours, affermis dans la résolution de travailler, de concert avec notre roi, non pas à des biens passagers, mais à la constitution même du royaume ; déterminés à voir enfin tous nos concitoyens, dans tous les ordres, jouir des innombrables avantages que la nature et la liberté nous promettent, à soulager le peuple souffrant des campagnes, à remédier au découragement de la misère, qui étouffe les vertus et l'industrie ; n'estimant rien à l'égal des lois, qui, semblables pour tous, seront la sauvegarde commune ; non moins inaccessibles aux projets de l'ambition personnelle qu'à l'abattement de la crainte ; souhaitant la concorde, mais ne voulant point l'acheter par le sacrifice des droits du peuple ; désirant enfin, pour unique récompense de nos travaux, de voir tous les enfants de cette immense patrie réunis dans les mêmes sentiments, heureux du bonheur de tous, et chérissant le père commun dont le règne aura été l'époque de la régénération de la France [1].

SÉANCE DU 2 JUILLET

Le Clergé avait décidé de se réunir aux deux autres ordres, mais en prenant place dans la salle commune le cardinal de La Rochefoucauld avait déclaré que cette réunion était consentie sans préjudice du droit qui appartenait au Clergé de s'assembler et de voter séparément. L'archevêque de Vienne déclara que le cardinal n'était pas l'interprète de la majorité du clergé.

MIRABEAU. — J'ajouterai à la respectable déclaration faite par le préopinant, qu'il est fort étonnant qu'on se permette de protester dans cette Assemblée contre l'Assemblée ; on ne proteste pas, on ne fait pas de réserves contre la nation. Nul ne peut rester membre de l'Assemblée Nationale s'il n'en reconnaît pas la souveraineté, et l'Assemblée elle-même ne peut pas délibérer en présence de quiconque se croit le droit de protester contre ses délibérations. Celui qui veut protester contre les actes de l'Assemblée doit, pour en acquérir le droit, commencer

1. L'Assemblée Nationale décida que pour les troubles de Paris et les fauteurs de désordres, il y avait lieu de s'en remettre à la bonté et à la clémence du roi.

par se retirer. Mon opinion est, qu'il est absolument contraire aux principes et aux convenances de recevoir des pièces pareilles à celle que vient d'offrir M. le cardinal, et surtout d'en donner acte.

L'archevêque d'Aix ayant tenté d'établir des distinctions entre les *réserves* et les *protestations*, Mirabeau réplique.

MIRABEAU. — Est-il possible qu'on prenne pour des protestations, même pour des réserves, un acte dans lequel se trouvent ces mots : *sans préjudice du droit qui appartient au Clergé, de voter séparément; droit qu'il ne peut ni ne veut perdre, etc.....* Messieurs, ce ne sont là ni des réserves ni des protestations, ce sont des ordres très impératifs, que la minorité du Clergé prétend intimer à l'Assemblée; et certes, la minorité du Clergé n'a le droit de rien ordonner ici.

D'ailleurs, un acte enté sur les déclarations ou les prétendus ordres donnés par le roi dans la fameuse séance royale du 23 juin, ou plutôt, en lit de justice, dans l'Assemblée Nationale, est par cela seul vicié et non recevable.

Je laisse à la sagesse des membres de l'Assemblée, de décider si ce ne serait pas également manquer à eux-mêmes et à leurs commettants, que de recevoir un acte où quelques-uns d'eux proclament une volonté différente du vœu de l'Assemblée, et destructive de ses arrêtés, tandis qu'aucune puissance sous le ciel, pas même le pouvoir exécutif, n'a le droit de dire *je veux* aux représentants de la nation.

L'Assemblée décide que les réserves du cardinal de La Rochefoucauld ne figureront pas au procès-verbal [1].

1. Dans la séance du 3 juillet Mirabeau parle sur l'admission des députés des Colonies.

SÉANCE DES 4, 5, 6 JUILLET

Le comité des subsistances avait été chargé de rechercher les moyens de venir en aide à la misère du peuple. Entre autres mesures, Dupont, le rapporteur, proposa de renouveler la prohibition de l'exportation des grains.

MIRABEAU. — J'interpelle le comité des subsistances de déclarer : 1° s'il ne lui a pas été donné connaissance des propositions faites par M. Jefferson, au nom des Américains, pour la fourniture des subsistances ; 2° de l'offre d'un particulier résidant en Angleterre, de vendre de la farine de poids à un prix très modique ; 3° enfin, pourquoi, s'il en a eu connaissance, il n'en a pas fait part à l'Assemblée.

Dupont déclare que le comité des subsistances ignore ces propositions.

MIRABEAU. — Dans ce cas, je supplie l'Assemblée de suspendre sa décision, et je lui demande vingt-quatre heures pour prendre sur les faits dont je viens de parler les instructions et les renseignements qui me sont nécessaires. J'observe encore que, précisément sur la matière qui nous occupe, l'Assemblée doit se défier de son zèle, et ne hasarder aucune disposition qui puisse compromettre les principes.

SÉANCE DU 8 JUILLET

Mirabeau rectifie le sens de l'interpellation qu'il avait adressée au comité des subsistances.

MIRABEAU. — Avant de nous occuper de l'objet souverainement important que je vais vous soumettre, je dois rétracter le mot de *propositions*, que j'ai hasardé l'autre jour, relativement à une négociation américaine pour les subsistances. Je suis porteur d'une lettre de M. Jefferson, où il déclare qu'il n'a point fait de *propositions* à ce sujet, et même que, sur les réquisitions du directeur général des finances, il prévint, il y a plusieurs mois, les Américains que la France serait un excellent marché pour les grains et les farines. Il n'en est pas moins vrai que les intentions du gouvernement ont été très mal suivies, par la faute des sous-ordres, et qu'une profonde ignorance, et le défaut de concert, dans la distribution des primes, a privé la France des denrées américaines. Une multitude de faits du même genre qui sont parvenus à ma connaissance, jetteront un grand jour, soit sur le commerce des grains, soit sur la théorie de ce commerce, et démontreront toujours mieux combien l'Assemblée Nationale doit se garder d'aucune déclaration législative à ce sujet, tant que cette grande question n'est pas profondément instruite. Ces faits et leurs conséquences seront l'objet d'un travail que je vous demanderai la permission de vous présenter.

Le gouvernement avait appelé des troupes qu'il avait cantonnées près de Paris et de Versailles. Elles inquiétaient l'Assemblée. C'était une menace pour sa liberté. Après avoir pris la parole sur les subsistances, Mirabeau proposa une adresse au roi pour demander leur éloignement.

MIRABEAU. — Il m'a fallu, pour me décider à interrompre l'ordre des motions que le comité se propose de vous soumettre, une conviction profonde que l'objet dont j'ai demandé la permission de vous entretenir est le plus urgent de tous les intérêts. Mais, messieurs, si le péril que j'ose vous dénoncer menace tout à la fois et là paix du royaume, et l'Assemblée Nationale, et la sûreté du monarque, vous approuverez mon zèle. Le peu de moments que j'ai eus pour rassembler mes idées ne me permettra pas sans doute de leur donner tout le développement nécessaire ; mais j'en dirai assez pour éveiller votre attention, et vos lumières suppléeront à mon insuffisance.

Veuillez, messieurs, vous replacer au moment où la violation des prisons de l'abbaye Saint-Germain occasionna votre arrêté du premier de ce mois. En invoquant la clémence du roi pour les personnes qui pourraient s'être rendus coupables, l'Assemblée décréta que le roi serait supplié « de vouloir bien employer pour le rétablissement de l'ordre, les moyens infaillibles de la clémence et de la bonté, si naturels à son cœur, et de la confiance que son bon peuple méritera toujours. »

Le roi, dans sa réponse, a déclaré qu'il trouvait cet arrêté fort sage ; il a donné des éloges aux dispositions que l'Assemblée lui témoignait, et proféré ces mots remarquables : « Tant que vous me donnerez des marques de votre confiance, j'espère que tout ira bien. »

Enfin, messieurs, la lettre du roi à M. l'archevêque de Paris, en date du 2 juillet, après avoir exprimé les intentions paternelles de Sa Majesté à l'égard des prisonniers dont la liberté suivrait immédiatement le rétablissement de l'ordre, annonce « .qu'il va prendre des mesures pour ramener l'ordre dans la capitale, et qu'il ne doute pas que l'Assemblée n'attache la plus grande importance à leur succès. »

En ne considérant que ces expressions de la lettre du roi, la première idée qui semblait devoir s'offrir à l'esprit, était le doute et l'inquiétude sur la nature de ces mesures. Cette inquiétude aurait pu conduire l'Assemblée à demander dès lors au roi qu'il lui plût de s'expliquer à cet égard, et de caractériser et détailler ces mesures pour lesquelles il paraissait désirer l'approbation de l'Assemblée.

Aussi, dès ce moment, eussé-je proposé une motion tendant à ce but, si, en comparant ces expressions de la lettre du roi avec la bonté qu'elle respire dans toutes ses parties, avec les paroles précieuses qu'on nous a données comme l'expression affectueuse et paternelle du monarque, JE TROUVE VOTRE ARRÊTÉ FORT SAGE, je n'avais cru apercevoir dans ce parallèle de nouveaux motifs pour cette confiance, dont tout Français se fait gloire d'offrir des témoignages au chef de la nation.

Cependant, quelle a été la suite de ces déclarations et de nos ménagements respectueux? Déjà un grand nombre de troupes nous environnaient. Il en est arrivé davantage, il en arrive chaque jour; elles accourent de toutes parts. Trente-cinq mille hommes sont déjà répartis entre Paris et Versailles. On en attend vingt mille. Des trains d'artillerie les suivent. Des points sont désignés pour des batteries. On s'assure de toutes les communications. On intercepte tous les passages; nos chemins, nos ponts, nos promenades, sont changés en postes militaires. Des événements publics, des faits cachés, des ordres secrets, des contre-ordres précipités, les préparatifs de la guerre, en un mot, frappent tous les yeux et remplissent d'indignation tous les cœurs.

Ainsi ce n'était pas assez que le sanctuaire de la liberté eût été souillé par des troupes! ce n'était pas assez qu'on eût donné le spectacle inouï d'une Assemblée Nationale astreinte à des consignes militaires et soumise à une force armée! ce n'était pas assez qu'on joignît à cet attentat toutes les inconvenances, tous les manques d'égards, et, pour trancher le mot, la grossièreté de la police orientale! Il a fallu déployer tout l'appareil du despotisme, et montrer plus de soldats menaçants à la nation, le jour où le roi lui-même l'a convoquée pour lui demander des conseils et des secours, qu'une invasion de l'ennemi n'en rencontrerait peut-être; et mille fois plus du moins qu'on n'en a pu réunir pour secourir des amis martyrs de leur fidélité envers nous, pour remplir nos engagements les plus sacrés, pour conserver notre considération politique, et cette alliance des Hollandais, si précieuse, mais si chèrement conquise, et surtout si honteusement perdue.

Messieurs, quand il ne s'agirait ici que de nous, quand la dignité de l'Assemblée Nationale serait seule blessée, il ne serait pas moins convenable, juste, nécessaire, important pour le roi lui-même, que nous fussions traités avec décence, puisque enfin nous sommes les députés de cette même nation qui seule fait sa gloire, qui seule constitue la splendeur du trône, de cette nation qui rendra la personne du roi honorable, à proportion de ce qu'il l'honorera plus lui-même. Puisque c'est à des hommes libres qu'il veut commander, il est temps de faire disparaître ces formes odieuses, ces procédés insultants, qui persuadent trop facilement à ceux dont le prince est entouré, que la majesté royale consiste dans les rapports avilissants du maître à l'esclave; qu'un roi légitime et chéri doit partout et en toute occasion ne se montrer que sous l'aspect des tyrans irrités, ou de ces usurpateurs tristement condamnés à méconnaître le sentiment si doux, si honorable de la confiance.

Et qu'on ne dise pas que les circonstances ont nécessité ces mesures menaçantes; car je vais démontrer qu'également inutiles et dangereuses, soit au bon ordre, soit à la pacification des esprits, soit à la sûreté du trône, loin de pouvoir être regardées comme le fruit d'un sincère attachement au bien public et à la personne du monarque, elles ne peuvent servir que des passions particulières, et couvrir des vues perfides.

Ces mesures sont inutiles. Je veux supposer que les désordres que l'on craint sont de nature à être réprimés par des troupes; et je dis que, dans cette supposition même, ces troupes étaient inutiles. Le peuple, après une émeute dans la capitale, a donné un exemple de subordination infiniment remarquable dans les circonstances. Une prison avait été forcée, les prisonniers en avaient été arrachés et mis en liberté : la fermentation la plus contentieuse menaçait de tout embraser... un mot de clémence, une invitation du roi ont calmé le tumulte et fait ce qu'on n'aurait jamais obtenu avec des canons et des armes; les prisonniers ont repris leurs fers, le peuple est rentré dans l'ordre; tant la raison seule est puissante! tant le peuple est disposé à tout faire, lorsqu'au lieu de le menacer et de l'avilir, on lui témoigne de la bonté, de la confiance!

Et dans ce moment, pourquoi des troupes? Jamais le peuple n'a dû être plus calme, plus tranquille, plus confiant; tout lui annonce la fin de ses malheurs, tout lui promet la régénération du royaume. Ses regards, ses espérances, ses vœux, reposent sur nous. Comment ne serions-nous pas, auprès du monarque, la meilleure garantie de la confiance, de l'obéissance, de la fidélité des peuples? S'il avait jamais pu en douter, il ne le pourrait plus aujourd'hui : notre présence est la caution de la paix publique, et sans doute il n'en existera jamais de meilleure. Ah! qu'on assemble des troupes pour soumettre le peuple aux affreux projets du despotisme! Mais qu'on n'entraine pas le meilleur des rois à commencer le bonheur, la liberté de la nation avec le sinistre appareil de la tyrannie!

Certes, je ne connais pas encore tous les prétextes, tous les artifices des ennemis du peuple, puisque je ne saurais deviner de quelle raison plausible on a coloré le prétendu besoin des troupes au moment où non seulement leur inutilité, mais leur danger frappe tous les esprits. De quel œil ce peuple, assailli de tant de calamités, verra-t-il cette foule de soldats oisifs venir lui disputer les restes de sa subsistance? Le contraste de l'abondance des uns (du pain aux yeux de celui qui a faim est l'abondance), le contraste de l'abondance des uns et de l'indigence des autres, de la sécurité du soldat, à qui la manne tombe sans qu'il ait jamais besoin de penser au lendemain, et des angoisses du peuple, qui n'obtient rien qu'au prix des travaux pénibles et des sueurs douloureuses; ce contraste est fait pour porter le désespoir dans les cœurs.

Ajoutez, messieurs, que la présence des troupes, frappant l'imagination de la multitude, lui présentant l'idée du danger, se liant à des craintes, à des alarmes, excite une effervescence universelle; les citoyens paisibles sont dans leurs foyers en proie à des terreurs de toute espèce. Le peuple, ému, agité, attroupé, se livre à des mouvements impétueux, se précipite aveuglément dans le péril et la crainte, ne calcule ni ne raisonne. Ici les faits déposent pour nous.

Quelle est l'époque de la fermentation? Le mouvement des soldats, l'appareil militaire de la séance royale; avant, tout était tranquille; l'agitation a commencé dans cette triste et mémorable journée. Est-ce donc à nous qu'il faut s'en prendre, si le peuple, qui nous a observés, a murmuré, s'il a conçu des alarmes lorsqu'il a vu des instruments de la violence dirigés, non seulement contre lui, mais contre une assemblée qui doit être libre pour s'occuper avec liberté de toutes les causes de ses gémissements? Comment le peuple ne s'agiterait-il pas, lorsqu'on lui inspire des craintes contre le seul espoir qui lui reste? Ne sait-il pas que, si nous ne brisons ses fers, nous les aurons rendus plus pesants, nous aurons cimenté l'oppression, nous aurons livré sans défense nos concitoyens à la verge impitoyable de leurs ennemis, nous aurons ajouté à l'insolence du triomphe de ceux qui les dépouillent et qui les insultent?

Que les conseillers de ces mesures désastreuses nous disent encore s'ils sont sûrs de conserver dans sa sévérité la discipline militaire, de prévenir tous les effets de l'éternelle jalousie entre les troupes nationales et les troupes étrangères, de réduire les soldats français à n'être que de purs automates, de les séparer d'intérêts, de pensées, de sentiments d'avec leurs concitoyens? Quelle imprudence dans leurs systèmes de les rapprocher du lieu de nos assemblées, de les électriser par le contact de la capitale, de les intéresser à nos discussions politiques! Non, malgré le dévouement aveugle de l'obéissance militaire, ils n'oublieront pas ce que nous sommes; ils verront en nous leurs parents, leurs amis, leur famille occupée de leurs intérêts les plus précieux; car ils font partie de cette nation qui nous a confié le soin de sa liberté, de sa propriété, de son honneur. Non, de tels hommes, non, des Français ne feront jamais l'abandon total de leurs facultés intellectuelles; ils ne croiront jamais que le devoir est de frapper sans s'enquérir quelles sont les victimes.

Ces soldats, bientôt unis et séparés par des dénominations qui deviennent le signal des partis; ces soldats, dont le métier est de manier les armes, ne savent dans toutes leurs rixes que recourir au seul instrument dont ils connaissent la puissance. De là naissent des combats d'homme à homme, bientôt de régiment à régiment, bientôt des troupes nationales aux troupes étrangères; le soulèvement est dans tous les cœurs, la sédition marche tête levée; on est obligé, par faiblesse, de voiler la loi militaire, et la discipline est énervée. Le plus affreux désordre menace la société; tout est à craindre de ces légions qui, après être sorties du devoir, ne voient plus leur sûreté que dans la terreur qu'elles inspirent.

Enfin ont-ils prévu, les conseillers de ces mesures, ont-ils prévu les suites qu'elles entraînent pour la sécurité même du trône? Ont-ils étudié, dans l'histoire de tous les peuples, comment les révolutions ont commencé, comment elles se sont opérées? Ont-ils observé par quel enchaînement funeste de circonstances les esprits les plus sages sont jetés hors de toutes les limites de la modération, et par quelle impulsion terrible un peuple enivré se précipite vers des excès dont la première idée l'eût fait frémir? Ont-ils lu dans le cœur de notre bon roi? Connaissent-ils avec quelle horreur il regarderait ceux qui auraient allumé les flammes d'une sédition, d'une révolte peut-être (je le dis en frémissant, mais je dois le dire); ceux qui l'exposeraient à verser le sang de son peuple; ceux qui seraient la cause première des rigueurs, des violences, des supplices dont une foule de malheureux seraient la victime?

Mais, messieurs, le temps presse; je me reproche chaque moment que mon discours pourrait ravir à vos sages délibérations; et j'espère que ces considérations, plutôt indiquées que présentées, mais dont l'évidence me paraît irrésistible, suffiront pour fonder la motion que j'ai l'honneur de vous proposer.

Qu'il soit fait au roi une très humble adresse, pour peindre à Sa Majesté les vives alarmes qu'inspire à l'Assemblée Nationale de son royaume l'abus qu'on s'est permis depuis que'que temps du nom d'un bon roi, pour faire approcher de la capitale, et de cette ville de Versailles, un train d'artillerie et des corps nomb eux de troupes, tant étrangères que nationales, dont plusieurs se sont déjà cantonnées dans les villages voisins, et pour la formation annoncée de divers camps aux environs de ces deux villes.

Qu'il soit représenté au roi, non seulement combien ces mesures sont opposées aux intentions bienfaisantes de Sa Majesté pour le soulagement de ses peuples, dans cette malheureuse circonstance de cherté et de disette des grains; mais encore combien elles sont contraires à la liberté et à l'honneur de l'Assemblée Nationale, propres à altérer entre le roi et ses peuples cette confiance qui fait la gloire et la sûreté du monarque, qui seule peut assurer le repos et la tranquillité du royaume, procurer enfin à la nation les fruits inestimables qu'elle attend des travaux et du zèle de cette Assemblée.

Que Sa Majesté soit suppliée très respectueusement de rassurer ses fidèles sujets, en donnant les ordres nécessaires pour la cessation immédiate de ces mesures également inutiles, dangereuses et alarmantes, et pour le prompt renvoi des troupes et du train d'artillerie aux lieux d'où on les a tirés.

Et, attendu qu'il peut être convenable, en suite des inquiétudes et de l'effroi que ces mesures ont jeté dans le cœur des peuples, de pourvoir provisionnellement au maintien du calme et de la tranquillité, Sa Majesté sera suppliée d'ordonner que, dans les deux villes de Paris et de Versailles, il soit incessamment levé des gardes bourgeoises, qui, sous les ordres du roi, suffiront plei-

nement à remplir ce but, sans augmenter autour de
deux villes travaillées des calamités de la disette le
nombre des consommateurs.

Ce discours fut applaudi; Sieyès déclara que les Etats-
Généraux devaient être libres dans leurs délibérations. Il cite
les Etats de Bretagne exigeant que les troupes soient au
moins éloignées de six lieues du siège de leur assemblée. Il
est appuyé par Chapelier qui rappelle que la noblesse des
états de Bretagne avait obtenu il y a vingt ans l'éloignement
des troupes qu'elle jugeait trop proches.

Mirabeau. — Je n'ai jamais douté que la Noblesse ne
se jetât entre nous et les baïonnettes, ce n'est pas elle
que je redoute; je les connais les conseillers perfides de
ces attentats à la liberté publique, et je jure l'honneur
de la patrie de les dénoncer un jour.

Après intervention de Target, la motion de Mirabeau passa
à une grande majorité, avec un amendement de Biauzat sup-
primant ce qui avait trait à la création des gardes nationales.

SÉANCE DU 9 JUILLET

Le Président de l'Assemblée s'était rendu chez le roi pour
l'informer des vœux des députés pour le retrait des troupes.
Louis XVI avait promis de recevoir une députation et de lui
donner une réponse « publique et ostensible ». En vue de
cette réception, Mirabeau présenta ce projet d'adresse au roi
qui contient de sérieuses modifications à son projet primitif,
demandées par le comité de rédaction auquel il avait été
soumis.

« Sire,

Vous avez invité l'Assemblée Nationale à vous témoigner sa confiance; c'était aller au-devant du plus cher
de ses vœux.

Nous venons déposer dans le sein de Votre Majesté
les plus vives alarmes; si nous en étions l'objet, si nous

avions la faiblesse de craindre pour nous-mêmes, votre bonté daignerait encore nous rassurer, et même, en nous blâmant d'avoir douté de vos intentions, vous accueilleriez nos inquiétudes, vous en dissiperiez la cause, vous ne laisseriez point d'incertitude sur la position de l'Assemblée Nationale.

Mais, sire, nous n'implorons point votre protection, ce serait offenser votre justice; nous avons conçu des craintes ; et, nous l'osons dire, elles tiennent au patriotisme le plus pur, à l'intérêt de nos commettants, à la tranquillité publique, au bonheur du monarque chéri, qui, en nous aplanissant la route de la félicité, mérite bien d'y marcher lui-même sans obstacle.

Les mouvements de votre cœur, sire, voilà le vrai salut des Français. Lorsque des troupes s'avancent de toutes parts, que des camps se forment autour de nous, que la capitale est investie, nous nous demandons avec étonnement : Le roi s'est-il méfié de la fidélité de ses peuples ? S'il avait pu en douter, n'aurait-il pas versé dans notre cœur ses chagrins paternels ? Que veut dire cet appareil menaçant ? Où sont les ennemis de l'État et du roi qu'il faut subjuguer ? Où sont les rebelles, les ligueurs qu'il faut réduire ?... Une voix unanime répond dans la capitale et dans l'étendue du royaume : « Nous « chérissons notre roi; nous bénissons le ciel du don qu'il nous a fait dans son amour. »

Sire, la religion de Votre Majesté ne peut être surprise que sous le prétexte du bien public. Si ceux qui ont donné ces conseils à notre roi avaient assez de confiance dans leurs principes pour les exposer devant nous, ce moment amènerait le plus beau triomphe de la vérité.

L'État n'a rien à redouter que des mauvais principes qui osent assiéger le trône même, et ne respectent pas la confiance du plus pur, du plus vertueux des princes. Et comment s'y prend-on, sire, pour vous faire douter de l'attachement et de l'amour de vos sujets? Avez-vous prodigué leur sang? Etes-vous cruel, implacable? Avez-vous abusé de la justice? le peuple vous impute-t-il ses malheurs ? vous nomme-t-il dans ses calamités ? Ont-ils pu vous dire que le peuple est impatient de votre joug, qu'il est las du sceptre des Bourbons ? Non, non, ils ne l'ont pas fait ; la calomnie du moins n'est pas absurde ; elle cherche un peu de vraisemblance pour colorer ses noirceurs.

Votre Majesté a vu récemment tout ce qu'elle peut sur son peuple ; la subordination s'est rétablie dans la capitale agitée ; les prisonniers mis en liberté par la multitude, d'eux-mêmes ont repris leurs fers ; et l'ordre public, qui peut-être aurait coûté des torrents de sang si l'on eût employé la force, un seul mot de votre bouche l'a rétabli. Mais ce mot est un mot de paix ; il était l'expression de votre cœur, et vos sujets se font gloire de n'y résister jamais. Qu'il est beau d'exercer cet empire ! C'est celui de Louis IX, de Louis XII, de Henri IV ; c'est le seul qui soit digne de vous.

Nous vous tromperions, sire, si nous n'ajoutions pas, forcés par les circonstances : Cet empire est le seul qu'il soit aujourd'hui possible en France d'exercer. La France ne souffrira pas qu'on abuse le meilleur des rois, et qu'on l'écarte, par des vues sinistres, du noble plan qu'il a lui-même tracé. Vous nous avez appelés pour fixer, de concert avec vous, la constitution, pour opérer la régénération du royaume : l'Assemblée Nationale vient vous déclarer solennellement que vos vœux seront accomplis, que ses promesses ne seront point vaines, que les pièges, les difficultés, les terreurs ne retarderont point sa marche, n'intimideront point son courage.

Où donc est le danger des troupes ? affecteront de dire nos ennemis... Que veulent leurs plaintes, puisqu'ils sont inaccessibles au découragement ? Le danger, sire, est pressant, est universel, est au delà de tous les calculs de la prudence humaine. Le danger est pour le peuple des provinces. Une fois alarmé sur notre liberté, nous ne connaissons plus de frein qui puisse le retenir.

La distance seule grossit tout, exagère tout, double les inquiétudes, les aigrit, les envenime. Le danger est pour la capitale. De quel œil le peuple, au sein de l'indigence et tourmenté des angoisses les plus cruelles, se verra-t-il disputer les restes de sa subsistance par une foule de soldats menaçants? La présence des troupes échauffera, ameutera, produira une fermentation universelle; et le premier acte de violence, exercé sous prétexte de police, peut commencer une suite horrible de malheurs.

Le danger est pour les troupes. Des soldats français, approchés du centre des discussions, participant aux passions comme aux intérêts du peuple, peuvent oublier qu'un engagement les a faits soldats, pour se souvenir que la nature les fit hommes.

Le danger, sire, menace nos travaux, qui sont notre premier devoir, et qui n'auront un plein succès, une véritable permanence qu'autant que les peuples les regarderont comme entièrement libres. Il est d'ailleurs une contagion dans les mouvements passionnés; nous ne sommes que des hommes : la défiance de nous-mêmes, la crainte de paraître faibles, peuvent entraîner au delà du but; nous serons obsédés de conseils violents, démesurés; et la raison calme, la tranquille sagesse, ne rendent pas leurs oracles au milieu du tumulte, des désordres et des scènes factieuses.

Le danger, sire, est plus terrible encore; et jugez de son étendue par les alarmes qui nous amènent devant vous. De grandes révolutions ont eu des causes bien moins éclatantes; plus d'une entreprise fatale aux nations s'est annoncée d'une manière moins sinistre et moins formidable.

Ne croyez pas ceux qui vous parlent légèrement de la nation, et qui ne savent que vous la représenter selon leurs vues, tantôt insolente, rebelle, séditieuse; tantôt soumise, docile au joug, prompte à courber la tête pour le recevoir. Ces deux tableaux sont également infidèles.

Toujours prêts à vous obéir, sire, parce que vous

commandez au nom des lois, notre fidélité est sans bornes comme sans atteinte; prêts à résister à tous commandements arbitraires de ceux qui abusent de votre nom, parce qu'ils sont ennemis des lois; notre fidélité même nous ordonne cette résistance; et nous nous honorerons toujours de mériter les reproches que notre fermeté nous attire.

Sire, nous vous en conjurons au nom de la patrie, au nom de votre bonheur et de votre gloire, renvoyez vos soldats aux postes d'où vos conseillers les ont tirés: renvoyez cette artillerie, destinée à couvrir vos frontières; renvoyez surtout les troupes étrangères, ces alliés de la nation, que nous payons pour défendre et non pour troubler nos foyers. Votre Majesté n'en a pas besoin : eh ! pourquoi un monarque adoré de vingt-cinq millions de Français ferait-il accourir à grands frais autour du trône quelques milliers d'étrangers ?

Sire, au milieu de vos enfants, soyez gardé par leur amour. Les députés de la nation sont appelés à consacrer avec vous les droits éminents de la royauté sur la base immuable de la liberté du peuple ; mais lorsqu'ils remplissent leur devoir, lorsqu'ils cèdent à leur raison, à leurs sentiments, les exposeriez-vous au soupçon de n'avoir cédé qu'à la crainte ? Ah ! l'autorité que tous les cœurs vous défèrent est la seule pure, la seule inébranlable ; elle est le juste retour de vos bienfaits, et l'immortel apanage des princes dont vous serez le modèle[1]. »

SÉANCE DU 10 JUILLET

La députation chargée de remettre l'adresse au roi avait été reçue dans la soirée du 10. Louis XVI expliquait avec ambiguïté la présence des troupes puis proposait de transporter les Etats généraux à Noyon ou à Soissons, si elles portaient ombrage à l'Assemblée. Un député de la Noblesse

---

1. Mirabeau fut nommé membre de la délégation.

ayant déclaré qu'il fallait avoir confiance dans la parole du roi, Mirabeau lui répondit.

MIRABEAU. — Sans doute la parole du roi est digne de la plus grande confiance ; nous en devons tous à la bonté connue du monarque, nous pouvons nous abandonner à ses vertus. Mais, messieurs, la parole du roi, toute rassurante qu'elle doit être, n'est pas moins un mauvais garant de la conduite d'un ministère qui n'a cessé de surprendre sa religion.

Nous savons tous qu'avec plus de réserve, nous aurions évité de grands désordres. Nous savons tous que la confiance habituelle des Français pour leur roi est moins une vertu qu'un vice, si surtout elle s'étend à toutes les parties de l'administration. Qui de nous ignore, en effet, que c'est notre aveugle et mobile inconsidération qui nous a conduits de siècle en siècle, et de fautes en fautes, à la crise qui nous afflige aujourd'hui, et qui doit enfin dessiller nos yeux, si nous n'avons pas résolu d'être, jusqu'à la consommation des temps, des enfants toujours mutins et toujours esclaves ?

La réponse du roi est un véritable refus ; le ministère ne l'a regardée que comme une simple formule de rassurance et de bonté ; il a l'air de penser que nous avions fait notre demande sans attacher à son succès un grand intérêt, et seulement pour paraître l'avoir faite. Il faut tromper le ministère.

Sans doute mon avis n'est pas de manquer à la confiance et au respect qu'on doit aux vertus du roi ; mais mon avis n'est pas non plus que nous soyons inconséquents, timides, incertains dans notre marche. Certes il n'y a pas lieu de délibérer sur la translation qu'on nous propose ; car enfin, même d'après la réponse du roi, nous n'irons, soit à Noyon, soit à Soissons, que si nous le demandons, et nous ne l'avons pas demandé, et nous ne le demanderons pas, parce que probablement nous ne désirerons jamais de nous placer entre deux ou trois corps de troupes, celles qui investissent Paris, et celles que pourraient, d'un moment à l'autre, lancer sur nous et la Flandre et l'Alsace.

Nous avons demandé la retraite des troupes. Voilà l'objet de notre adresse. Nous n'avons pas demandé à fuir les troupes, mais seulement que les troupes s'éloignassent de la capitale. Et ce n'est pas pour nous que nous avons fait cette demande, ce n'est certainement pas le sentiment de la peur qui nous conduit, et, on le sait bien, c'est celui de l'intérêt général. Or la présence des troupes contrarie l'ordre et la paix publiques, et peut occasionner les plus grands malheurs. Ces malheurs, notre translation ne les éloignerait pas ; elle les aggraverait au contraire.

Il faut donc amener la paix, en dépit des amis des troubles ; il faut être conséquents avec nous-mêmes ; et pour cela nous n'avons qu'une conduite à tenir, c'est d'insister sans relâche sur le renvoi des troupes, seul moyen infaillible de l'obtenir.

SÉANCE DU 15 JUILLET

A la suite des événements du 14, l'Assemblée réunie de bonne heure, décida d'envoyer une députation au roi pour lui demander l'éloignement de ces conseillers et lui exposer la gravité de la situation. Mirabeau dicta ces conseils à la députation :

MIRABEAU. — Dites-lui que les hordes étrangères dont nous sommes investis, ont reçu hier la visite des princes, des princesses, des favoris, des favorites, et leurs caresses, et leurs exhortations, et leurs présents ; dites-lui que toute la nuit ces satellites étrangers, gorgés d'or et de vin, ont prédit dans leurs chants impies l'asservissement de la France, et que leurs vœux brutaux invoquaient la destruction de l'Assemblée Nationale ; dites-lui que, dans son palais même, les courtisans ont mêlé leurs danses au son de cette musique barbare, et que telle fut l'avant-scène de la Saint-Barthélemy.

Dites-lui que ce Henri dont l'univers bénit la mémoire
celui de ses aïeux qu'il voulait prendre pour modèle,
faisait passer des vivres dans Paris révolté, qu'il assié-
geait en personne, et que ses conseillers féroces font
rebrousser les farines que le commerce apporte dans
Paris fidèle et affamé'.

SÉANCE DU 46 JUILLET

Le renvoi de Necker ayant aggravé les troubles, une députation de l'Assemblée avait été envoyée à Paris pour calmer
l'émotion populaire. Elle est reçue par des acclamations, et
La Fayette parle à l'Hôtel-de-Ville. Il est nommé colonel-gé-
néral de la milice bourgeoise et Bailly maire de Paris. Mounier fait le récit des événements et Lally-Tollendal répète le
discours qu'il a prononcé devant les Parisiens. Mirabeau lit
un projet d'adresse au roi, pour demander l'éloignement des
ministres qu'il rend responsables des désordres.

« Sire,

Nous venons déposer au pied du trône notre respectueuse reconnaissance pour la confiance à jamais
glorieuse que Votre Majesté nous a montrée, et l'hommage que nous rendons à la pureté de vos intentions, à
cet amour de la justice qui vous distingue si éminemment, et qui donne à l'attachement de vos peuples pour
votre personne sacrée le plus saint et le plus durable
des motifs.

Le renvoi des troupes est un bienfait inestimable,
nous en connaissons toute l'étendue ; mais il semble
acquérir un nouveau prix, parce que nous le devons
uniquement à votre cœur, à votre sollicitude paternelle,
Vraiment digne de tenir les rênes de l'Etat, vous ne les
avez pas abandonnées dans le moment le plus difficile

. La députation n'alla pas chez le roi, ce fut Louis XVI qui
se rendit au sein de l'Assemblée pour annoncer qu'il avait donné
l'ordre d'éloigner les troupes.

à ceux qui voulaient, en multipliant les artifices, vous persuader de leur en laisser la conduite.

Vous avez remporté un triomphe d'autant plus cher à vos peuples, qu'il vous a fallu résister à des sentiments et à des affections auxquels il est honorable et doux d'obéir dans la carrière d'une vie privée. Un des plus pénibles devoirs du poste élevé que vous remplissez, c'est de lutter contre l'empire des préférences et des habitudes.

Mais, sire, une funeste expérience vient de nous montrer que de sinistres conseils, quoiqu'ils aient été pour Votre Majesté l'occasion d'exercer une grande et rare vertu, nous ont fait acheter au prix de la tranquillité publique, au prix du sang de nos concitoyens, le bien que nous eussions d'abord obtenu de la justesse de votre esprit et de la bonté de votre cœur.

Il est même certain que, sans ces perfides conseils, ces troupes, dont Votre Majesté nous a daigné accorder la retraite, n'auraient point été appelées. Ils ont trompé Votre Majesté; une détestable politique s'est flattée de vous compromettre avec vos fidèles sujets; nos ennemis ont espéré que des excès de notre part ou des emportements du peuple justifieraient l'emploi des moyens dont ils avaient su se prémunir; ils ont espéré faire des coupables, afin de se donner des droits contre la nation ou contre nous; ils auraient surpris à votre religion, à votre amour pour l'ordre, des commandements qui, pouvant être exécutés à l'instant même, auraient créé dans la France un déplorable état de choses, mis l'aliénation à la place de la confiance, et fait avorter toutes vos intentions généreuses, parce qu'heureux dans le prolongement du désordre et de l'anarchie, ces hommes hautains et indépendants redoutent une constitution et des lois dont ils ne pourront pas s'affranchir.

Sire, où prétendaient-ils vous conduire? où aboutissait le plan funeste qu'ils avaient osé méditer? Il n'est douteux pour aucun de nous qu'ils se proposaient de disperser l'Assemblée Nationale, et même de porter des mains sacrilèges sur les représentants de la nation ; ils auraient voulu effacer, anéantir ces nobles, ces touchantes déclarations de votre bouche, connues, admirées de l'univers entier ; ils auraient voulu remettre en vos mains la puissance des impôts que vous avez déclaré appartenir au peuple ; ils se seraient efforcés d'intéresser les parlements à vous prêter leur ministère ; ils se seraient associés dans votre capitale avec des aventuriers agioteurs, avec ces vampires dont tout l'art est de pressurer vos peuples pour verser dans votre trésor ce métal à la possession duquel aboutissait cette atroce politique ; ils auraient enfin, par impuissance et après une longue suite de malheurs, violé la foi publique et déshonoré votre règne... Vous nous arrêtez, sire ; votre humanité se révolte ; vous nous accusez de charger de couleurs sombres des projets avec lesquels vous ne pensez pas qu'aucun homme ait été assez téméraire pour vous approcher.

Mais, sire, nous jugeons par ce qu'ils ont fait de ce qu'ils voulaient faire ; ils nous ont calomniés ; ils vous ont fait supposer que l'Assemblée Nationale ne s'occuperait pas des travaux dont elle était chargée ; ils vous ont fait déclarer que, les vœux des peuples vous étant connus par leurs cahiers, vous feriez seul le bien pour lequel nous étions convoqués. Voilà le secret de leur cœur et le but unique de leurs désirs. Ils ont voulu nous rendre inutiles ; ils ont voulu nous dissoudre ; ils ont voulu repousser la constitution et l'étouffer dans son berceau même.

Qu'ils nous le disent, s'ils l'osent ; la nation aurait-elle pris de la confiance dans des travaux ministériels ? Eh ! quels autres que des ministres l'ont conduite à l'état désastreux où elle se trouve ? Aurait-elle oublié que nul impôt n'est légal sans son consentement ; que l'emprunt, supposant l'impôt, ne peut mériter aucune confiance s'il n'est ordonné par elle ; que la force n'est qu'un brigandage lorsqu'on l'emploie pour arracher des contributions, non seulement condamnées par les principes, mais solennellement déclarées illégales par Votre Majesté?

Il aurait donc fallu bientôt convoquer une Assemblée nouvelle : mais sur quel fondement les ministres avaient-ils pensé que nos successeurs seraient moins fermes que nous, qu'ils combattraient moins les usurpations féodales, qu'ils réclameraient moins les droits du peuple, qu'ils trahiraient la cause de la liberté? Cette seconde Assemblée Nationale aurait été faible et timide; et alors, nulle pour la nation, elle n'aurait recueilli que son mépris; ou, ferme en principes, inébranlable dans ses demandes, il aurait fallu la dissoudre, et oser de nouveaux attentats.

Si les ministres avaient espéré que la banqueroute pouvait dispenser de recourir à la nation, la première, la plus sacrée des intentions de Votre Majesté était trahie. Mais quel en eût été le résultat? Le désespoir des uns, l'indignation de tous, la haine de l'autorité, auraient nécessité des dépenses incalculables; l'État n'eût été délivré d'un fardeau que pour en porter un plus accablant; car on peut recevoir le travail, associé au courage, réparant avec usure les sacrifices que le bien public exige; mais l'industrie productive et laborieuse fait place à l'abattement et à l'oisiveté partout où règnent le murmure et la misère. La banqueroute, dans ces conjonctures fatales, n'eût donc fait que dessécher toutes les sources de la prospérité, et ajouter à la pauvreté une indigence plus triste et plus oppressive.

Jugez, sire, de l'avenir par le passé, et daignez vous représenter comment se conduiraient dans cette catastrophe les auteurs de ces turpitudes. Diminueraient-ils leurs profusions? Donneraient-ils l'exemple de l'obéissance aux lois, du respect pour une nation généreuse? Est-ce bien dans la vue de régénérer le royaume qu'ils ont cherché à étouffer l'esprit public dans sa naissance, à établir la défiance entre vous et l'Assemblée Nationale, à interrompre le commerce de sagesse et de bons conseils qui doit s'établir entre le peuple et son roi?

Nous avons écarté jusqu'ici la supposition du plus grand des malheurs; mais nous ne le dissimulerons pas : ces ministres auraient compromis le repos de votre règne. Étaient-ils bien sûrs, ces artisans de violence, que tout eût fléchi sous l'impétuosité de leurs mouvements; que le désespoir des peuples eût été facile à contenir; que vingt-cinq millions de Français eussent subi les lois de leur despotisme; que les soldats nationaux, indifférents à la liberté, indifférents aux lois, qui pourtant les protègent lorsque, après le service, ils rentrent dans l'ordre civil, n'auraient point opté entre l'obéissance du soldat et le zèle du citoyen? Avaient-ils des pactes avec les princes étrangers? Étaient-ils certains que la politique offensive, les prétentions, les anciens droits, les jalousies, les vengeances seraient restées assouplies? N'ont-ils pas exposé le royaume à tous les maux qui ne manquent jamais de fondre sur un pays rempli de discordes, que sa faiblesse et sa désunion désignent comme une proie?

Vous avez daigné, sire, nous appeler pour consulter avec vous du bien de l'État : ainsi nous avons le dépôt sacré de votre confiance et du mandat de la nation, et nous ne saurions être suspects, puisqu'on ne peut nous supposer un autre intérêt que le bien public, essentiellement le vôtre. Eh bien! sire, sous ce double rapport, nous serions prévaricateurs, si nous pouvions vous taire une partie de la vérité.

Votre sagesse a prévenu les plus grands malheurs; mais votre indulgence ne doit pas protéger ceux qui ont creusé sous nos pas l'abîme que vous venez de fermer.

Il suffit qu'ils aient voulu nous arracher l'affection de Votre Majesté; il suffit qu'ils aient risqué de mêler votre nom aux calamités qu'ils préparaient aux peuples, pour que nous ne voyions jamais en eux les dignes coopérateurs de vos sublimes travaux. Il nous est impossible d'accorder aucune confiance à un homme qui, ayant acquis des droits à l'immortalité par la défense de l'Etat, s'est montré prêt à tourner à l'esclavage du peuple l'art conservateur de la liberté publique, et qui nous a fait craindre pour nos foyers tous les maux que la guerre doit en écarter.

Il nous est impossible d'accorder aucune confiance à un chef de la justice, qui s'est montré le plus ardent ennemi d'une constitution sans laquelle tout ordre judiciaire, même avec des magistrats vertueux, n'est qu'un redoutable jeu de hasard, et qui, abusant des droits que lui donne sa place sur toutes les presses du royaume, s'est opposé de toute sa puissance à la circulation des lumières. Il nous est impossible d'accorder jamais aucune confiance au ministre qui, contre les intentions connues du roi, n'a pas craint, aux yeux de la nation assemblée, de prodiguer les ordres arbitraires à l'active inquisition qui ne voit que dans la perfection de l'espionnage le salut des empires.

La nation croira-t-elle que l'harmonie soit parfaite entre Votre Majesté et nous, si le ministère est suspect, si on le regarde comme l'ennemi de nos travaux, si on croit qu'il n'a cédé un moment à la nécessité et à votre sagesse, que pour nous envelopper incessamment de nouveaux pièges?

Des inconvénients de toute espèce résultent de la défiance ouverte entre nous et le ministère; nous avons plus que des soupçons de leurs intentions hostiles; ils ont plus que des doutes des sentiments qu'ils ont provoqués dans nos cœurs : le prince ami de ses peuples doit-il être environné de nos ennemis? Nous ne prétendons point dicter le choix de vos ministres; ils doivent vous plaire : être agréable à votre cœur, est une condition nécessaire pour vous servir; mais, sire, quand vous considérerez la route funeste où vos conseillers voulaient vous entraîner, quand vous songerez au mécontentement de la capitale, qu'ils ont assiégée et voulu affamer, au sang qu'ils y ont fait couler, aux horreurs qu'on ne peut imputer qu'à eux seuls, toute l'Europe vous trouvera clément si vous daignez leur pardonner [1].

Mirabeau fut applaudi et l'on demanda qu'à son adresse fût jointe une demande de rappel de Necker. Barnave soutient Mirabeau qui est combattu par Mounier, exposant que la formation des ministères doit dépendre seulement de la volonté du roi.

MIRABEAU. — Dans une circonstance aussi urgente, je pourrais éviter toute controverse, puisque le préopinant, obligé de convenir avec nous que le roi, nous ayant consultés nous avons le droit et le devoir de lui proposer ce que nous croirons opportun, ne s'oppose point à l'adresse pour le renvoi des ministres. Mais je ne crois pas qu'il soit jamais permis dans cette Assemblée de laisser sans réclamation violer, même dans un discours, les principes, et de composer avec les amours-propres aux dépens de la vérité.

S'il est une maxime impie et détestable, ce serait celle qui interdirait à l'Assemblée Nationale de déclarer au monarque que son peuple n'a point de confiance dans ses ministres. Cette opinion attaque à la fois et la nature des choses, et les droits essentiels du peuple, et la loi de la responsabilité des ministres, loi que nous sommes chargés de statuer; loi plus importante encore, s'il est possible, au roi qu'à son peuple; loi qui ne sera jamais librement en exercice si les représentants du peuple n'ont pas l'initiative de l'accusation; qu'il me soit permis de m'exprimer ainsi.

Eh ! depuis quand les bénédictions et les malédictions du peuple ne sont-elles plus le jugement des bons ou des mauvais ministres? Pourquoi une nation qui est représentée s'épuiserait-elle en vains murmures, en stériles imprécations, plutôt que de faire entendre le vœu

1. L'adresse ne fut pas présentée, les ministres attaqués, de Villedeuil, de Broglie, de Barantin, ayant donné leurs démissions.

de tous par ses organes assermentés? Le peuple n'a-t-il pas placé le trône entre le ciel et lui, afin de réaliser, autant que le peuvent les hommes, la justice éternelle, et anticiper sur ses décrets, du moins pour le bonheur de ce monde?

« Mais voulez-vous donc confondre les pouvoirs?.. » Nous aurons bientôt occasion d'examiner cette théorie des trois pouvoirs, laquelle, exactement analysée, montrera peut-être la facilité de l'esprit humain à prendre des mots pour des choses, des formules pour des arguments, et à se routiner vers un certain ordre d'idées, sans revenir jamais à examiner l'inintelligible définition qu'il a prise pour un axiome. Les valeureux champions *des trois pouvoirs* tâcheront alors de nous faire comprendre ce qu'ils entendent par cette grande locution de *trois pouvoirs*, et, par exemple, comment ils conçoivent le pouvoir judiciaire distinct du pouvoir exécutif, ou même le pouvoir législatif sans aucune participation au pouvoir exécutif.

Il me suffit aujourd'hui de leur dire : Vous oubliez que ce peuple, à qui vous opposez les limites des trois pouvoirs, est la source de tous les pouvoirs, et que lui seul peut les déléguer. Vous oubliez que c'est au souverain que vous disputez le contrôle des administrateurs. Vous oubliez enfin que nous, les représentants du souverain, nous, devant qui sont suspendus tous les pouvoirs, et même ceux du chef de la nation, s'il ne marche point d'accord avec nous, vous oubliez que nous ne prétendons point à placer ni déplacer les ministres en vertu de nos décrets, mais seulement à manifester l'opinion de nos commettants sur tel ou tel ministre. Eh! comment nous refuseriez-vous ce simple droit de déclaration, vous qui nous accordez celui de les accuser, de les poursuivre, et de créer le tribunal qui devra punir ces artisans d'iniquités dont, par une contradiction palpable, vous nous proposez de contempler les œuvres dans un respectueux silence? Ne voyez-vous donc pas combien je fais aux gouverneurs un meilleur sort que vous, combien je suis plus modéré? Vous n'admettez aucun intervalle entre un morne silence et une dénonciation sanguinaire. Se taire ou punir, obéir ou frapper, voilà votre système. Et moi, j'avertis avant de dénoncer; je récuse avant de flétrir; j'offre une retraite à l'inconsidération ou à l'incapacité avant de les traiter de crimes. Qui de nous a plus de mesure et d'équité?

« Mais voyez la Grande-Bretagne ! que d'agitation populaire n'y occasionne pas ce droit que vous réclamez! C'est lui qui a perdu l'Angleterre... » L'Angleterre est perdue! Ah! grand Dieu! quelle sinistre nouvelle! Eh! par quelle latitude s'est-elle donc perdue? ou quel tremblement de terre, quelle convulsion de la nature a englouti cette île fameuse, cet inépuisable foyer de si grands exemples, cette terre classique des amis de la liberté?... Mais vous me rassurez... L'Angleterre fleurit encore pour l'éternelle instruction du monde : l'Angleterre répare dans un glorieux silence les plaies qu'au milieu d'une fièvre ardente elle s'est faites. L'Angleterre développe tous les genres d'industrie, exploite tous les filons de la prospérité humaine, et tout à l'heure encore elle vient de remplir une grande lacune de sa constitution avec toute la vigueur de la plus énergique jeunesse, et l'imposante maturité d'un peuple vieilli dans les affaires publiques... Vous ne pensiez donc qu'à quelques dissensions parlementaires (là, comme ailleurs, ce n'est souvent que du parlage, qui n'a guère d'autre importance que l'intérêt de la loquacité); ou plutôt c'est apparemment la dernière dissolution du parlement qui vous effraie.

Je ne vous dirai pas que, sur votre exposé, il est évident que vous ignorez les causes et les détails de ce grand événement, qui n'est point une révolution, comme vous l'appelez ; mais je vous dirai que cet exemple offre la preuve la plus irrésistible que l'influence d'une Assemblée Nationale sur les ministres ne peut jamais être désastreuse, parce qu'elle est nulle, cette influence, aussitôt que le Sénat en abuse.

Qu'est-il arrivé, en effet, dans cette circonstance rare, où le roi d'Angleterre, étayé d'une très faible minorité, n'a pas craint de combattre la formidable Assemblée Nationale, et de la dissoudre? Soudain l'édifice fantastique d'une opposition colossale s'est écroulé sur ses frêles fondements, sur cette coalition cupide et factieuse qui semblait menacer de tout envahir. Eh! quelle est la cause d'un changement si subit? c'est que le peuple était de l'avis du roi, et non de celui du parlement. Le chef de la nation dompta l'aristocratie législative par un simple appel au peuple, à ce peuple qui n'a jamais qu'un intérêt, parce que le bien public est essentiellement le sien. Ses représentants, revêtus d'une invincible puissance, et presque d'une véritable dictature, quand ils sont les organes de la volonté générale, ne sont que des pygmées impuissants, s'ils osent substituer à leur mission sacrée des vues intéressées ou des passions particulières.

Livrons-nous donc sans crainte à l'impulsion de l'opinion publique; loin de redouter, invoquons sans cesse le contrôle universel; c'est la sentinelle incorruptible de la patrie; c'est le premier instrument auxiliaire de toute bonne constitution; c'est l'unique surveillant, le seul et puissant compensateur de toute constitution vicieuse; c'est le garant sacré de la paix sociale, avec laquelle nul individu, nul intérêt, nulle considération ne peuvent entrer en balance.

DU 17 AU 23 JUILLET

Le roi avait décidé qu'il irait se montrer à Paris le 17, et l'Assemblée nommait une nombreuse délégation pour l'y accompagner. Malgré cette démarche de Louis XVI, les troubles continuaient dans la capitale et sa banlieue. L'Assemblée envoyait le 18, à Poissy et à Saint-Germain, une députation chargée de « calmer la fureur populaire ». A Paris, Berthier et Foulon avaient été tués, l'hôtel des Invalides assailli. Lally-Tollendal présenta un projet de proclamation destiné à ramener le calme[1]. Il fut combattu, renvoyé aux bureaux; repris par Lally-Tollendal le 23 juillet, il amena l'intervention de Mirabeau.

MIRABEAU. — Je commence par déclarer qu'à mon sens, les petits moyens compromettraient inutilement la dignité de l'Assemblée.

Examinons quelles sont les causes des désordres de Paris; la première et la principale, c'est qu'aucune autorité reconnue n'y existe, c'est que le dissentiment le plus marqué s'établit entre les districts et les électeurs. Ceux-ci ont saisi les rênes de l'administration de la ville sans consentement formel de la commune, mais autorisés par un péril imminent. A présent qu'ils ne peuvent pas méconnaître le principe, qu'ils sentent que ce consentement est absolument nécessaire, ils ont encore des assemblées; ils ont délibéré si, nonobstant le vœu formé par les districts de créer une administration nouvelle, ils ne resteraient pas revêtus du pouvoir qu'ils exercent; ils ont enfin établi dans leur sein un comité permanent, qui n'a point de rapport direct avec les districts, dont l'objet incontestable est le bien public, dont la continuation a été nécessitée par les circonstances, mais dont le fruit est devenu nul, parce que les créateurs et les créés ne sont que de simples particuliers, sans délégation, sans confiance, et que leur pou-

1. « L'Assemblée Nationale a invité et invite tous les Français à la paix, à l'amour de l'ordre, au respect des lois, à la confiance qu'ils doivent avoir dans leurs représentants, à la fidélité dans le souverain. Déclare que quiconque se porterait à enfreindre tous ces devoirs sera regardé comme un mauvais citoyen;

« Déclare que tout homme soupçonné, accusé, arrêté, doit être remis dans les mains du juge naturel qui doit le réclamer.

« Déclare enfin, en attendant l'organisation qui pourra être fixée pour les municipalités, qu'elle les autorise à former des milices bourgeoises, en leur recommandant d'apporter la plus sévère attention à cette formation, et de n'admettre que ceux qui sont incapables de nuire à la patrie et capables de la défendre. »

voir a cessé au moment où leur mission d'électeurs a été consommée.

De là résulte que les districts ne s'accordent point, ne marchent point ensemble ; que, durant cette anarchie, il est impossible d'égaliser le fardeau, de proportionner les contingents et les secours ; qu'il faut au plus tôt réunir les districts ; qu'on le fera aisément par l'intervention de quelques députés conciliateurs ; que la commune nommera un conseil provisoire, et que ce conseil s'occupera d'un plan de MUNICIPALITÉ, dont l'établissement assurera la subordination et la paix.

Les municipalités sont d'autant plus importantes, qu'elles sont la base du bonheur public, le plus utile élément d'une bonne constitution, le salut de tous les jours, la sécurité de tous les foyers, en un mot, le seul moyen possible d'intéresser le peuple entier au gouvernement, et de réserver les droits autour des individus. Quelle heureuse circonstance que celle où l'on peut faire un si grand bien, sans composer avec cette foule de prétentions, de titres achetés, d'intérêts contraires, que l'on aurait à concilier, à sauver, à ménager dans des temps calmes ! Quelle heureuse circonstance que celle où la capitale, en élevant sa municipalité sur les vrais principes d'une élection libre, faite par la fusion des trois ordres dans la commune, avec la fréquente amovibilité des conseils et des emplois, peut offrir à toutes les villes du royaume un modèle à imiter !

Mounier. — Je demande à M. de Mirabeau s'il a entendu autoriser toutes les villes à se municipaliser à leur manière ? Cet objet est du ressort de l'Assemblée Nationale, et il serait trop dangereux de créer des États dans l'État, et de multiplier des souverainetés.

Mirabeau. — Le préopinant se trompe sur mes intentions. Ma pensée est précisément que l'Assemblée Nationale ne doit pas organiser les municipalités. Nous sommes chargés d'empêcher qu'aucune classe de citoyens, qu'aucun individu n'attente à la liberté : toute

municipalité peut avoir besoin de notre sanction, ne fût-
ce que pour lui servir de garant et de sauvegarde ; toute
municipalité doit être subordonnée au grand principe de
la représentation nationale ; mélange des trois ordres,
liberté d'élection, amovibilité d'offices : voilà ce que nous
pouvons exiger ; mais, quant aux détails, ils dépendent
des localités, et nous ne devons point prétendre à les ordonner. Voyez les Américains : ils ont partagé leurs ter-
rains inhabités en plusieurs Etats qu'ils offrent à la population, et ils laissent à tous ces Etats le choix du gouvernement qu'il leur plaira d'adopter, pourvu qu'ils soient
républicains, et qu'ils fassent partie de la confédération.

Mirabeau conclut à l'envoi, à Paris, d'un député par district pour former un centre de coordination entre toutes les
Assemblées. Sa motion fut ajournée. Le projet de proclamation de Lally-Tollendal fut adopté avec un amendement et
une nouvelle rédaction.

SÉANCE DU 25 JUILLET

Le duc de Liancourt, président de l'Assemblée Nationale,
annonça qu'un député de Paris lui avait remis un paquet
contenant trois lettres ouvertes et une cachetée à l'adresse
du Comte d'Artois. Elles avaient été saisies dans la nuit du
22 au 23, sur la personne du baron de Castelnau, ambassadeur français à Genève. Le district des Petits-Augustins avait
dressé un procès-verbal qu'il avait envoyé avec les lettres au
comité permanent de Paris, lequel avait communiqué le tout
au président de l'Assemblée Nationale. Celui-ci déclara que,
croyant se faire l'interprète de l'Assemblée, il n'avait lu aucune
lettre et qu'il avait renvoyé les paquets au comité permanent.
Une discussion s'engagea sur l'inviolabilité des lettres.
Chastenay demandait que toutes les lettres interceptées
depuis les troubles fussent mises dans un lieu sûr pour être
à la disposition de l'Assemblée quand elle le jugerait convenable. Mirabeau combattit cette proposition[1].

1. La proposition de Chastenay ne fut pas adoptée et l'Assemblée passa à l'ordre du jour. Mais l'affaire revint le 27 juillet et

MIRABEAU. — Est-ce à un peuple qui veut devenir libre, à emprunter les maximes et les procédés de la tyrannie? Peut-il lui convenir de blesser la morale, après avoir été si longtemps victime de ceux qui la violèrent? Que ces politiques vulgaires qui font passer avant la justice ce que dans leurs étroites combinaisons ils osent appeler l'*utilité publique*, que ces politiques nous disent du moins quel intérêt peut colorer cette violation de la probité nationale. Qu'apprendrons-nous par la honteuse inquisition des lettres? de viles et sales intrigues, des anecdotes scandaleuses, de méprisables frivolités. Croit-on que les complots circulent par les courriers ordinaires? Croit-on même que les nouvelles politiques de quelque importance passent par cette voie? Quelle grande ambassade, quel homme chargé d'une négociation délicate ne correspond pas directement, et ne sait pas échapper à l'espionnage de la poste aux lettres?

C'est donc sans aucune utilité qu'on violerait les secrets des familles, le commerce des absents, les confidences de l'amitié, la confiance entre les hommes. Un procédé si coupable n'aurait pas même une excuse, et l'on dirait de nous dans l'Europe : en France, sous le prétexte de la sûreté publique, on prive les citoyens de tout droit de propriété sur les lettres, qui sont les productions du cœur et le trésor de la confiance. Ce dernier asile de la liberté a été impunément violé par ceux mêmes que la nation avait délégués pour assurer tous ses droits. Ils ont décidé par le fait que les plus secrètes communications de l'âme, les conjectures les plus hasardées de l'esprit, les émotions d'une colère souvent mal fondée, les erreurs souvent redressées le moment d'après, pouvaient être transformées en dépositions contre des tiers ; que le citoyen, l'ami, le fils, le père, deviendraient ainsi les juges les uns des autres sans le savoir; qu'ils

Robespierre soutint que l'Assemblée avait le droit de connaître le contenu des papiers suspects. Après intervention de Clermont-Tonnerre, l'Assemblée déclara qu'il n'y avait pas lieu à délibérer.

pourront périr un jour l'un par l'autre : car l'Assemblée Nationale a déclaré qu'elle ferait servir de base à ses jugements des communications équivoques et surprises, qu'elle n'a pu se procurer que par un crime.

SÉANCE DU 29 JUILLET

Rabaud de Saint-Étienne présenta son nouveau rapport sur le règlement de l'Assemblée, modifié par les observations des bureaux. Un article fixait la majorité des suffrages à la moitié plus un. Il fut très combattu. Mirabeau le soutint.

MIRABEAU. — Je n'ai pas cessé un moment de croire que, quel que soit le règlement de police qu'on nous propose, il sera susceptible d'inconvénients. Eh! quelle institution humaine n'en a pas? Mais il me paraît en général composé avec assez de sagesse, et pénétré d'un assez bon esprit pour que je désire son adoption au moins provisoire, et sauf les améliorations que pourra nous suggérer l'expérience de chaque jour. Toute loi est, par sa nature, révocable à la volonté de celui qui l'a faite. Le principe contraire serait l'apothéose des préjugés, la proscription de la raison. Mais les premiers éléments de l'ordre doivent être admis le plus tôt possible, lorsqu'on veut travailler à un plan digne de gouverner les hommes, et capable d'opérer notre bonheur. Hâtons-nous d'adopter une police quelconque, en attendant que l'habitude des Assemblées, le dépouillement des préjugés, et nos propres observations nous donnent une police perfectionnée.

Cependant, pour vous ôter les regrets que deux des préopinants voudraient vous donner sur l'adoption de la pluralité simple que prescrit le règlement, j'examinerai en peu de mots celui des pluralités graduées, que l'on vous propose d'y substituer. — Si vous consultez la nature des choses, vous verrez que toute réunion d'hommes en société doit être gouvernée par le vœu de la pluralité de ses membres. C'est là une condition nécessaire de toute association, sans laquelle vous la dévouez à l'inertie, ou à des troubles toujours renaissants. Ceux qui s'opposent à cette loi sont séduits par l'espèce de frayeur que leur cause l'idée de voir la prépondérance d'un seul suffrage décider les questions les plus importantes. Mais qu'ils ne s'y trompent pas : ce n'est pas tel ou tel suffrage qui décide, c'est la comparaison de la somme de ceux qui disent *oui* avec la somme de ceux qui disent *non*. Dans le cas où ces deux sommes seraient égales, il n'y aurait point de décision, ou plutôt il y en aurait une; car alors la loi ancienne serait préférée à la loi nouvelle. Dans le cas où la somme des *oui* surpasse celle des *non*, alors la loi nouvelle doit l'emporter; car enfin, quand la balance est juste, le moindre poids suffit pour la faire pencher de l'un des côtés.

A la place de cet inconvénient chimérique, on substitue le plus grave de tous les inconvénients, le plus grand de tous les dangers, celui de transporter à la minorité des suffrages l'influence que le bien général donne incontestablement à la majorité. Nous sommes ici douze cents : dans le système de la pluralité, six cent un suffront pour adopter une résolution contre le vœu de cinq cent quatre-vingt-dix-neuf qui ne voudraient pas qu'elle fût prise, ou, ce qui revient au même, qui préféreraient à l'état des choses qu'on vous propose l'état de choses où nous sommes, tant que la résolution proposée n'a point passé.

Suivez l'avis de ceux qui attaquent le système de la pluralité : substituez-y une loi qui exige plus des trois quarts des suffrages pour former une résolution légale. Qu'arrivera-t-il? Qu'alors trois cents auront plus de force pour maintenir leur opinion, que neuf cents n'en auront pour la détruire; que, tant qu'une proposition n'aura pas pour elle neuf cent une voix, elle sera sans force, ou, ce qui revient au même, que le vœu de neuf cents qui veulent d'une manière sera soumis à celui de trois cents qui veulent d'une autre. Dans ce système, messieurs, que devient la justice? que devient le vœu commun ? Comment alors pourrait-on dire que la loi est l'expression de la volonté générale ? Hors du principe clair et fécond de la pluralité simple, je ne vois qu'une rénovation sourde, mais très effective, des ordres, du *veto*, et de tous ces mouvements contradictoires qui désorganisent la société.

L'évêque de Chartres, distinguant entre l'acceptation des lois nouvelles et l'abrogation des lois anciennes par d'autres lois, demanda que les premières fussent acceptées à la majorité simple, tandis que les secondes devraient recueillir les deux tiers des voix. Mirabeau lui répliqua :

MIRABEAU. — Le doute de M. l'évêque de Chartres doit être résolu ; tout ce qui sort de la bouche d'un prélat aussi respectable, d'un ami aussi pur de la justice et des bons principes, mérite à mes yeux la plus scrupuleuse attention. De grandes autorités ont accrédité l'erreur des pluralités graduées, vers laquelle il me paraît incliner ; mais chaque jour nous apprend mieux que la vérité est la fille du temps, et non des autorités.

S'il faut une plus grande majorité pour anéantir une loi ancienne que pour établir une loi nouvelle, comment distinguerez-vous entre ces deux cas ? Est-il une loi nouvelle qui n'emporte pas, ou textuellement, ou dans ses conséquences, l'anéantissement d'une loi ancienne ?

Exigerez-vous une plus grande majorité pour une loi importante et grave, que pour une loi qui ne le serait pas ? mais alors encore, où sera la ligne de démarcation ? Quelle est la loi qui ne sera pas susceptible d'être importante et grave dans un temps, minutieuse et peu importante dans un autre ? Où sera le *critérium* qui guidera l'Assemblée pour les distinguer ? Et sans un *critérium* bien clair et bien précis, n'aurez-vous pas multiplié les difficultés, les embarras, et par là même les intrigues et les divisions ? Vainement, messieurs, a-t-on dit qu'on peut établir deux majorités fixes, dont l'exercice serait déterminé par la loi. Je répondrai toujours que deux majorités fixes ne me paraissent pouvoir rien produire que des résultats très peu fixes, et que douze cents personnes délibérant ensemble ont déjà, par la nature des choses, assez de peine à s'entendre et à expédier les affaires pour qu'on ne leur suscite pas encore de fréquentes questions de compétence.

Et si, comme quelqu'un l'a proposé, vous décidez que la majorité ne pourra prendre une résolution que dans le cas seulement où la pluralité des représentants de la nation se trouverait rassemblée; alors, messieurs, vous établissez un ordre de choses où, pour exercer le plus irrésistible *veto*, il suffira de l'absence. Or, ce genre de *veto* est de tous le plus redoutable et le plus sûr; car enfin on peut espérer, avec des raisons, de fléchir ou de convaincre des personnes présentes : mais quelle influence pourrez-vous avoir sur ceux qui, pour toute réponse, ne paraîtront pas?

Sans doute il convient de fixer le nombre de votants nécessaire pour légaliser une assemblée; mais gardons-nous de fixer un nombre trop petit; car alors il serait trop facile à un président qui voudrait intriguer de faire passer tout ce qu'il voudrait. Gardons-nous encore de fixer un nombre trop grand; car alors combien de facilité ne donnerions-nous pas à ceux qui, par leur absence, voudraient paralyser l'Assemblée ! A cet égard le règlement me paraît observer un milieu sage. Il fixe ce nombre à deux cents; c'est proportionnellement le double du nombre que les Anglais ont fixé : car leur Chambre des Communes est de cinq cent cinquante, et ils se contentent de quarante membres pour toutes les délibérations. En suivant la proportion, nous devons être contents d'avoir fixé le nombre à cent. Je n'ai pas eu le temps de méditer sur cette question; mais je ne verrais pas d'inconvénient à ce que l'on exigeât pour toute délibération le tiers de la totalité des membres de l'Assemblée Nationale.

Target se prononce pour la majorité simple. Le comte de

Mortemart demande que les objets les plus importants soient rendus par la majorité entière de l'Assemblée, et les moins importants par la majorité des votants. Nouvelle intervention de Mirabeau.

MIRABEAU — Qu'on me permette encore quelques réflexions; il n'est dans toute association politique qu'un seul acte qui, par sa nature, exige un consentement supérieur à celui de la pluralité : c'est le pacte social qui, de lui-même étant entièrement volontaire, ne peut exister sans un consentement unanime. L'un des premiers effets de ce pacte, c'est la loi de la pluralité des suffrages. C'est cette loi qui constitue pour ainsi dire l'existence, le *moi moral*, l'activité de l'association. C'est elle qui donne à ses actes le caractère sacré de la loi, en constatant qu'ils sont, en effet, l'expression du vœu général. Qu'à cette simple et belle loi de la pluralité, l'on substitue tout autre degré de majorité; dès ce moment toutes les fois qu'un objet quelconque aura réuni une pluralité inférieure à la majorité requise, la société est nécessairement condamnée au schisme, car il n'est dans la nature d'aucune société légitime que le plus grand nombre soit assujetti à la minorité.

Si tel est le danger de tout autre genre de pluralité que la pluralité simple, même dans un État naissant, combien ce danger ne devient-il pas imminent dans un état comme la France, où tout est à créer, à combiner, à méditer même; où une longue série d'abus de tout genre, et des siècles d'esclavage, en couvrant la surface entière de la constitution et de l'administration dans toutes leurs parties, ne montre pas une seule loi à établir qu'au travers d'une croûte épaisse de préjugés ou de désordres à corriger?

Est-ce dans un tel état de choses qu'on peut raisonnablement apporter des obstacles à la faculté de vouloir?

Et si jamais cette faculté doit être laissée à toute son activité, n'est-ce pas surtout lorsqu'elle est entre les mains d'un corps constitué, comme l'Assemblée Nationale, de parties hétérogènes dont quelques-unes ont eu tant de peine à s'amalgamer en tout, et entre lesquelles il serait si aisé de réunir une minorité suffisante pour arrêter tout ? On a tant disséqué le *vote par ordre*, on a tant frémi du *veto des ordres!* Eh! n'est-il pas clair que la pluralité graduée est exactement la même prétention sous un nom plus doux, et que dans ce cas comme dans l'autre, ce serait toujours le quart ou le tiers de l'Assemblée qui donnerait des lois à la nation?

Toute personne qui a observé les États républicains y verra les nobles effets de cette aristocratique invention.

Dans la législation que nos commis de bureaux donnèrent à main armée aux Genevois, en 1782, ils eurent soin d'introduire cette loi de la pluralité graduée, comme l'égide du despotisme aristocratique et militaire auquel ils assujettissaient cette petite mais respectable République. Non contents de ce qu'aucune loi ne pouvait être faite par l'Assemblée générale sans le consentement préalable de deux conseils administrateurs, ils mirent la pluralité des trois quarts des suffrages à la place de la pluralité simple qui toujours avait existé. Ainsi une loi qui n'avait été introduite que par la force, qui n'avait reçu pour sanction souveraine que celle d'une assemblée dont les trois quarts des membres étaient exclus à main armée, devait être maintenue contre la volonté de tous par le simple vœu du quart plus un d'un simple conseil d'administration! Qu'est-il arrivé de cette loi? Jamais Genève n'a été plus malheureuse, plus tourmentée, jamais ces arrogants aristocrates eux-mêmes n'ont été plus méprisés, moins redoutés, malgré leurs troupes, malgré des serments forcés, que depuis que leurs concitoyens ont été soumis à cet absurde et criant régime.

A la première occasion qui s'est offerte de mettre la loi en exécution, au moment où des magistrats, maintenus en place, par une minorité de voix, ont voulu gouverner, l'incendie s'est trouvé prêt; la plus légère étincelle a causé l'embrasement. Atterrée par la crainte d'une nouvelle garantie, d'un nouveau siège, Genève a conservé cette loi folle qu'une triple garantie armée l'avait forcée d'adopter. Jamais elle ne sera libre, ni par conséquent tranquille, tant que ce monument de la criminelle ambition de ses chefs et de notre injustice ne sera pas entièrement détruit.

Mais pour revenir aux pluralités graduées dans leur rapport avec un grand État, supposons la constitution faite ou prête à se faire, et voyons si, comme M. Fréteau le pensait, on pourrait y joindre alors quelque loi de ce genre pour garantir les institutions.

Si c'est dans le but de mettre les institutions à l'abri de toute atteinte du Corps législatif qu'on veut établir la pluralité graduée, le moyen est visiblement insuffisant. La constitution n'ayant pu s'opérer par la volonté du peuple lui-même, elle ne peut être détruite que par son aveu : voilà le principe; consacrez-le, et la constitution est en sûreté.

Est-ce pour les lois de détail que l'on voulait établir la pluralité graduée? Dans ce cas, outre les inconvénients déjà énoncés, n'est-il pas clair que vous privez les futurs représentants de la nation de leur liberté de législation? Eh! qui sait à quel point cette entrave que vous mettez à une faculté si nécessaire dans tout bon gouvernement, peut être nuisible à la postérité? Lorsque les Anglais autorisèrent, au commencement du siècle, le fatal système des emprunts nationaux, lorsqu'ils voulurent rejeter sur leurs descendants une portion du fardeau qu'ils prétendaient trop pesant pour eux, prévoyaient-ils que cette bévue en finance, nuirait un jour à l'influence qu'ils avaient voulu réserver au peuple, en mettant les subsides entièrement à sa disposition?

Ce discours de Mirabeau fut écouté avec impatience et interrompu par les cris de : « Aux voix... aux voix ». La plupart des articles du règlement furent adoptés, et notamment la pluralité simple.

SÉANCE DU 31 JUILLET

Necker avait été reçu avec enthousiasme à l'Hôtel-de-Ville, et ayant réclamé la liberté de Bezenval, arrêté et emprisonné comme suspect, elle lui avait été accordée par les électeurs. Cependant les districts de Paris avaient protesté contre cette libération, et l'amnistie, où l'on croyait voir la grâce des coupables de lèse-nation, avait accru l'effervescence populaire. L'Assemblée Nationale fut priée d'intervenir pour ramener la paix. Target proposa cet arrêté : « L'Assemblée nationale arrête que, quoique la capitale se soit honorée en déclarant que le peuple ne se ferait plus justice à lui-même des coupables de lèse-nation, elle persiste dans ses précédents arrêtés ; qu'elle entend poursuivre la punition des coupables devant un tribunal qui sera établi par la commission dont l'Assemblée ne cesse de s'occuper. » Camus demanda que l'on donnât connaissance officielle à l'Assemblée de l'Hôtel-de-Ville et au peuple de Paris de l'arrêté du 28, et Mounier réclama pour l'Assemblée Nationale seule le droit d'arrestation et d'emprisonnement, à l'exclusion de toute ville, de toute province et de toute autre assemblée. Mirabeau prit la parole.

MIRABEAU. — Quelque purs que soient les motifs, quelque entraînants que soient les mouvements oratoires qui ont déterminé hier la démarche de l'Hôtel-de-Ville et des électeurs, il nous est impossible de l'approuver.

Le mot de *pardon*, l'ordre de relâcher M. de Bezenval, sont impolitiques et également répréhensibles. Nous-mêmes n'avons pas le droit de prononcer une amnistie. Accusateurs naturels de tout crime public, instituteurs présumés du tribunal destiné à le poursuivre, nous ne pouvons ni punir ni absoudre ; nous faisons les lois, nous ne les appliquons pas ; nous poursuivons les grands coupables, et par cela même nous ne les jugeons pas. Nous pouvons bien retirer notre accusation, si elle nous paraît dénuée de preuves, mais nous ne pouvons pas innocenter celui que la notoriété publique désigne comme coupable, ni priver aucun individu, aucune corporation du droit de le poursuivre. Le pouvoir de faire grâce, tant qu'il existe, réside éminemment dans la personne du monarque; je dis tant qu'il existe, parce que c'est une grande question que de déterminer si ce pouvoir de faire grâce peut exister, dans quelles mains il résidera s'il existe, et si les crimes contre les nations devraient jamais être remis. Je ne prétends pas même effleurer ces questions; je ne les ai pas encore assez étudiées; il ne s'agit point de cela aujourd'hui; il suffit que le droit de faire grâce nous soit étranger.

Il nous est plus étranger encore dans cette occasion que dans toute autre. A Dieu ne plaise que j'aggrave la situation de M. de Bezenval! Il est arrêté, il est suspect, il est malheureux; autant de raisons de m'abstenir; mais vous avez déclaré les chefs militaires responsables des événements. M. de Bezenval est accusé par la notoriété publique; et une municipalité, un hôtel-de-ville, une ville, auraient pu donner des ordres pour le rechercher, l'innocenter. pour le soustraire à la justice publique! Non, messieurs; puisque nous-mêmes ne le pouvons pas, aucune corporation particulière n'a ce pouvoir.

Il nous est donc impossible d'approuver sous aucun point de vue une démarche inconsidérée qui a excité dans Paris une fermentation très naturelle; j'ose le dire, très estimable. Si même je ne regardais pas les électeurs comme d'excellents citoyens, si je ne songeais pas aux services essentiels qu'ils ont rendus dans des moments orageux, je vous prouverais que les dissentiments élevés entre les électeurs et les districts sont un des levains les plus actifs de cette fermentation de la capitale; je vous répéterais ce que j'ai déjà eu l'honneur de vous dire, que les électeurs se sont prévalus de la manière dont vous les aviez accueillis, qu'ils en ont conclu que leurs prétentions étaient fondées, et qu'il est impossible de dissimuler, de plâtrer plus longtemps cet état de choses ambigu et contradictoire. Je vous dirais enfin que les districts n'ont pas oublié leurs droits, qu'ils font tous les jours des réclamations plus fermes et plus persévérantes, et que, pour prévenir les suites des dissentiments, il faut que l'Assemblée Nationale prononce, si les électeurs ne se retirent pas d'eux-mêmes.

Après audition de Bailly venu à la tête d'une députation de Paris, pour justifier l'arrêté pris par les électeurs à l'Hôtel-de-Ville, l'Assemblée approuva les explications données, déclara qu'elle persistait dans ses précédents arrêtés relatifs à la responsabilité des ministres et agents du pouvoir exécutif, à l'établissement d'un tribunal et d'un comité de recherches et de renseignements ; l'Assemblée déclara en outre que le baron de Bezenval serait maintenu dans un lieu sûr.

SÉANCE DU 1er AOUT

L'Assemblée Nationale recevant de nombreuses députations, Regnault avait demandé que toutes les séances du matin fussent consacrées à la Constitution. Dans la même proposition, il interdisait aux députés de se rendre dans un district sans mission particulière. Mirabeau lui répondit.

MIRABEAU. — Je n'aurais pas cru nécessaire de combattre la proposition de l'honorable membre, si, en dépit du règlement et de la raison, elle n'avait pas été accueillie de quelques applaudissements tumultueux.

On crie : A l'ordre, à l'ordre !

Je suis à l'ordre, puisque je réclame le règlement. Il défend de donner des signes bruyants d'approbation ou d'improbation, et certes nous prouvons chaque jour que la règle est sage, puisque les contradictoires sont applaudis, et que la méthode des improbations inarticulées établit un véritable ostracisme, et nuit à la liberté des discussions.

Mais, pour revenir à la question, je demande lequel

de nous, en recevant l'honneur d'être nommé représentant de la nation, a pensé abdiquer les devoirs ou les
droits de citoyen. Je demande si, parce que nous sommes
éminemment les surveillants de la chose publique, nous
pouvons être privés du droit de concourir individuellement à l'organisation de ses détails dans nos municipalités. Je demande comment on pourrait interdire à ceux
d'entre nous qui ont leur domicile à Paris, de porter
leurs lumières et leurs vœux dans leurs districts, de
remplir les devoirs de simples citoyens, s'il leur est
possible, en même temps que les fonctions d'hommes
publics. Je demande enfin quelle œuvre est plus digne
d'un membre de cette Assemblée, que de chercher, de
concert avec ses concitoyens, une forme municipale qui
facilite la perfection de tous les détails, soulage le roi,
ses serviteurs, l'Assemblée Nationale, et promette à
Paris des avantages si grands, si importants, si multipliés, que je ne puis y livrer mon imagination sans une
espèce de ravissement. Certes, l'Assemblée Nationale ne
peut qu'applaudir à de tels travaux ; il serait aussi coupable de craindre que peu prudent de provoquer de sa
part des ordres qui leur fussent contraires : d'ailleurs
elle saurait bientôt qu'aux bornes de la raison se trouvent les bornes de son empire, et que le véritable ami
de la liberté n'obéit jamais aux décrets qui la blessent,
de quelque autorité qu'ils émanent.

Quant à la proposition de ne plus admettre les députations des provinces, j'espère qu'elle ne peut pas même
être mise en question. Nous n'avons pas plus le droit
que le désir de refuser les avis, les consultations, les
communications de nos commettants ; et s'il pouvait
s'élever dans notre sein de telles prétentions, l'opinion
publique les aurait bientôt mises à leur place.

Regnault ne répliqua point et ne soutint plus sa proposition.

SÉANCE DU 3 AOUT.

Le comte de Clermont-Tonnerre annonce à l'Assemblée que son oncle, vieillard octogénaire, a demandé asile à l'évêque de Bâle, chez lequel il est menacé par la fureur populaire. Il prie en conséquence le président de l'Assemblée de lui accorder un sauf-conduit pour qu'il puisse rentrer en France. Le vicomte de Noailles déclare que l'Assemblée n'a pas à s'occuper de telles situations. Il est appuyé par Mirabeau.

MIRABEAU. Je pense, comme le préopinant, que l'Assemblée Nationale se compromettra sérieusement toutes les fois qu'elle sortira de son caractère, et qu'elle excédera les bornes de sa juridiction naturelle : mais, loin d'en tirer la même conséquence que lui, je soumets à votre sagesse cette question préliminaire : *Les passeports sont-ils ou ne sont-ils pas de votre juridiction ?* Il est d'autant plus nécessaire de la décider, que, si vous accordez un seul passeport, vous ne devez en refuser aucun. Sans doute il y a quelques contrariétés, je dirai même avec le préopinant, quelques calamités particulières ; mais elles tiennent inévitablement aux calamités publiques, auxquelles seules nous sommes chargés de remédier. Quelques particuliers ont été arrêtés dans leur voyage, quelques-uns même sont détenus jusqu'à ce qu'on ait pris des éclaircissements sur eux : ne voilà-t-il pas un majestueux sujet de distraction pour l'Assemblée Nationale ? C'est une aimable qualité, sans doute, que la facilité aux émotions ; mais elle exclut souvent les vertus et même la sagesse de l'homme public.

Quoi qu'il en soit, messieurs, hier on vous a officiellement avertis qu'un citoyen notable, qui a occupé de très grandes places, où de grands succès ont précédé le moment fatal qui l'a si cruellement compromis, par une apparente association avec des hommes chargés du mépris public, et qui, dans ce moment même, est revêtu d'un caractère qu'on eût respecté dans tous les pays de l'Europe, celui d'ambassadeur du roi, a été arrêté, et qu'il est détenu au Havre pour une simple contravention de police, un changement de nom, qu'avec des préventions plus favorables on eût appelé un acte de prudence. Vous n'avez pris aucun parti à cet égard; vous avez cru devoir laisser aller le cours naturel des choses : pouvez-vous accorder aujourd'hui à l'oncle de M. de Tonnerre, à l'ami de M. de Tollendal, ce que vous avez refusé hier à l'ambassadeur du roi? je ne le crois pas, et je crois moins encore qu'il vous convienne de vous perdre dans les détails de police intérieure et particulière dans un moment si critique, et lorsque vos commettants attendent de vous des travaux si urgents, que, pour vous en occuper sans relâche, vous avez cru devoir refuser d'admettre les députations des provinces.

Bien que Lally-Tollendal défendît la demande du comte de Clermont-Tonnerre, celle-ci fut renvoyée au comité des rapports.

SÉANCE DU 6 AOUT.

Le duc de La Vauguyon voyageant avec un passeport au nom de Chevalier avait été arrêté au Havre au moment où il se disposait à s'embarquer pour l'Angleterre. L'affaire, renvoyée au comité des rapports, vint dans la séance du 6 août. Elle fut discutée dans le désordre et la violence. On demandait le maintien de son arrestation.

Mirabeau. — Je prie l'Assemblée d'observer que, s'il est un cas où l'opinion d'un petit nombre de membres doive l'emporter sur celle du plus grand, c'est lorsque ce petit nombre déclare n'être pas assez instruit pour donner un avis réfléchi, lorsqu'il demande à s'éclairer par l'avis des autres; or je suis de ce petit nombre.

M. de La Vauguyon est arrêté, ou pour une simple contravention de police, et alors il est assez puni par plusieurs jours d'alarmes et de détention; ou pour cause de conspiration, et alors il doit être gardé dans une prison sûre. Mais jusqu'ici rien n'est moins prouvé que le délit quelconque pour lequel il est détenu. S'il est ici quelqu'un qui connaisse un crime à la charge de M. de La Vauguyon, qu'il l'allègue; et alors nous ordonnerons qu'il soit transféré sous sûre garde; nous nommerons le tribunal qui doit le juger, et les commissaires qui devront procéder à l'accusation. Mais si personne n'accuse le citoyen qui réclame sa liberté, je vous le demande, messieurs, pouvons-nous le retenir un instant dans les fers sans blesser la justice?

Mon avis est que le président soit chargé d'écrire à la municipalité du Havre, que nous ne connaissons pas de motifs pour que la détention de M. de La Vauguyon soit continuée, et que nous laissons au pouvoir exécutif la décision entière sur ce qui concerne cet ex-ministre.

Adopté.

SÉANCE DU 7 AOUT.

La discussion porte sur le droit de chasse aboli le 4 août, certains membres de l'Assemblée voulant qu'il fût conservé au roi ou qu'il en fît l'abandon volontaire.

MIRABEAU. — On vient de déclarer que le droit de chasse est inhérent à la propriété, et ne peut plus en être séparé. Je ne comprends pas comment l'on propose à l'Assemblée qui vient de statuer ce principe, de décider que le roi, ce gardien, ce protecteur de toutes les propriétés, sera l'objet d'une exception, dans une loi qui consacre les propriétés. Je ne comprends pas comment l'auguste délégué de la nation peut être dispensé de la loi commune. Je ne comprends pas comment vous pourriez disposer en sa faveur de propriétés qui ne sont pas vôtres.

Mais la prérogative royale? Ah! certes la prérogative royale est d'un prix trop élevé à mes yeux pour que je consente à la faire consister dans le futile privilège d'un passe-temps oppressif. Quand il sera question de la prérogative royale, c'est-à-dire, comme je le démontrerai en son temps, du plus précieux domaine du peuple, on jugera si j'en connais l'étendue; et je défie d'avance le plus respectable de mes collègues d'en porter plus loin le respect religieux.

Mais la prérogative royale n'a rien de commun avec ce que l'on appelle les *plaisirs du roi*, qui n'enserrent pas une étendue moindre que la circonférence d'un rayon de vingt lieues, où s'exercent tous les raffinements de la tyrannie des chasses. Que le roi, comme tout autre propriétaire, chasse dans ses domaines; ils sont assez étendus sans doute. Tout homme a droit de chasser sur son champ, nul n'a droit de chasse sur le champ d'autrui : ce principe est sacré, pour le monarque comme pour tout autre.

Quant à la suppression des tribunaux pour le fait des chasses, elle est impossible à prononcer sans un autre arrangement dans l'ordre judiciaire, puisqu'ils connaissent d'autres délits; et l'addition que l'on vous propose est inutile, puisque, du moment où vous déclarez qu'il ne peut plus y avoir de délit pour le fait des chasses, vous abrogez les lois qui les concernaient, et vous dépouillez par le fait tous les tribunaux de cette juridiction.

En général, messieurs, prenons garde de surcharger nos décrets de formules oiseuses et de préceptions inutiles : c'est ainsi que l'on discrédite la loi, et que l'on introduit l'arbitraire; et pour en citer un exemple, avec toute la circonspection que l'on doit à un arrêté déjà pris, je désire vivement que cette formule, *sauf les lois de police qui pourront être faites*, n'émane jamais de cette Assemblée : car elle est superflue, si elle énonce simplement que le législateur peut faire des lois pour la sûreté publique; mais elle est dangereuse, elle favorise la tyrannie, si elle subordonne le droit commun des citoyens *à des lois qui pourront être faites.*

L'article II du projet fut adopté avec un amendement du comte de Clermont-Tonnerre concernant les capitaineries : « *Le droit exclusif de chasse et des garennes ouvertes est pareillement aboli, et tout propriétaire a le droit de détruire et faire détruire, seulement sur ses possessions, toute espèce de gibier, sauf à se conformer aux lois de police qui pourraient être faites relativement à la sûreté publique.*

« *Toutes capitaineries, même royales, et toute réserve de chasse, sous quelque dénomination que ce soit, sont pareillement abolies; et il sera pourvu par des moyens compatibles avec le respect dû aux propriétés et à la liberté, à la conservation des plaisirs personnels du roi.* »

L'article III allait être mis en discussion lorsque le président annonça les ministres qu'envoyait le roi à l'Assemblée. Necker fait un exposé de l'état des finances et demande un emprunt. Les ministres se retirent. De Clermont Lodève propose de voter l'emprunt par acclamation et sans délibérer.

MIRABEAU. — J'avoue que je suis pressé entre la nécessité d'un emprunt et la lettre impérieuse des mandats. La première idée qui se présente à moi, c'est de donner l'exemple des contributions patriotiques et volontaires. Offrons notre crédit individuel ; voilà ce que nous devons à nous-mêmes et à la chose publique ; s'il faut quelque chose de plus, adressons-nous à nos commettants, demandons leur autorisation pour subvenir au courant de mois en mois ; surtout, faisons convoquer les assemblées provinciales, afin qu'elles pourvoient aux moyens de rétablir les perceptions, et de rendre aux provinces la tranquillité. Au reste, ce que je dis ici n'est peut-être pas ce que je proposerais si j'avais le temps de réfléchir ; du moins, je ne l'assure pas : mais je conclus de la situation dans laquelle je me trouve, que la délibération doit être ajournée à demain, pour que chacun de nous puisse examiner et méditer[1].

1. L'emprunt est renvoyé au comité des finances qui devra faire son rapport le lendemain.

SÉANCE DU 8 AOUT

Le duc d'Aiguillon, au nom du comité des finances, fait un rapport sur le projet d'emprunt présenté par Necker, en constatant le déficit entre les recettes et les dépenses. Buzot déclare que les mandats des députés leur commandent de ne pas consentir d'emprunt avant d'avoir obtenu une constitution. Le comte d'Antraigues parle contre, Lally-Tollendal pour, Barnave réclame un gage pour l'emprunt et l'assurance qu'il sera indépendant de tout impôt.

MIRABEAU. — Messieurs, en chargeant le comité des finances de nous porter un préavis sur la demande que nous font les ministres, d'autoriser le roi à un emprunt de trente millions, vous avez voulu laisser à chacun des membres de cette Assemblée le temps de la réflexion ; car nul travail actuel sur l'état des finances ne pourrait servir à diriger notre détermination. Il n'entre dans l'esprit de personne que le trésor puisse se passer de secours, et ce n'est pas un emprunt de trente millions qui empirera le rapport de nos finances avec les ressources nationales.

Nous devons nous diriger par de plus hautes considérations. Il faut sans doute pourvoir au courant. Telle est même la nature des malheurs qui multiplient nos embarras, que nous courrions le risque de les aggraver, si une rigidité de principes que rien ne tempérerait, nous laissait indifférents pour des besoins ou des égards dont il est impossible de se dissimuler l'importance.

Mais n'est-il aucun moyen de conserver cette rigidité, et de répondre cependant à l'attente du ministère? Si ce moyen existe, le patriotisme, la saine politique et, s'il faut parler clairement, les ménagements infinis avec lesquels nous devons user de la confiance de nos commettants, ne nous font-ils pas la loi de nous servir de ce moyen? Avant de vous le proposer, qu'il me soit permis, messieurs, d'exprimer une réflexion que m'arrache le sentiment de la grandeur de nos devoirs.

Elle ne peut plus exister dans l'ordre nouveau qui va régir l'empire, cette prompte obéissance que notre sensibilité savait transformer en témoignage d'amour pour la personne du monarque, que nous représentaient ses ministres. Aucun d'eux ne doit désormais rien attendre que des volontés libres de la nation ; et un examen réfléchi peut seul leur imprimer ce caractère. En nous tenant en garde contre les résolutions précipitées, nous éloignerons de l'esprit des ministres toute tentative qui ne s'adresserait pas uniquement à notre raison ; et dès lors, rien n'en viendra troubler le libre exercice.

Surpris, hier, par une demande à laquelle nous n'étions pas préparés, je hasardai mon opinion plus que je ne la donnai ; et, me représentant la pluralité des instructions de nos commettants, et les circonstances où se trouve l'Assemblée, il me parut que les premières nous empêchaient d'accorder l'emprunt sous les formes ordinaires, et que les secondes nous interdisaient l'essai d'un crédit que nous ne devons jamais compromettre.

Je proposai donc d'avoir recours à nos commettants, en leur indiquant une forme qui ne compromet point les motifs généreux qu'ils ont de n'accorder les secours pécuniaires qu'après avoir irrévocablement fixé les bases de la constitution. On a craint trop de lenteur dans cette manière de pourvoir à des besoins très urgents. Cependant je crois impossible d'échapper à ce dilemme. Ou nous avons la certitude morale que nos commettants nous autoriseraient à faire les emprunts que ces besoins exigent, et alors la résolution de demander cette autorisation suffit déjà au ministre des finances pour trouver dans ses propres ressources les moyens d'attendre cette autorisation...

Dira-t-on qu'en supposant possible le refus de l'autorisation, si nous la demandions, nous n'avons pas à craindre le désaveu du consentement que nous donnerons pour la nation à l'emprunt sans la consulter, parce qu'au défaut des égards auxquels nous avons droit de prétendre, les circonstances impérieuses que nos commettants n'ont pas pu prévoir justifieraient assez notre conduite, et d'autant mieux, qu'un emprunt de trente millions est trop peu considérable pour diminuer la force des choses qui rend à la nation sa liberté, ou pour aggraver le poids de la dette?

J'admettrai cette réponse, messieurs. Eh bien! qu'en résulte-t-il? que nous n'osons pas nous fier à la certitude de l'autorisation que la rigueur de notre devoir nous oblige à demander à nos commettants en tout état de cause, et que nous nous prévalons, pour autoriser l'emprunt, d'un consentement que, par décence, la nation ne pourra pas refuser, une fois que nous l'aurons donné. Mais, puisque nous pressentons ce résultat de notre position, ne vaudrait-il pas mieux respecter scrupuleusement la sage politique de nos commettants, et faire servir dans cette circonstance notre propre responsabilité, comme médiatrice entre l'inflexibilité avec laquelle la nation doit se maintenir dans la position qu'elle a prise, relativement à l'impôt, et la nécessité de pourvoir à des besoins qu'il serait trop dangereux de négliger?

Songez, messieurs, à l'état actuel des esprits. Une défiance excessive et sourde à tous les raisonnements, est toujours prête à dicter les résolutions les plus étranges; faut-il nous exposer à lui donner contre nous l'ombre d'un prétexte? Ceux qui nous ont menacés de Paris nous demandent compte d'avoir refusé l'emprunt; croient-ils que les provinces aient renoncé au droit de nous dire : *Pourquoi l'avez-vous accordé?* Pour moi, je frémis de ce danger; et, ne pensant pas qu'il puisse jamais nous convenir de résister à une défiance même injuste, je crois que nous devons nous résoudre à tous les sacrifices personnels qui seront en notre pouvoir, plutôt que de nous écarter de la lettre de nos mandats sur l'objet des subsides.

Je n'hésite donc pas à vous proposer que l'emprunt

de trente millions, actuellement nécessaire au gouvernement, soit fait sur l'engagement des membres de cette Assemblée, chacun pour la somme dont ses facultés permettront de se rendre responsable envers les prêteurs; somme dont nous ferons incessamment la souscription entre les mains de notre président, pour être remise à Sa Majesté, et servir de caution à l'emprunt de trente millions dont ses ministres demandent l'autorisation à l'Assemblée.

J'ai déjà indiqué un puissant motif pour nous déterminer à cette résolution patriotique. Elle nous laisse toute la confiance de nos commettants, puisque nous restons fidèles aux intentions consignées dans leurs mandats sur les secours pécuniaires, et que nous ne les obligeons point à s'en rapporter à nous, sur le jugement des circonstances qui rendent cet emprunt nécessaire; en sorte qu'ils ne peuvent pas redouter de favoriser aucune politique ténébreuse, qui consisterait à gagner du temps par des incidents; car, n'engageant pas la nation, nos propres hypothèques ne pourraient pas se répéter deux fois de suite avec succès.

Mais cette résolution a d'autres avantages : elle est patriotique; et, sous ce point de vue, nous donnons l'exemple le plus propre à ramener tous les sujets de l'empire à la subordination volontaire qui caractérise l'homme libre, le vrai citoyen. Nous mettons le sceau à notre arrêté du 4 de ce mois, dont la précipitation semble nous accuser du besoin d'émotions vives pour nous résoudre à des sacrifices généreux, tandis qu'on doit également les attendre de nos plus mûres délibérations. Elle nous revêt de toute la force morale dont nous avons besoin pour rétablir et conserver la perception des impôts et la soumission aux lois et aux usages, jusqu'à ce que les changements annoncés soient mis en état de prendre leur place. Devenant nous-mêmes, dans nos propres personnes, la caution d'un emprunt destiné aux besoins de l'Etat, nous avertissons avec énergie tout intérêt sordide de s'éloigner enfin d'opérations qui sont le triste fruit de nos malheurs : nous appelons de plus en plus l'esprit public, si nécessaire au rétablissement de la sûreté générale et individuelle : nous montrons notre confiance dans les ressources nationales pour maintenir la foi publique, tandis que nos ennemis n'avaient que l'exécrable ressource de la violer. Nous annonçons que, mettant tout notre espoir dans les bons exemples, une inflexible rigueur doit poursuivre les mauvais.

Enfin le roi lui-même prendra dans notre dévouement toute la force dont il peut avoir besoin pour résister, non à ses goûts, puisque nul monarque ne fut plus disposé à la simplicité qui appartient à la vraie grandeur, mais aux artisans de ce faste déprédateur qui multiplie autour du trône tant d'êtres inutiles. Vous n'hésiterez donc pas, messieurs, à prendre le noble parti que je vous propose ; et si vous éprouvez à cet égard quelque doute, il viendra de la crainte de n'être généreux qu'en apparence : tant il y a lieu de croire que la nation se hâtera de vous relever de vos engagements ! N'importe, messieurs ; vous aurez toujours, aux yeux de cette nation généreuse, aux yeux de l'Europe attentive, un grand mérite, celui de la fidélité la plus exacte aux mandats dont vous êtes les dépositaires, et dans un point sur lequel la nation fait reposer la certitude de la restauration de l'empire.

L'emprunt est adopté à l'unanimité et il est décrété qu'il sera de trente millions.

SÉANCE DU 9 AOUT

Discussion sur la forme de l'emprunt.

MIRABEAU. — On ne peut, sans attenter à la foi des engagements, lever le plus léger tribut sur les rentes anciennes, ni en imposer sur les nouvelles, sans rehausser les intérêts et commettre une grande faute en finance. Je demande que la proposition des retenues soit, à cause de sa haute importance, traitée à part et discutée avec d'autant plus de maturité, que de son résultat dépendent exclusivement l'honneur et le crédit national. Dans un temps où les droits de l'homme et du citoyen sont le cri général du ralliement, où la restauration du crédit public, ruiné par de longs désordres, est l'un des premiers objets qui réclament l'attention ; dans un temps où l'Assemblée Nationale vient de déclarer qu'elle place les créanciers de l'Etat sous la sauvegarde de l'honneur et de la loyauté nationales, où elle a dit qu'il n'appartient à personne de prononcer l'infâme mot de banqueroute, nous avons peine à concevoir cette proposition d'assujettir les créanciers de l'Etat à des impositions, à des retenues, sur les rentes que leur doit la nation.

On nous dit que toute nation, étant souveraine, n'est liée par ses propres actes qu'autant qu'elle juge à propos de leur continuer sa sanction. Cette maxime est vraie ; elle est juste relativement aux actes par lesquels cette nation agit sur elle-même ; mais elle ne l'est pas relativement à ceux par lesquels elle contracte avec une autre partie.

Les premiers sont des lois, vraies émanations de la volonté générale, qui cessent d'exister toutes les fois que la volonté qui leur donna l'être juge à propos de les détruire.

Les autres sont de véritables contrats soumis aux mêmes règles, aux mêmes principes que les conventions entre particuliers. Si, par contrat, la nation s'est obligée en recevant une certaine somme à payer annuellement une certaine rente, cette obligation est aussi sacrée pour elle que pour tout autre particulier qui en aurait contracté une du même genre ; et celui-ci ne pourrait refuser le paiement de ce qu'il aurait promis, sans tomber dans l'injustice ou la banqueroute, comment et sous quel prétexte une nation pourrait-elle s'en dispenser ?

On nous dit que la nation a le droit d'imposer. Sans

doute que les impositions doivent être réparties avec justice, — nous en convenons encore ; — mais on ajoute qu'il faut pour cela que tous les genres de propriétés soient imposés : ceci demande quelques explications.

Il n'est point vrai qu'il faille que tous les genres de propriété soient imposés ; mais ce qui est vrai, c'est que tous les individus sans exception doivent être soumis à l'impôt.

Or, diriez-vous, par exemple, qu'un impôt mis sur les terres seulement ne porte que sur les propriétaires ou les fermiers ? N'est-il pas évident que s'ils en font l'avance, ils exercent à leur tour une reprise sur le consommateur et, qu'en dernier résultat, c'est toujours celui-ci qui paie l'impôt, quoique en apparence l'État ne lui demande rien ? Or, ce consommateur qui vient de payer sa part de l'impôt sur les terres est précisément ce rentier sur qui vous voudriez mettre un impôt direct en lui retenant une partie de la rente que lui doit la nation.

La même observation peut se faire pour tous les autres impôts, gabelles, traites, aides, etc. Il n'en est aucun que le rentier ne supporte en proportion de ses facultés et de ses dépenses.

Soumettre le rentier à une retenue, à un impôt direct sur sa rente, ce n'est donc pas vouloir qu'il paie sa part des contributions publiques, c'est vouloir qu'il les paie deux fois.

Et combien cette prétention n'est-elle pas injuste, si l'on réfléchit que cette retenue, cette imposition directe sont formellement condamnées par le contrat du rentier avec la nation — qu'en lui demandant son argent, on lui a promis qu'aucune retenue, aucun impôt ne pourraient avoir lieu sur la rente qui lui fut promise ?

Alors la retenue, l'impôt dont on parle, étant une contravention manifeste à un contrat exprès, deviennent, quant à la nation qui a promis, quant aux prêteurs à qui la promesse a été faite, une véritable banqueroute.

Ne nous laissons point tromper par des mots. Une banqueroute n'est autre chose que la rupture des engagements d'un débiteur envers ses créanciers. Elle est innocente lorsqu'elle résulte d'une impossibilité réelle de remplir ses engagements : elle est frauduleuse lorsque cette impossibilité n'est que simulée, lorsque le débiteur qui prétend ne pouvoir pas payer est réellement en état de le faire.

Quel est ici le cas de la nation? Quelqu'un peut-il dire qu'elle soit hors d'état de payer? et lors même qu'on hasarderait de le dire, est-il bien vrai qu'une telle assertion suffit pour autoriser ce qui, dans le fait, est une banqueroute?

Ne perdons point de vue que les engagements des nations envers les particuliers sont du même genre, ont la même force, entraînent les mêmes obligations, et de plus strictes encore, que ceux des particuliers entre eux.

Suffit-il qu'un négociant dise à ses créanciers : je ne puis pas payer les intérêts que je vous ai promis pour qu'il soit dispensé de les payer en entier? La loi civile, qui n'est ici que l'interprète du droit naturel, l'assujettit à des formalités dont le but est de prouver que cette impossibilité existe; ne faut-il pas qu'il dresse un état particulier de ses créances et de ses dettes; qu'il le présente aux créanciers, qu'il joigne toutes les pièces, qu'il en affirme la vérité par serment?

Et l'on voudrait que, sans aucun examen, sans avoir fait son inventaire, avant d'avoir sondé ses ressources, une nation riche et puissante manque à un engagement ; que se déclarant banqueroutière, opprobre inouï dans les fastes des nations, elle se prive pour jamais de tout moyen de rétablir son crédit ? Non, messieurs, vous ne le souffrirez pas.

La discussion se poursuit. M. de Landine propose que les intérêts et l'amortissement soient payés par les biens du clergé; l'Assemblée s'y oppose; elle veut un emprunt vraiment national. Il est décrété à quatre heures et demie, sans retenue.

SÉANCE DU 10 AOUT

On discute la rédaction de l'article 7 du décret du 4 août concernant les dîmes. Il y a une distinction à faire entre les dîmes laïques et les dîmes ecclésiastiques. Les premières peuvent être rachetées, les secondes doivent être purement et simplement abolies, tel est l'avis de Chasset[1] qui combat l'évêque de Langres demandant que les deux sortes de dîmes aient un traitement égal.

MIRABEAU. — Le préopinant a si bien discuté la matière des dîmes, il en a tellement posé les principes, qu'il n'y a presque rien à ajouter. Je voudrais cependant rendre plus sensible encore qu'il ne l'a fait, combien l'article 7, de la rédaction duquel vous êtes occupés, exprime mal vos intentions.

Vous n'avez pas pu, je le soutiens, messieurs, statuer ce que semble dire cet article, savoir, que la dîme serait représentée par une somme d'argent toute pareille : car elle est si excessivement oppressive, que nous ne pourrions, sans trahir nos plus saints devoirs, la laisser subsister, soit en nature, soit dans un équivalent proportionnel ; il me sera facile de le démontrer en deux mots.

Supposons le produit d'une terre quelconque à douze gerbes. Les frais de culture, semences, avances, récolte, entretien, etc., emportent au moins la moitié. Les droits du roi sont évalués à un huitième de la récolte,

1. CHASSET. — Je conclus à ce que : 1° les dîmes soient entièrement supprimées, sauf à aviser aux moyens de pourvoir à la dépense du culte divin et à l'entretien des ministres des autels, et qu'en attendant elles soient perçues en la manière accoutumée ; 2° quant aux dîmes inféodées, qu'elles soient déclarées rachetables en la forme qui sera déterminée par l'Assemblée Nationale ; 3° que néanmoins le prix des dîmes et droits féodaux des ecclésiastiques soit employé d'après les lois relatives à l'aliénation des biens de l'Eglise.

une gerbe et demie. Droits du roi de nouveau, pour l'année de jachère, une gerbe et demie : reste au cultivateur seulement trois gerbes, dont il donne au décimateur une gerbe; il lui reste les deux tiers de son produit net, deux gerbes. Le décimateur emporte donc le tiers de la portion nette du cultivateur.

Si à cet aperçu, qui, loin d'être exagéré, porte sur une moyenne très affaiblie, vous joignez les considérations d'économie politique qui peuvent servir à apprécier cet impôt, telles que la perception d'un tel revenu sans participer aux avances ni même à tous les hasards, l'enlèvement d'une grande portion des pailles dont chaque champ se trouve dépouillé, et qui prive par conséquent le cultivateur d'une partie considérable de ses engrais; enfin la multiplicité des objets sur lesquels se prélève la dîme, les lins, les chanvres, les fruits, les olives, les agneaux, quelquefois les foins, etc., vous prendrez une idée juste de ce tribut oppressif, que l'on voudrait couvrir du beau nom de propriété.

Non, messieurs, la dîme n'est point une propriété; la propriété ne s'entend que de celui qui peut aliéner le fonds; et jamais le Clergé ne l'a pu. L'histoire nous offre mille faits de suspension de dîmes, d'application de dîmes en faveur des seigneurs ou à d'autres usages, et de restitution ensuite à l'Eglise : ainsi les dîmes n'ont jamais été pour le Clergé que des jouissances annuelles, de simples possessions révocables à la volonté du souverain.

Il y a plus : la dîme n'est pas même une possession comme on l'a dit; elle est une contribution destinée à cette partie du service public qui concerne les ministres des autels; c'est le subside avec lequel la nation salarie les officiers de morale et d'instruction...

J'entends, à ce mot *salarier*, beaucoup de murmures, et l'on dirait qu'il blesse la dignité du sacerdoce; mais, messieurs, il serait temps, dans cette révolution qui fait éclore tant de sentiments justes et généreux, que l'on abjurât les préjugés d'ignorance orgueilleuse qui font dédaigner les mots *salaire* et *salarié*. Je ne connais que trois manières d'exister dans la société; il faut y être MENDIANT, VOLEUR OU SALARIÉ. Le propriétaire n'est lui-même que le premier des salariés. Ce que nous appelons vulgairement sa propriété, n'est autre chose que le prix que lui paie la société pour les distributions qu'il est chargé de faire aux autres individus par ses consommations et ses dépenses : les propriétaires sont les agents, les économes du corps social.

Quoi qu'il en soit, les officiers de morale et d'instruction doivent tenir sans doute une place très distinguée dans la hiérarchie sociale; il leur faut de la considération, afin qu'ils s'en montrent dignes; du respect même, afin qu'ils s'efforcent toujours davantage d'en mériter; il leur faut de l'aisance, pour qu'ils puissent être bienfaisants. Il est juste et convenable qu'ils soient dotés d'une manière conforme à la dignité de leur ministère et à l'importance de leurs fonctions; mais il ne faut pas qu'ils puissent réclamer un mode pernicieux de contribution comme une propriété.

Je ne sais pourquoi on leur disputerait que la dîme est d'institution nationale; elle l'est en effet, et c'est à cause de cela même que la nation a le droit de la révoquer, et d'y substituer une autre institution. Si l'on n'était pas enfin parvenu à dédaigner autant qu'on le doit la frivole autorité des érudits en matière de droit naturel ou public, je désirais de trouver, à propos des dîmes, dans les *Capitulaires* de Charlemagne, le mot *solverint*; c'est *dederint* que l'on y rencontre toujours. Mais qu'importe? la nation abolit les dîmes ecclésiastiques, parce qu'elles sont un moyen onéreux de payer la partie du service public auquel elles sont destinées, et qu'il est facile de les remplacer d'une manière moins dispendieuse et plus légale.

Quant aux dîmes inféodées et laïques, le préopinant a tout dit. Il a bien exposé le principe, que la propriété n'appartient réellement qu'à celui qui peut transmettre, et qu'on troublerait tout, en remontant au travers du commerce des propriétés pour jeter des doutes sur le titre primitif.

Siéyès prononce un long discours, la discussion se termine dans le tumulte, et ce n'est que le 11 août, dans la séance du soir, qu'il fut statué sur les dîmes ecclésiastiques par leur abolition.

SÉANCE DU 13 AOUT

Une erreur s'était produite dans la rédaction du décret concernant le serment des troupes. On avait imprimé que le serment serait prêté *dans les mains des officiers municipaux,* au lieu de *en présence des officiers municipaux.* De Virieu l'avait signalée. A sa suite Clermont-Tonnerre avait demandé à l'Assemblée si les troupes pouvaient être réquisitionnées par les *officiers civils* ou *municipaux,* ou bien par les *officiers civils* et *municipaux.*

MIRABEAU. — Le rédacteur de la formule n'est pas plus pur en principe qu'heureux en rédaction.

Jamais les forces militaires ne doivent être subordonnées aux forces civiles, ou bientôt il n'y aurait plus d'armée, surtout si dans le régime actuel elles étaient soumises à la volonté des municipalités, qui ne sont que des établissements monstrueux de despotisme.

J'ai bien entendu parler de l'aristocratie militaire, judiciaire, de l'aristocratie de l'église; mais je n'ai jamais connu une plus cruelle, une plus tyrannique autorité que celle usurpée par les officiers municipaux, et ce serait la porter à son comble que de mettre encore dans leurs mains le dernier moyen de l'oppression.

Les citoyens seraient sans cesse sous le joug de leur pouvoir, si le mépris dont sont couvertes les municipalités ne servait quelquefois à les en affranchir.

Je le prouverai, moi qui appartiens à une province dont le chef municipal a fait tirer le premier coup de fusil sur le peuple, ce qui a allumé le feu de la guerre; j'en entretiendrai l'Assemblée en temps et lieu.

Maintenant revenons au comité militaire. Tout ce qui a rapport à l'armée, appartient incontestablement à l'Assemblée; elle en a le droit et elle doit en connaître.

Je ferai une distinction. Si l'auteur eût voulu fixer votre attention sur des détails qui vous auraient éloignés de la constitution, il faudrait rejeter sa motion; elle eût été prématurée.

S'il ne fait que porter vos regards sur le rapport que l'armée peut avoir avec le corps social, elle n'est pas prématurée et l'on doit délibérer.

Les changements proposés par de Virieu et de Clermont-Tonnerre sont adoptés.

SÉANCE DU 17 AOUT

De nombreux projets de *Déclaration des droits* devant servir de préambule à la *Constitution*, avaient été élaborés par des députés : Siéyès, Gouges-Carton, Mounier, Rabaud de Saint-Etienne. L'Assemblée Nationale nomma un comité de cinq membres pour les examiner et lui présenter un projet de *Déclaration* à discuter. Mirabeau fut le rapporteur de ce comité.

MIRABEAU. — Messieurs, la déclaration des droits de l'homme en société n'est sans doute qu'une exposition de quelques principes généraux, applicables à toutes les associations politiques et à toutes les formes de gouvernement. Sous ce point de vue, on croirait un travail de cette nature très simple, et peu susceptible de contestations et de doutes. Mais le comité que vous avez nommé pour s'en occuper s'est bientôt aperçu qu'un tel exposé, lorsqu'on le destine à un corps politique, vieux et presque caduc, est nécessairement subordonné à beaucoup de circonstances locales, et ne peut jamais atteindre qu'à une perfection relative. Sous ce rapport, une déclaration de droits est un ouvrage difficile.

Il l'est davantage, lorsqu'il doit servir de préambule

à une constitution qui n'est pas connue. Il l'est enfin, lorsqu'il s'agit de le composer en trois jours d'après vingt projets de déclaration qui, dignes d'estime chacun en leur genre, mais conçus sur des plans divers, n'en sont que plus difficiles à fondre ensemble, pour en extraire un résultat utile à la masse générale d'un peuple préparé à la liberté par l'impression des faits, et non par les raisonnements.

Cependant, messieurs, il a fallu vous obéir; heureusement nous étions éclairés par les réflexions de cette Assemblée sur l'esprit d'un tel travail. Nous avons cherché cette forme populaire qui rappelle au peuple non ce qu'on a étudié dans les livres ou dans les méditations abstraites, mais ce qu'il a lui-même éprouvé; en sorte que la déclaration des droits dont une association politique ne doit jamais s'écarter, soit plutôt le langage qu'il tiendrait s'il avait l'habitude d'exprimer ses idées, qu'une science qu'on se propose de lui enseigner.

Cette différence, messieurs, est capitale; et, comme la liberté ne fut jamais le fruit d'une doctrine travaillée en déductions philosophiques, mais de l'expérience de tous les jours et des raisonnements simples que les faits excitent, il s'ensuit que nous serons mieux entendus à proportion que nous nous rapprocherons davantage de ces raisonnements. S'il faut employer des termes abstraits, nous les rendrons intelligibles, en les liant à tout ce qui peut rappeler les sensations qui ont servi à faire éclore la liberté, et en écartant, autant qu'il est possible, tout ce qui se présente sous l'appareil de l'innovation.

C'est ainsi que les Américains ont fait leurs déclarations de droits; ils en ont, à dessein, écarté la science; ils ont présenté les vérités politiques qu'il s'agissait de fixer, sous une forme qui pût devenir facilement celle du peuple, à qui seul la liberté importe, et qui seul peut la maintenir.

Mais, en nous rapprochant de cette méthode, nous avons éprouvé une grande difficulté, celle de distinguer ce qui appartient à la nature de l'homme, des modifications qu'il a reçues dans telle ou telle société; d'énoncer tous les principes de la liberté, sans entrer dans les détails, et sans prendre la forme des lois; de ne pas s'abandonner au ressentiment des abus du despotisme, jusqu'à faire moins une déclaration des droits de l'homme, qu'une déclaration de guerre aux tyrans.

Une déclaration des droits, si elle pouvait répondre à une perfection idéale, serait celle qui contiendrait des axiomes tellement simples, évidents et féconds en conséquences, qu'il serait impossible de s'en écarter sans être absurde, et qu'on en verrait sortir toutes les constitutions.

Mais les hommes et les circonstances n'y sont point assez préparés dans cet empire, et nous ne vous offrons qu'un très faible essai, que vous améliorerez sans doute, mais sans oublier que le véritable courage de la sagesse consiste à garder, dans le bien même, un juste milieu.

Projet du comité lu par Mirabeau :

« Les représentants du peuple français, constitués en *Assemblée Nationale*, considérant que l'ignorance, l'oubli ou le mépris des droits de l'homme sont l'unique cause des malheurs publics et de la corruption des gouvernements, ont résolu de rétablir, dans une déclaration solennelle, les droits naturels, inaliénables, imprescriptibles et sacrés de l'homme; afin que cette déclaration, constamment présente à tous les membres du corps social, leur rappelle sans cesse leurs droits et leurs devoirs; afin que les actes du pouvoir législatif et exécutif, pouvant être à chaque instant comparés avec le but de toute institution politique, en soient plus respectés; afin que les réclamations des citoyens, fondées désormais sur des principes simples et incontestables, tournent toujours au maintien de la constitution et au bonheur de tous.

« En conséquence, l'ASSEMBLÉE NATIONALE reconnaît et déclare les articles suivants :

« ART. 1er. Tous les hommes naissent égaux et libres ; aucun d'eux n'a plus de droit que les autres de faire usage de ses facultés naturelles ou acquises ; ce droit, commun à tous, n'a d'autre limite que la conscience même de celui qui l'exerce, laquelle lui interdit d'en faire usage au détriment de ses semblables.

« II. Tout corps politique reçoit l'existence d'un contrat social exprès ou tacite, par lequel chaque individu met en commun sa personne et ses facultés, sous la direction de la volonté générale, et en même temps le corps reçoit chaque individu comme portion du tout, et leur promet également à tous sûreté et protection.

« III. Tous les pouvoirs auxquels une nation se soumet émanant d'elle-même, nul individu ne peut avoir d'autorité qui n'en dérive expressément. Toute association politique a le droit inaliénable d'établir, de modifier ou de changer la constitution, c'est-à-dire la forme de son gouvernement, la distribution et les bornes des différents pouvoirs qui le composent.

« IV. Le bien commun de tous, et non l'intérêt particulier d'un homme ou d'une classe d'hommes quelconque, est le principe et le but de toutes les associations politiques. Une nation ne doit donc reconnaître d'autres lois que celles qui ont été expressément approuvées et consenties par elle-même, ou par ses représentants souvent renouvelés, légalement élus, toujours existants, fréquemment assemblés, agissant librement selon les formes prescrites par la constitution.

« V. La loi, étant l'expression de la volonté générale, doit être générale dans son objet, et tendre toujours à assurer à tous les citoyens la liberté, la propriété et l'égalité civile.

« VI. La liberté du citoyen consiste à n'être soumis qu'à la loi, à n'être tenu d'obéir qu'à l'autorité établie par la loi, à pouvoir faire, sans crainte de punition, tout usage de ses facultés qui n'est pas défendu par la loi, et par conséquent à résister à l'oppression.

« VII. Ainsi, libre dans sa personne, le citoyen ne peut

être accusé que devant les tribunaux établis par la loi ; il ne peut être arrêté, détenu, emprisonné que dans les cas où ces précautions sont nécessaires pour assurer la réparation ou la punition d'un délit, et selon les formes prescrites par la loi ; il doit être publiquement poursuivi, publiquement confronté, publiquement jugé. On ne peut lui infliger que des peines déterminées par la loi ; avant l'accusation, ces peines doivent toujours être graduées suivant la nature des délits, et enfin égales pour tous les citoyens.

« VIII. Ainsi, libre dans ses pensées, et même dans leur manifestation, le citoyen a le droit de les répandre par la parole, par l'écriture, par l'impression, sous la réserve expresse de ne pas donner atteinte aux droits d'autrui ; les lettres en particulier doivent être sacrées.

« IX. Ainsi, libre dans ses actions, le citoyen peut voyager, transporter son domicile où il lui plaît, sortir même de l'enceinte de l'État, à la réserve des cas désignés par la loi.

« X. On ne saurait, sans attenter aux droits des citoyens, les priver de la faculté de s'assembler dans la forme légale pour consulter sur la chose publique, pour donner des instructions à leurs mandataires, ou pour demander le redressement de leurs griefs.

« XI. Tout citoyen a le droit d'acquérir, de posséder, de fabriquer, de faire le commerce, d'employer ses facultés et son industrie, et de disposer à son gré de ses propriétés. La loi seule peut apporter des modifications à cette liberté pour l'intérêt général.

« XII. Nul ne peut être forcé de céder sa propriété à quelque personne que ce soit : le sacrifice n'en est dû qu'à la société entière ; mais seulement dans le cas d'une nécessité publique, et alors la société doit au propriétaire une indemnité équivalente.

« XIII. Tout citoyen, sans distinction, doit contribuer aux dépenses publiques dans la proportion de ses biens.

« XIV. Toute contribution blesse les droits des hommes, si elle décourage le travail et l'industrie ; si elle tend à exciter la cupidité, à corrompre les mœurs, et à ravir au peuple ses moyens de subsistance.

« XV. La perception des revenus publics doit être assujettie à une comptabilité rigoureuse, à des règles fixes, faciles à connaître, en sorte que les contribuables obtiennent prompte justice, et que les salaires des collecteurs des revenus soient strictement déterminés.

« XVI. L'économie dans l'administration des dépenses publiques est d'un devoir rigoureux ; le salaire des officiers de l'Etat doit être modéré, et il ne faut accorder de récompenses que pour de véritables services.

« XVII. L'égalité civile n'est pas l'égalité des propriétés ou des distinctions ; elle consiste en ce que tous les citoyens sont également obligés de se soumettre à la loi, et ont un droit à la protection de la loi.

« XVIII. Ainsi tous les citoyens sont également admissibles à tous les emplois civils, ecclésiastiques, militaires, selon la mesure de leurs talents et de leur capacité.

« XIX *et dernier*. L'établissement de l'armée n'appartient qu'à la législature ; le nombre des troupes doit être fixé par elle ; leur destination est la défense de l'Etat ; elles doivent être toujours subordonnées à l'autorité civile ; elles ne peuvent faire aucun mouvement relatif à la tranquillité intérieure, que sous l'inspection des magistrats désignés par la loi, connus du peuple, et responsables des ordres qu'ils leur donneront. »

Voilà, messieurs, le projet que votre comité vous apporte avec une extrême défiance, mais avec une docilité profonde ; c'est à la constitution qui suivra la déclaration des droits, à montrer de combien d'applications étaient susceptibles les principes que nous vous proposons de consacrer.

Vous allez établir un régime social qui se trouvait, il y a peu d'années, au-dessus de nos espérances ; vos lois deviendront celles de l'Europe, si elles sont dignes de vous ; car telle est l'influence des grands Etats, et surtout de l'empire français, que chaque progrès dans leur constitution, dans leurs lois, dans leur gouvernement, agrandit la raison et la perfectibilité humaine.

Elle vous sera due, cette époque fortunée où, tout prenant la place, la forme, les rapports que lui assigne l'immuable nature des choses, la liberté générale bannira du monde entier les absurdes oppressions qui accablent les hommes, les préjugés d'ignorance et de cupidité qui les divisent, les jalousies insensées qui tourmentent les nations, et fera renaître une fraternité universelle, sans laquelle tous les avantages publics et individuels sont si douteux et si précaires.

C'est pour nous, c'est pour nos neveux, c'est pour le monde entier que vous allez travailler ; vous marcherez d'un pas ferme, mais mesuré, vers ce grand œuvre ; la circonspection, la prudence, le recueillement qui conviennent à des législateurs, accompagneront vos décrets. Les peuples admireront le calme et la maturité de vos délibérations ; et l'espèce humaine vous comptera au nombre de ses bienfaiteurs.

L'impression du projet du comité lu par Mirabeau est ordonnée. Il sera distribué dans les bureaux pour être discuté le 18 en assemblée générale.

SÉANCE DU 18 AOUT

Le projet de déclaration des droits de l'homme en société, présenté par Mirabeau au nom du comité des cinq, vient en discussion. Il est critiqué par Duport, l'abbé Grégoire, le vicomte de Mirabeau, le baron de Jesse. Le projet de l'abbé Siéyès est indiqué par le marquis de Bonnay comme l'un des meilleurs présentés à l'Assemblée. Il propose de le discuter article par article. Rabaud de Saint-Étienne demande qu'une partie de ce projet soit insérée dans celui du comité.

MIRABEAU. — Messieurs, le comité des cinq a trop réfléchi sur les déclarations de droits qui ont servi de base à son travail, pour n'être pas convaincu qu'il est beaucoup plus facile de les critiquer que d'en faire une bonne ; et les anciens débats sur cette matière, comme ceux qui ont occupé la séance, ne vous laissent probablement aucun doute à cet égard. Quand nous avons appelé le tribut de notre zèle *un très faible essai*, ce n'était pas par modestie ; c'est notre opinion que nous avons très exactement énoncée. Mais il nous suffit, pour être exempts de tout reproche, d'avoir offert un projet où se trouvent réduits, dans un petit nombre d'articles, tous les principes que renferment les autres exposés. Telle était notre commission, et non, comme l'a dit un des préopinants, de choisir entre ces projets.

Un écueil sur lequel toucheront toutes les déclarations de droits, c'est la presque impossibilité de n'y pas empiéter sur la législation, au moins par des maximes. La ligne de démarcation est si étroite, pour ne pas dire idéale, qu'on la franchira toujours ; et je ne conçois pas même de quelle utilité pratique serait une déclaration de droits qui n'indiquerait jamais, je ne dirai point avec le préopinant, les *conséquences* des principes qu'elle énonce, mais leur application, puisque chacun entendrait à sa manière des maximes dont les intérêts privés tireraient à leur gré les plus fausses conséquences.

Si un peuple *vieilli* au milieu d'institutions antisociales pouvait s'accommoder des principes philosophiques dans toute leur pureté, je n'aurais pas hésité d'adopter la déclaration des droits de M. l'abbé Siéyès ; il y pose le principe fondamental de toutes les sociétés politiques, savoir : « Que les hommes, en se réunissant en société, n'ont renoncé à aucune partie de leur liberté naturelle, puisque, dans l'état de la plus grande indépendance, nul d'eux n'a jamais eu le droit de nuire à la liberté, à la sûreté ni à la propriété d'autrui ; qu'ils n'auraient pu aliéner aucun des droits qu'ils tiennent de Dieu et de la nature, et qui sont inaliénables ; qu'ils ont au contraire voulu et dû étendre par des secours réciproques, leur sûreté, l'usage de leur liberté, leur faculté d'acquérir et de conserver leurs propriétés. »

Ce ne sont pas là les expressions de M. l'abbé Siéyès ; mais ce sont ses idées, et ce paragraphe est une déclaration de droits tout entière. Tout est dans ce principe si élevé, si libéral, si fécond, que mon père et son illustre ami ont consacré il y a trente ans, que M. Siéyès a démontré peut-être mieux qu'un autre ; et tous les droits, tous les devoirs de l'homme en dérivent.

Mais ce principe n'est certainement encore ni généralement répandu, ni universellement admis. Des hommes de première force s'y refusent ; et les philosophes seraient ralliés tous par la savante déduction de M. l'abbé Siéyès, qu'on ne pourrait certainement pas faire de ce principe, pour le commun des hommes, la déclaration de leurs droits.

Si les circonstances étaient calmes, les esprits paisibles, les sentiments d'accord, on pourrait faire, sans crainte des réclamations ni des événements, l'énoncé des maximes générales qui doivent guider le législateur. Mais quand leurs résultats les plus immédiats, les plus évidents, blessent une foule de prétentions et de préjugés, une opposition violente s'élève contre telle ou telle exposition des droits de l'homme, qui n'est au fond qu'une opposition à toute déclaration de ce genre, et les projets se multiplient au gré de l'amour-propre, associé avec les intérêts particuliers et la mauvaise foi : alors les difficultés augmentent à l'infini, et l'on s'entend opposer sérieusement, à propos d'une série de principes immuables comme l'éternité, des difficultés d'un jour ; on voudrait qu'une déclaration de droits fût un almanach de telle année.

C'est une autre difficulté très grave que la différence d'opinions qui se trouve souvent dans les membres d'un comité, qu'à l'exemple des politiques à vues courtes et ambiguës, l'on compose ainsi quelquefois à dessein. L'un présente un travail, l'autre y fait des retranchements, celui-ci une addition ; dès lors plus de plan, plus de cohérence, et cependant il faut se soumettre ; car enfin le premier devoir d'un comité est de donner un travail composé des idées sur lesquelles tous tombent d'accord. A quoi réussiriez-vous, messieurs, si des personnes choisies pour proposer à l'Assemblée les projets de déclaration de droits ou de constitution, ne parvenaient pas à produire l'opinion de la pluralité d'entre elles ? Ce que le comité n'a pu faire à cet égard, l'Assemblée le pourra-t-elle plus facilement ?

Je crois donc inutiles et le renvoi dans les bureaux, où l'on ne choisira apparemment pas un des projets déjà rejetés, et le choix d'une des déclarations au scrutin, comme si les choses pouvaient jamais, sans lâcheté, être subordonnées au scrutin, ou même au nouveau comité de rédaction, aussi longtemps du moins qu'un canevas de déclaration, si je puis parler ainsi, ne sera pas définitivement arrêté. De toutes les choses humaines je n'en connais qu'une où le despotisme soit non seulement bon, mais nécessaire ; c'est la rédaction : et ces mots *comité* et *rédaction* hurlent d'effroi de se voir accouplés.

Quoi qu'il en soit, nous quittons l'ordre du jour, et nous revenons sur nos pas. Il n'est pas question des autres projets de déclaration de droits, puisqu'ils sont jugés ; l'assemblée n'en veut pas. Il s'agit de rejeter ou d'adopter celui du comité, et d'en mettre par conséquent les articles en discussion. Sans doute on peut, on doit l'améliorer, le modifier, ôter, ajouter à sa rédaction, le rejeter peut-être, et enfin tout ce que l'Assemblée trouvera convenable ; mais on ne peut s'occuper du moyen de s'en procurer un autre, qu'après qu'on aura prononcé sur celui-ci.

On discute le projet du comité qui ne semble pas satisfaire l'Assemblée, et le marquis de Paulette fait une motion par laquelle les bureaux voteront sur le projet qui devra être mis en délibération devant l'Assemblée Nationale.

MIRABEAU. — Je propose, comme individu, et non comme membre du comité des cinq, d'arrêter de nouveau que la déclaration des droits doit être une partie

intégrante, inséparable de la constitution, et en former
le premier chapitre. — Je propose encore, et le long
embarras de l'Assemblée me prouve que j'ai raison de
le proposer, de renvoyer la rédaction définitive de la
déclaration des droits au temps où les autres parties de
la constitution seront elles-mêmes entièrement conve-
nues et fixées.

Applaudissements et murmures.

Mirabeau. — Au milieu des marques de bonté que m'attire cette proposition, je m'aperçois que quelques amis
très zélés de la liberté, dont je respecte les opinions et
les talents, n'approuvent pas cette motion; ils sont effa-
rouchés, sans doute, par la crainte que la déclaration des
droits ne soit compromise, et que, sous prétexte de la
reculer, quelques malveillants ne parviennent à la faire
disparaître. Mais il m'est impossible de partager cette
défiance, quand un décret solennel de cette Assemblée a
statué une déclaration des droits; quand trente projets
ont été soumis à vos délibérations ; quand la pluralité
bien décidée des représentants de la nation est d'accord
sur les principes qu'elle doit contenir; quand il ne
s'élève de doutes que sur la rédaction; quand ces doutes
appartiennent presque en entier à l'inconvenance d'un
moment si orageux, et où l'on abuse avec tant d'impétuosité de nos arrêtés les plus sages ; enfin à la crainte
que, si la rédaction définitive de la déclaration des
droits précédait le travail de la constitution, les conséquences ne se trouvassent trop éloignées des prémisses,
et peut-être en opposition trop sensible avec elles. Il
me paraît que c'est une méfiance fort exagérée, que de
redouter l'omission de déclaration des droits; et certes,
s'il était dans la puissance de quelques obscurs conspirateurs d'annuler ainsi, par le fait, les délibérations de
l'Assemblée Nationale, j'ose croire que l'opinion publique
me range parmi ceux qui poursuivraient avec le plus
d'ardeur cette espèce de révolte à vos arrêtés supprimés,

La motion de Mirabeau est violemment combattue par Pétion de Villeneuve, Duport, Chapelier ; elle est soutenue par Rhedon et Garat, mais Rewbell et Blezeau mettent Mirabeau en contradiction avec lui-même, car il a soutenu le projet de décret ordonnant que la *Déclaration* précéderait la *Constitution*.

MIRABEAU. — Je commencerai, pour toute réponse aux attaques personnelles dont quelques préopinants ont jugé à propos de m'accueillir, par manifester un sentiment qui porte plus de douceur dans mon âme, que les traits décochés contre moi n'y peuvent jeter d'amertume. Si, par impossible, quelqu'un de vos décrets me paraissait blesser la justice ou la raison, j'ai tant de respect pour cette Assemblée, que je n'hésiterais pas à vous le dénoncer, à vous dire que vous devez montrer un mépris profond pour cet absurde dogme d'infaillibilité politique, qui tendrait à accumuler sur chaque siècle la rouille des préjugés de tous les siècles, et soumettrait les générations à venir aux erreurs des générations passées.

Mais je n'ai point attaqué votre décret ; j'ai maintenu la nécessité d'une déclaration des droits ; ma motion laissée sur le bureau porte ces propres mots : « Qu'il sera déclaré que l'exposition des droits est partie intégrante et inséparable de la constitution » ; mes doutes n'ont porté que sur le moment favorable à la rédaction de ce travail. Ces doutes étaient assez motivés, peut-être, par les difficultés toujours renaissantes qu'il rencontre, par la nature des objections qu'on nous a faites, par les sacrifices qu'on a exigés de nous, par les embarras inextricables où nous jette l'ignorance absolue de ce qui sera statué dans la constitution ; mais, quoi qu'il en soit, j'ai pu me tromper, sans qu'il puisse être permis de jeter sur mes intentions un doute qu'aucun membre de cette Assemblée, qu'aucun citoyen au courant des affaires publiques n'a pu concevoir sur moi.

Sans doute, au milieu d'une jeunesse très orageuse,

par la faute des autres, et surtout par la mienne, j'ai eu de grands torts, et peu d'hommes ont, dans leur vie privée, donné plus que moi prétexte à la calomnie, pâture à la médisance; mais, j'ose vous en attester tous, nul écrivain, nul homme public n'a plus que moi le droit de s'honorer de sentiments courageux, de vues désintéressées, d'une fière indépendance, d'une uniformité de principes inflexibles. Ma prétendue *supériorité dans l'art de vous guider vers des buts contraires* est donc une injure vide de sens, un trait lancé du bas en haut, que trente volumes repoussent assez pour que je dédaigne de m'en occuper.

Il sera plus utile de vous montrer, messieurs, par un exemple sensible, les difficultés qui, je le soutiens nettement, rendent impraticable aujourd'hui une rédaction de la déclaration des droits.

Après cet article : « On ne saurait, sans attenter aux droits des citoyens, les priver de la faculté de s'assembler dans la forme légale pour consulter sur la chose publique, pour donner des instructions à leurs mandataires, ou pour demander le redressement de leurs griefs »;

J'avais proposé à mes collègues du comité cet article : « Tout citoyen a le droit d'avoir chez lui des armes, et de s'en servir, soit pour la défense commune, soit pour sa propre défense contre toute agression illégale qui mettrait en péril la vie, les membres ou la liberté d'un ou de plusieurs citoyens. »

Mes collègues sont convenus tous que le droit déclaré dans cet article est évident de sa nature, et l'un des principaux garants de la liberté politique et civile; que nulle autre institution ne peut le suppléer; qu'il est impossible d'imaginer une aristocratie plus terrible que celle qui s'établirait dans un État, par cela seul qu'une partie des citoyens serait armée, et que l'autre ne le serait pas; que tous les raisonnements contraires sont de futiles sophismes, démentis par les faits, puisque aucun pays n'est plus paisible, et n'offre une meilleure police que ceux où la nation est armée. Messieurs du comité n'en ont pas moins rejeté l'article, et j'ai été obligé de déférer à des raisons de prudence qui me paraissent préoccuper cette Assemblée même, puisque le récit de ma proposition excite quelques murmures. Cependant il est bien clair que les circonstances qui vous inquiètent sur la déclaration du droit naturel qu'a tout citoyen d'être armé, sont très passagères; rien ne peut consoler des maux de l'anarchie, que la certitude qu'elle ne peut durer; et certainement ou vous ne ferez jamais la constitution française, ou vous aurez trouvé un moyen de rendre quelque force au pouvoir exécutif et à l'opinion, avant que votre constitution soit fixée. Quel inconvénient y aurait-il donc, sous ce rapport, à ce que la rédaction de la déclaration des droits fût renvoyée à la fin du travail de la constitution? Je pourrais faire vingt rapprochements pareils, et surtout montrer qu'il n'est pas un seul projet de déclaration des droits dont les défauts ne tiennent en grande partie au contraste des circonstances avec le but d'une telle expression.

Mais, messieurs, avoir raison ou se tromper est peu de chose, et n'intéresse guère que l'amour-propre. Entendre soupçonner ou persiffler ses intentions dans une assemblée politique où l'on a fait ses preuves, est une tolérance qu'un homme qui a le sentiment de sa dignité personnelle ne connaît pas; et j'espère que vous approuvez cette courte explication.

Après l'intervention de Chapelier le projet du comité est renvoyé à l'examen dans les bureaux.

SÉANCE DU 19 AOUT

Dans la séance du matin, l'Assemblée Nationale choisit, comme base de discussion, le *projet de déclaration des droits de l'homme et du citoyen*, discuté et proposé par le sixième bureau. Après l'expédition des affaires courantes, Mirabeau fit, à la séance du soir, une motion urgente ayant comme objet de ranimer le crédit national.

MIRABEAU. — Messieurs, il n'est sans doute aucun de nous qui ne sente l'importance du crédit national, et qui ne prévoie combien il sera nécessaire d'en faire usage, pour remplir les engagements que nous avons déclarés inviolables.

Nous devions espérer que les revenus publics resteraient du moins ce qu'ils étaient, jusqu'au moment où vous les remplaceriez par des contributions plus sagement assises et plus équitablement réparties. Mais, dans le trouble et l'anarchie où les ennemis de cette Assemblée ont plongé le royaume, des perceptions importantes ont disparu, et il est devenu tous les jours plus difficile de pourvoir aux dépenses que nécessitent les besoins de l'État.

Ce malheur ne les rend ni moins urgentes ni moins considérables. Au contraire, en même temps que de nouveaux déficits se forment, il est chaque jour plus important de se précautionner contre l'anarchie. Nous devons craindre surtout d'exposer le royaume au désespoir qui résulterait d'une longue cessation des paiements que fournit le revenu public. La chaîne de ceux qui subsistent par la circulation de ces paiements est immense. On y rencontre, sans doute, des hommes assez riches pour supporter de grandes privations; mais ces riches sont des agents de la circulation; et si elle s'arrêtait dans leurs mains, la pénurie atteindrait une foule d'individus qui ne peuvent être privés de rien sans sacrifier de leur plus étroit nécessaire. A ceux-ci se joindrait cette masse d'hommes que la cessation des salaires ou des rentes qu'ils reçoivent immédiatement du trésor public jetterait aussi dans la misère. Et qui peut calculer les effets d'une telle suspension, dans le moment où tous les citoyens attendent avec inquiétude un meilleur régime, mais où rien encore n'est remplacé ?

Cependant nous ne pouvons pas rétablir soudainement les finances. La sagesse et la maturité doivent présider à cet important ouvrage.

Quelle est donc la ressource de l'Etat dans des circonstances aussi critiques? Le crédit national; et certes, messieurs, il devrait n'être pas difficile de l'établir. Le royaume reste encore le même. L'ennemi ne l'a pas dévasté. Les pertes que nous avons faites sont calculables. En considérant la nation comme un débiteur, elle est toujours riche et puissante; elle est loin d'avoir reçu aucun échec qui puisse la rendre insolvable. Que la concorde se rétablisse, et le numéraire caché de quelque manière que ce soit, reparaîtra bientôt, et les moyens de prospérité reprendront une activité nouvelle, une activité augmentée de toute l'influence de la liberté.

Il est donc nécessaire, il est donc urgent de nous occuper du crédit. Heureusement ce n'est pas une œuvre compliquée. Il suffit de connaître les causes qui le suspendent. Il suffit, du moins en ce moment, de se pénétrer du besoin de les faire cesser, et bientôt le crédit renaîtra. Bientôt il nous fournira les moyens d'attendre paisiblement que le revenu public suffise à toutes les dépenses.

Ces considérations m'ont fait un devoir, messieurs, de vous parler aujourd'hui de l'emprunt que vous avez décrété. Jusqu'à présent on y porte peu d'argent. N'attendons pas qu'on vienne nous dire qu'il ne se remplit point. Apercevons de nous-mêmes que, sans un changement favorable au crédit, cet emprunt ne sera pas réalisé avant que de nouveaux besoins d'emprunter arrivent, et nous trouvent dans les mêmes perplexités.

Laissons-là les vaines déclamations contre les financiers, les gens d'affaires, les banquiers, les capitalistes. A quoi serviraient les plaintes qui s'élèveraient contre eux dans cette Assemblée, si ce n'est à augmenter les alarmes?

Quand il ne serait pas souverainement injuste de revenir sur des contrats revêtus de toutes les sanctions qui depuis deux siècles obtiennent notre obéissance, cher-

cherons-nous au travers des mutations journalières le créancier que nous voudrions trouver trop riche de nos prodigalités? Si nous le trouvions, qui de nous oserait le punir de n'avoir pas repoussé des gains séduisants et offerts par des ministres impunis? Mais si les difficultés d'une aussi odieuse recherche nous la rendent impossible, frapperons-nous en aveugles sur les propriétaires d'une dette respectable sous tous les aspects? Car vous n'avez pas oublié, messieurs, que c'est la fidélité du roi envers les créanciers de l'État qui nous a conduits à la liberté; et que si, écoutant les murmures dont je parle, il eût voulu se constituer débiteur infidèle, il n'était pas besoin qu'il nous délivrât de nos fers.

Loin donc d'inquiéter les citoyens par des opinions que nous avons solennellement flétries, appliquons-nous à maintenir sans cesse, sur la dette publique, une sécurité sans laquelle les difficultés deviendront enfin insurmontables.

Nous avons voulu déterminer l'intérêt de notre emprunt; nous nous sommes trompés. Le ministre des Finances ne pouvait pas lui-même le fixer avec aucune certitude. Il comptait sur un mouvement patriotique; son opinion nous a entraînés. Mais lorsque des mesures sont indispensables, faut-il faire dépendre leur succès d'un sentiment généreux? Ce sentiment ne pouvait agir que par une entière confiance dans l'Assemblée Nationale. Mais, tout en méritant cette confiance par nos intentions et par notre dévouement sans bornes à la chose publique, ne lui avons-nous donné aucune atteinte involontaire?

On s'éclairera de plus en plus, sans doute, sur les circonstances qui ont hâté vos arrêtés du 4 de ce mois, et avec le temps vous n'aurez pas même besoin d'apologie : il n'en est pas moins vrai que, si ces arrêtés eussent paru plus lentement, si les discussions qui les ont suivis les eussent précédés, il n'en serait résulté aucune inquiétude sur les propriétés. Certainement elles n'ont reçu aucune atteinte; mais, pour reconnaître cette vérité, il faut que l'on s'accoutume à distinguer ce qui appartient à la nation d'avec ce qui appartient aux individus, et ces abstractions ont à lutter contre l'habitude.

Je vous ai dit, messieurs, que nous avions voulu, contre la forcé des choses, fixer l'intérêt de l'emprunt. Cette fixation n'a pas été seulement intempestive; elle a produit un autre mal. Nous avions mis la dette publique sous la sauvegarde de l'honneur et de la loyauté nationale; et, en fixant l'intérêt de notre emprunt à quatre et demi pour cent, sans égard au prix actuel des effets royaux, lequel rapporte un intérêt beaucoup plus considérable, il a paru que nous voulions établir une différence entre la dette contractée et celle que nous résolvions de contracter. Nous, avons semblé dire que l'une nous sera plus sacrée que l'autre : contradiction malheureuse! Elle était loin de notre intention! Mais la défiance raisonne peu, et les formes de cet emprunt ont ainsi donné des alarmes sur la dette publique, tandis qu'il devait être considéré comme un moyen d'en assurer le remboursement.

Pensé-je donc que nous devions décréter un emprunt à un intérêt égal à celui que rend le prix actuel des fonds publics? Non, messieurs; mais, en autorisant l'emprunt, nous devions laisser au ministre, dont les intentions ne sont pas suspectes, le soin d'en régler les conditions selon l'exigence des conjonctures.

Tout ce que je viens d'avoir l'honneur de vous exposer est très simple, et vous y auriez pourvu, si nous avions en général plus de temps pour nous consulter sur les questions importantes, si nos délibérations étaient plus tranquilles, si, ne pouvant rien sans la réflexion, on nous laissait plus de moyens pour réfléchir.

Je ne saurais trop le répéter, messieurs; le respect pour la foi publique est notre sauvegarde, et le crédit national est, dans ce moment, l'unique moyen de remplir les devoirs qu'elle nous impose. Quand, par impossible, nous voudrions suivre la détestable maxime qu'il n'est point de morale en politique, avons-nous dans les mains une force publique qui se chargeât de contenir la juste indignation des citoyens?

Nous ne pouvons compter ni sur le crédit du roi ni sur celui du ministre des Finances. Quand tout est remis par le roi, par ses serviteurs, par la force des événements, dans la main de l'Assemblée Nationale, est-il possible de pourvoir à la chose publique par un autre crédit que celui de la nation? et si les volontés ne se réunissent pas dans l'Assemblée Nationale, où se formera le crédit public? à quel état de confusion ne marcherons-nous pas?

Je propose donc d'arrêter « que l'Assemblée Nationale, persévérant invariablement dans l'intention la plus entière de maintenir la foi publique, et considérant la nécessité urgente des fonds de l'emprunt décrété le 9 août, à l'intérêt de quatre et demi pour cent, autorise Sa Majesté à employer les moyens que la situation des affaires et les besoins impérieux du moment lui paraîtront exiger pour assurer à l'emprunt un succès plus prompt, lors même que ces moyens apporteraient quelques modifications à l'article IV de l'arrêté du 9 août. »

La publicité de cet arrêté suffira pour dissiper les fausses craintes que les fatalités imprévues ont fait naître; et les personnes qui dépendent du maintien de la foi publique sentiront de plus en plus qu'il est de leur intérêt de seconder les intentions de l'Assemblée Nationale, puisqu'elles tendent au rétablissement de l'ordre public, sans lequel les mesures les plus sages ne peuvent avoir aucun succès.

L'Assemblée ordonne l'impression de la motion et son renvoi aux bureaux.

SÉANCE DU 22 AOUT

Une partie de la séance du 21 août avait été consacrée à l'examen des articles de la Déclaration; il fut poursuivi dans la séance du 22, et Mirabeau parla sur un projet d'articles présenté par Target : « Article 1er. — Aucun citoyen ne peut être accusé, arrêté, détenu, puni qu'au nom de la loi, et qu'avec les formes prescrites, et suivant les dispositions précises de la loi. — Article 2. — Tout ordre arbitraire contre la liberté doit être puni. Ceux qui l'ont sollicité, expédié, exécuté et fait exécuter, doivent être punis. » Le marquis de Bonnay, Duport, de Lally-Tollendal proposent des rédactions différentes. Un membre demande que le ministre seul soit responsable des ordres arbitraires, à l'exclusion des agents subalternes.

MIRABEAU. — Si la loi de la responsabilité ne s'étendait pas sur tous les agents subalternes du despotisme, si elle n'existait pas surtout parmi nous, il n'y aurait pas une nation sur la terre plus faite que nous pour l'esclavage. Il n'y en a pas qui ait été plus insultée, plus oppressée par le despotisme.

Jusqu'en 1705 il existait une loi salutaire, que tout détenu devait être interrogé dans les vingt-quatre heures de sa détention.

En 1705, elle a été abolie, détruite. Un monceau de lettres de cachet a précipité une foule de citoyens dans les cachots de la Bastille. Je le répète : notre liberté exige la responsabilité de toute la hiérarchie des mandataires. Tout subalterne est responsable, et vous ne serez jamais que des esclaves si, depuis le premier vizir jusqu'au dernier sbire, une responsabilité n'est pas établie.

La discussion continue sur les articles de Target, et Gouy d'Arcy appuie un amendement de Martineau : « renvoyer à la constitution le dernier article de M. Target, qui concerne les ordres arbitraires ».

MIRABEAU. — La loi qui porte que nul citoyen ne peut être arrêté qu'en vertu de la loi, est reconnue partout, et n'a pas empêché les lettres de cachet ; la diversité d'opinions qui partage l'Assemblée dérive de ce que l'on confond *le dogme politique* de la responsabilité. Le chef de la société seul excepté, toute la hiérarchie sociale doit être responsable. Il faut signer cette maxime, si l'on veut consolider la liberté particulière et publique. La responsabilité serait illusoire, si elle ne s'étendait depuis le premier ministre jusqu'au dernier des sbires. Cela ne suppose aucunement que le subalterne soit juge de l'ordre dont il est porteur; il peut également, et il doit juger la forme de cet ordre. Ainsi un cavalier de maréchaussée ne pourra pas porter un ordre sans être accompagné d'un officier civil; en un mot, la force publique sera soumise à des formes déterminées par la loi; il n'y a aucune autre espèce d'inconvénient à cela, sinon la nécessité d'avoir désormais des lois claires et précises, et c'est là un argument de plus en faveur du dogme de la responsabilité.

Au reste, nous devons quelque reconnaissance aux principes qui nous ont scandalisés dans le cours de la discussion; le scandale qu'ils ont causé nous fait honneur, et bientôt il en dégoûtera les apôtres.

La responsabilité de tous les agents du gouvernement est acceptée sous cette forme : « Ceux qui sollicitent, expédient, exécutent ou font exécuter des ordres arbitraires doivent être punis. » La discussion continue sur les articles 16, 17 et 18 ayant trait à la liberté des opinions religieuses et au respect que l'on doit au culte public.

MIRABEAU. — Je ne viens pas prêcher la tolérance. La liberté la plus illimitée de religion est à mes yeux un droit si sacré, que le mot *tolérance*, qui voudrait l'exprimer, me paraît en quelque sorte tyrannique lui-même; puisque l'existence de l'autorité qui a le pouvoir de tolérer attente à la liberté de penser par cela même qu'elle tolère, et qu'ainsi elle pourrait ne pas tolérer.

Mais je ne sais pourquoi l'on traite le fond d'une question dont le jour n'est point arrivé. Nous faisons une déclaration des droits; il est donc absolument nécessaire que la chose qu'on propose soit un droit; autrement on y ferait entrer tous les principes qu'on voudrait, et alors ce serait un recueil de principes.

Il faut donc examiner si les articles proposés sont un droit. Certainement, dans leur exposition, ils n'en expriment pas ; il faut donc les poser autrement.

Mais il faut les insérer en forme de déclaration des droits, et alors il faut dire : le droit des hommes est de respecter la religion et de la maintenir. Mais il est évident que c'est un devoir, et non pas un droit. Les hommes n'apportent pas le culte en société ; il ne naît qu'en commun. C'est donc une institution purement sociale et conventionnelle. C'est donc un devoir.

Mais ce devoir fait naître un droit, savoir, que nul ne peut être troublé dans sa religion. En effet il y a toujours eu diverses religions ; et pourquoi ? Parce qu'il y a toujours eu diverses opinions.

Mais la diversité des opinions résulte nécessairement de la diversité des esprits, et l'on ne peut empêcher cette diversité. Donc cette diversité ne peut être attaquée. Mais alors le libre exercice d'un culte quelconque est un droit de chacun. Donc on doit respecter son droit. Donc on doit respecter son culte.

Voilà le seul article qu'il soit nécessaire d'insérer dans la déclaration des droits, sur cet objet. Et il doit y être inséré ; car les facultés ne sont pas des droits, sans doute ; mais l'homme a droit de les exercer, et l'on peut et l'on doit distinguer l'un de l'autre. Mais si le droit est le résultat d'une convention, la convention consiste à exercer librement ses facultés ; donc on peut et on doit rappeler dans une déclaration de droits l'exercice des facultés.

Je soutiens donc l'article de M. de Castellane ; et, sans entrer en aucune manière dans le fond de la question, je supplie ceux qui anticipent par leurs craintes sur les désordres qui ravageront le royaume si l'on y introduit la liberté des cultes, de penser que la tolérance, pour me servir du mot consacré, n'a pas produit chez nos voisins des fruits empoisonnés, et que les protestants, inévitablement damnés dans l'autre monde, comme chacun sait, se sont très passablement arrangés dans celui-ci, sans doute par une compensation due à la bonté de l'Etre suprême.

Nous, qui n'avons le droit de nous mêler que des choses de ce monde, nous pouvons donc permettre la liberté des cultes, et dormir en paix.

Mirabeau est réfuté par l'abbé d'Egmar soutenu par Camus. La discussion devient confuse et malgré les réclamations de Mirabeau elle est remise au lendemain.

SÉANCE DU 23 AOUT

Les articles 16 et 17 sont écartés de la *Déclaration* pour être examinés au moment où l'on établira la Constitution. M. de Castellane demande que l'article 18 soit ainsi rédigé : « Nul homme ne doit être inquiété pour ses opinions religieuses, ni troublé dans l'exercice de son culte. »

MIRABEAU. — Messieurs, j'ai eu l'honneur de vous soumettre hier quelques réflexions qui tendaient à démontrer que la religion est un devoir, et non pas un droit, et que la seule chose qui appartenait à la déclaration dont nous sommes occupés, c'était de prononcer hautement la liberté religieuse.

On n'a presque rien opposé à la motion de M. le comte de Castellane ; et que peut-on objecter contre un axiome si évident, que le contraire est une absurdité ? On nous dit que le culte est un objet de police extérieure ; qu'en conséquence il appartient à la société de le régler, de permettre l'un, et de défendre l'autre. Je demande à ceux qui soutiennent que le culte est un objet de police, s'ils parlent comme catholiques ou comme législateurs.

S'ils font cette difficulté comme catholiques, ils conviennent que le culte est un objet de règlement ; que c'est une chose purement civile ; mais si elle est civile, c'est une institution humaine ; si c'est une institution humaine, elle est faillible ; les hommes peuvent la

changer : d'où il suit, selon eux, que le culte catho-
..que n'est pas d'institution divine, et, selon moi, qu'ils
ne sont pas catholiques. S'ils font la difficulté comme
législateurs, comme hommes d'Etat, j'ai le droit de leur
parler comme à des hommes d'Etat, et je leur dis
d'abord qu'il n'est pas vrai que le culte soit une chose
de police, quoique Néron et Domitien l'aient dit ainsi
pour interdire celui des chrétiens.

Le culte consiste en prières, en hymnes, en discours,
en divers actes d'adoration rendus à Dieu par des
hommes qui s'assemblent en commun ; et il est tout à
fait absurde de dire que l'inspecteur de police ait le
droit de dresser les *oremus* et les *litanies*. Ce qui est de
la police, c'est d'empêcher que personne ne trouble
l'ordre et la tranquillité publique. Voilà pourquoi elle
veille dans vos rues, dans vos places, autour de vos
maisons, autour de vos temples ; mais elle ne se mêle
point de régler ce que vous y faites ; tout son pouvoir
consiste à empêcher que ce que vous y faites ne nuise à
vos concitoyens. Je trouve donc absurde encore de prétendre que, pour prévenir le désordre qui pourrait naître
de vos actions, il faut défendre vos actions. Assurément
cela est très expéditif ; mais il m'est permis de douter
que personne ait ce droit.

Il nous est permis à tous de former des assemblées,
des cercles, des clubs, des loges de francs-maçons, des
sociétés de toute espèce. Le soin de la police est d'empêcher que ces assemblées ne troublent l'ordre public.
Mais certes on ne peut pas imaginer qu'afin que ces
assemblées ne troublent pas l'ordre public, il faille les
défendre.

Veiller à ce qu'aucun culte, pas même le vôtre, ne
trouble l'ordre public, voilà votre devoir ; mais vous ne
pouvez pas aller plus loin. On vous parle sans cesse
d'un culte dominant. *Dominant !* Messieurs, je n'entends
pas ce mot, et j'ai besoin qu'on me le définisse. Est-ce
un culte oppresseur que l'on veut dire ? Mais vous avez
banni ce mot, et des hommes qui ont assuré le droit de

liberté ne revendiquent pas celui d'oppression. Est-ce le culte du prince que l'on veut dire? Mais le prince n'a pas le droit de dominer sur les consciences, ni de régler les opinions. Est-ce le culte du plus grand nombre? Mais le culte est une opinion; tel ou tel culte est le résultat de telle ou telle opinion. Or les opinions ne se forment pas par le résultat des suffrages; votre pensée est à vous, elle est indépendante, vous ne pouvez pas l'engager.

Enfin une opinion qui serait celle du plus grand nombre n'a pas le droit de *dominer*. C'est un mot tyrannique qui doit être banni de notre législation ; car si vous l'y mettez dans un cas, vous pouvez l'y mettre dans tous : vous aurez donc un culte dominant, une philosophie dominante, des systèmes dominants. Rien ne doit dominer que la justice; il n'y a de dominant que le droit de chacun : tout le reste y est soumis. Or c'est un droit évident, et déjà consacré par vous, de faire tout ce qui ne peut nuire à autrui.

L'article proposé par de Castellane est adopté sous cette forme : « Nul ne doit être inquiété pour ses opinions même religieuses, pourvu que leur manifestation ne trouble pas l'ordre public établi par la loi.

SÉANCE DU 24 AOUT

Lecture faite de l'article 10 du projet de *Déclaration* du dixième bureau : « Tout homme ayant le libre exercice de sa pensée, a le droit de manifester ses opinions, sous la seule condition de ne pas nuire à autrui » : des amendements sont proposés par le duc de La Rochefoucault, Rabaud de Saint-Étienne, Target. L'évêque d'Amiens et l'évêque de Dijon demandent que la liberté d'exprimer son opinion soit *restreinte* si elle peut nuire à autrui.

MIRABEAU. — On ne peut pas restreindre un droit; on peut seulement réprimer l'abus de l'exercice d'un droit.

Le mot *réprimer* s'applique plutôt à l'abus fait de la liberté de la presse qu'à cette liberté même; il conserve à chacun le droit de communiquer ses pensées, et n'admet l'intervention de la loi que pour punir le mauvais usage qui pourrait en avoir été fait.

Si donc, comme je ne l'espère pas, la rédaction proposée est adoptée, je demande que le mot *réprimée* soit substitué au mot *restreinte.*

L'article est ainsi décrété : « La libre communication des pensées et des opinions est un des droits les plus précieux de l'homme. Tout citoyen peut donc parler, écrire, imprimer librement, sauf à répondre de l'abus de cette liberté dans des cas déterminés par la loi . »

SÉANCE DU SOIR

Le parlement de Rouen avait décrété contre le procureur du roi au bailliage de Falaise, Bertrand de l'Hodiesnière, qui avait demandé dans son cahier de doléances que la justice fût rendue gratuitement. Il en avait appelé au jugement de l'Assemblée Nationale. Le comité chargé d'examiner son cas avait conclu qu'il n'y avait pas lieu à délibérer. Cette opinion était soutenue par l'abbé Maury.

MIRABEAU. — Entre les diverses prérogatives essentielles à toute Assemblée législative, il en est une sans laquelle il est impossible de concevoir son existence : c'est le droit de veiller à sa propre police, à la liberté, à la sûreté de ses membres, et par conséquent à celles des assemblées électorales qui ont concouru à la formation de celle-ci. Ce dernier droit est inséparable des précédents ; sans lui, ils seraient incomplets, insuffisants et presque illusoires : car quelle liberté peut avoir une assemblée, si ceux qui ont concouru à la former par leurs suffrages n'ont eux-mêmes pas été libres, s'ils ont été sous une influence étrangère, si, soit pour le choix qu'ils ont fait de leurs représentants, soit pour les instructions qu'ils leur ont remises, ils ont été soumis à la censure et aux poursuites d'un corps intéressé par ses fautes mêmes à éteindre en eux toute liberté? C'est ce qu'ont parfaitement bien vu les Anglais. Jamais aucun corps judiciaire, aucun département quelconque du pouvoir exécutif ne s'immiscerait dans les assemblées d'élection, n'essaierait de poursuivre un seul de leurs membres pour les avis qu'il y ouvrirait, pour les résolutions qu'il y ferait prendre, sans s'exposer au ressentiment de la Chambre des communes. De tels actes ne seraient pas moins à ses yeux *une haute infraction dé privilège*, que celui par lequel un membre des communes serait poursuivi pour ses opinions.

L'Assemblée Nationale n'empiéterait donc pas sur les droits du pouvoir judiciaire en accueillant la plainte du magistrat de Falaise. Un *il n'y a lieu à délibérer* serait, au contraire, un abandon formel de ses droits, une abjuration de sa propre existence. Sur quoi donc *y aurait-il lieu à délibérer* dans une assemblée, si ce n'est sur des actes qui compromettent tout à la fois son honneur, sa dignité, sa liberté? « Le principe de toute souveraineté réside essentiellement dans la nation ; nul corps, nul individu ne peut exercer d'autorité qui n'en émane expressément » : que signifient ces expressions, que l'Assemblée Nationale vient de consacrer, si elle craint de délibérer sur l'entreprise non moins coupable qu'illégitime du parlement de Rouen?

Je n'entends point que notre délibération se porte sur le genre de réparation qui peut être due au magistrat de Falaise. C'est là vraiment ce qu'on pourrait, à juste titre, appeler une atteinte au pouvoir judiciaire. Mais le principe qui devra servir de base au jugement ; mais la déclaration claire et positive que l'acte commis par le parlement de Rouen est une atteinte à la liberté nationale; mais le renvoi du magistrat opprimé à se pourvoir au conseil du roi, pour obtenir toutes les réparations qui sont justes : voilà ce qu'il me paraît que, dans la circonstance, l'honneur de la nation, la liberté publique et de justes égards pour le pouvoir judiciaire, sollicitent également.

L'Assemblée Nationale déclare que la procédure du parlement de Rouen contre le procureur du roi est nulle et qu'elle attente à la liberté nationale.

SÉANCE DU 27 AOUT

Necker avait adressé à l'Assemblée un mémoire où il lui rendait compte du peu de succès de l'emprunt de trente millions, lui en donnait les raisons, et demandait qu'elle s'occupât de rétablir le crédit public et les finances de l'Etat, et il lui en indiquait les moyens. Parmi les premiers, était un emprunt de quatre-vingts millions, moitié en contrats, moitié en argent. Talleyrand soutint les projets du ministre. Il proposa à l'Assemblée de décreter l'emprunt, de renouveler les déclarations du 17 juin et du 13 juillet destinées à rassurer les créanciers de l'Etat, et de laisser au pouvoir exécutif le choix du mode de l'emprunt.

MIRABEAU. — Si j'avais eu l'honneur de parler le premier à cette Assemblée, peut-être me serais-je borné à une approbation pure et simple de la proposition de M. le directeur général des finances ; mais les additions que M. l'évêque d'Autun y a faites sont de telle nature, la première du moins, qu'une fois proposée, il y aurait les plus grands dangers à l'en séparer. On nous parle de renvoyer la discussion à un autre jour. Ceux qui nous font cette proposition, en ont-ils bien pesé les conséquences ? Voudraient-ils, par un simple attachement à une forme rigoureuse, exposer l'Assemblée à perdre les fruits d'une discussion aussi lumineuse que celle que nous venons d'entendre ?

Après avoir manqué notre premier emprunt par un malheureux attachement à des formes, par un désir bien ou mal entendu de perfection, voudrons-nous exposer le royaume à tous les maux que pourrait entraîner le mauvais succès de celui qui nous est aujourd'hui proposé? Je ne suis pas de ceux qui sont prêts à se rendre à l'écho de tout ce qui sort d'une bouche ministérielle. Je ne dis pas que ce qui vient de nous être lu de la part du ministre soit au-dessus de toute exception : mais le besoin d'une ressource momentanée est évident; mais l'importance d'assurer le crédit public sur la base sacrée de la fidélité de la nation à remplir ses engagements, voilà ce qui me paraît également juste et pressant; voilà ce qui ne saurait, dans le moment actuel, plus admettre de retard.

Je n'insisterai pas, messieurs, pour que vous passiez en une seule délibération les quatre propositions de M. l'évêque d'Autun ; mais les deux premières sont tellement liées, tellement connexes, que leur séparation, même momentanée, pourrait avoir sur le crédit public les conséquences les plus funestes : approuver l'emprunt sans consacrer la dette, sans la mettre à l'abri de toute réduction, de toute atteinte, c'est semer la défiance et l'effroi parmi les capitalistes, c'est leur annoncer des intentions sinistres, c'est, en un mot, proclamer la banqueroute, dans le moment où nous demandons du crédit.

Et dans quel temps, à quelle époque pensez-vous à annoncer des vues aussi malheureuses, quand vous êtes prêts à recevoir le grand, l'inestimable bien d'une constitution libre, quand cette constitution est à l'enchère! Oui, messieurs, je ne crains point de le répéter, par un heureux effet des fautes et des déprédations ministérielles, *la constitution est aujourd'hui à l'enchère;* c'est le déficit qui est le trésor de l'Etat, c'est la dette publique qui a été le germe de notre liberté. Voudrez-vous recevoir le bienfait, et vous refuser à en acquitter le prix?

L'Assemblée vote l'emprunt de quatre-vingts millions.

SÉANCE DU 28 AOUT

Mounier a la parole au nom du comité de constitution. L'article 1er du chapitre II — le chapitre 1er étant consacré à la déclaration des droits — est ainsi rédigé par le comité de constitution : « Le gouvernement français est un gouvernement monarchique. Il n'y a pas en France d'autorité supérieure à la loi. Le roi ne règne que par elle ; et quand il ne commande pas au nom de la loi, il ne peut exiger obéissance. »

Une discussion violente s'engage sur la définition même du gouvernement monarchique. Robespierre propose qu'il soit ajouté quelques articles au règlement pour que chaque membre puisse exprimer paisiblement son opinion. Il est soutenu par Mirabeau. Nouvelle discussion pour savoir quelle sera la façon de voter les articles de la constitution.

MIRABEAU. — Puisqu'il y a lieu à délibérer sur la série des question proposées, et qu'ainsi nous allons enfin nous occuper de la constitution, je demande que tous les objets constitutionnels soient jugés par appel nominal, et non par *assis et levé*.

MOUNIER. — Je vais plus loin ; je demande qu'il soit fait une liste de tous ceux qui parleront sur les questions qui viennent d'être posées ; et que cette liste, divisée en deux colonnes, l'une remplie par les noms de ceux qui parleront pour l'affirmative, et l'autre destinée à ceux qui soutiendront la négative, soit ensuite insérée dans le procès-verbal.

MIRABEAU. — Qu'il soit permis à un homme qui *signe*, et qui a toujours *signé*, de représenter comme dangereuse la motion du préopinant. Elle ne convient ni à la dignité ni à la fraternité de l'Assemblée. Je crois qu'après avoir combattu pour notre opinion avec une opiniâtreté zélée, il ne doit rester parmi nous nulle trace de dissentiment. Tel est le principe de toute assemblée régulière et sage ; et rien ne peut vous empêcher de penser que votre souverain, c'est le principe.

D'Esprémésil. — Je demande non seulement la liste indiquée par M. Mounier, mais je voudrais encore que le premier député de chaque ordre, de chaque bailliage, soit tenu de déclarer quelle est la volonté de ses commettants sur la sanction royale.

Mirabeau. — L'Assemblée a déjà prononcé sur les mandats impératifs. Je ne renouvellerai pas cette discussion ; mais je me permettrai une observation très claire et obligeante pour tout le monde : il eût été malheureux pour vous que le système de M. d'Esprémenil eût prévalu ; car alors il n'aurait pas eu besoin de venir ici en personne ; il aurait pu se contenter d'envoyer son cahier, et l'on eût été privé du plaisir de l'entendre.

Diverses propositions sont faites sur le gouvernement monarchique et la sanction royale sans que l'Assemblée se prononce pour l'une d'elles par un vote.

SÉANCE DU 1er SEPTEMBRE

Dans la séance du 29 août le comte de Noailles avait proposé de suspendre les délibérations sur l'article 1er de la constitution établissant la qualité du pouvoir monarchique pour délibérer sur la sanction royale : 1° décider ce que l'on entend par sanction royale ; 2° si elle est nécessaire pour les actes législatifs ; 3° dans quel cas et de quelle manière elle doit être employée. Il proposait en outre de joindre à ces questions la permanence des États, et l'organisation de l'Assemblée en une ou deux Chambres. Les discussions furent longues et agitées. Le 31, Mounier, au nom du comité de constitution, déclare : « Point de nécessité de la sanction royale pour la constitution, — sanction royale dans et par la constitution pour les actes législatifs établis pour l'avenir. » Le 1er septembre le duc de Liancourt parle pour la sanction, Rabaut de Saint-Étienne demande que la question du *veto* soit rejetée après l'examen de la permanence et de la formation de deux Chambres ; Malouet parle pour et Pétion expose que le veto ne peut être que suspensif.

Mirabeau. — Messieurs, dans la monarchie la mieux

organisée, l'autorité royale est toujours l'objet des craintes des meilleurs citoyens; celui que la loi met au-dessus de tous devient aisément le rival de la loi. Assez puissant pour protéger la constitution, il est souvent tenté de la détruire. La marche uniforme qu'a suivie partout l'autorité des rois n'a que trop enseigné la nécessité de les surveiller. Cette défiance, salutaire en soi, nous porte naturellement à désirer de contenir un pouvoir si redoutable. Une secrète terreur nous éloigne, malgré nous, des moyens dont il faut armer le chef suprême de la nation, afin qu'il puisse remplir les fonctions qui lui sont assignées.

Cependant, si l'on considère de sang-froid les principes et la nature d'un gouvernement monarchique, institué sur la base de la souveraineté du peuple; si l'on examine attentivement les circonstances qui donnent lieu à sa formation, on verra que le monarque doit être considéré plutôt comme le protecteur des peuples que comme l'ennemi de leur bonheur.

Deux pouvoirs sont nécessaires à l'existence et aux fonctions du corps politique : celui de vouloir et celui d'agir. Par le premier, la société établit les règles qui doivent la conduire au but qu'elle se propose, et qui est incontestablement le bien de tous. Par le second, ces règles s'exécutent, et la force publique sert à faire triompher la société des obstacles que cette exécution pourrait rencontrer dans l'opposition des volontés individuelles.

Chez une grande nation, ces deux pouvoirs ne peuvent être exercés par elle-même; de là la nécessité des représentants du peuple pour l'exercice de la faculté de vouloir, ou de la puissance législative; de là encore la nécessité d'une autre espèce de représentants pour l'exercice de la faculté d'agir, ou de la puissance exécutive.

Plus la nation est considérable, plus il importe que cette dernière puissance soit active; de là la nécessité d'un chef unique et suprême, d'un gouvernement monarchique dans les grands Etats, où les convulsions, les démembrements seraient infiniment à craindre, s'il n'existait une force suffisante pour en réunir toutes les parties, et tourner vers un centre commun leur activité.

L'une et l'autre de ces puissances sont également nécessaires, également chères à la nation. Il y a cependant ceci de remarquable, c'est que la puissance exécutive, agissant continuellement sur le peuple, est dans un rapport plus immédiat avec lui ; que, chargée du soin de maintenir l'équilibre, d'empêcher les partialités, les préférences vers lesquelles le petit nombre tend sans cesse au préjudice du plus grand, il importe à ce même peuple que cette puissance ait constamment en main un moyen sûr de se maintenir. Ce moyen existe dans le droit attribué au chef suprême de la nation, d'examiner les actes de la puissance législative, et de leur donner ou de leur refuser le caractère sacré de loi.

Appelé par son institution même à être tout à la fois l'exécuteur de la loi et le protecteur du peuple, le monarque pourrait être forcé de tourner contre le peuple la force publique, si son intervention n'était pas requise pour compléter les actes de la législation, en les déclarant conformes à la volonté générale. Cette prérogative du monarque est particulièrement essentielle dans tout État où, le pouvoir législatif ne pouvant en aucune manière être exercé par le peuple lui-même, il est forcé de le confier à des représentants.

La nature des choses ne tournant pas nécessairement le choix de ces représentants vers les plus dignes, mais vers ceux que leur situation, leur fortune et des circonstances particulières désignent comme pouvant faire le plus volontiers le sacrifice de leur temps à la chose publique, il résultera toujours du choix de ces représentants du peuple une espèce d'aristocratie de fait, qui, tendant sans cesse à acquérir une consistance légale, deviendra également hostile pour le monarque à qui elle voudra s'égaler, et pour le peuple qu'elle cherchera toujours à tenir dans l'abaissement.

De là cette alliance naturelle et nécessaire entre le

prince et le peuple contre toute espèce d'aristocratie; alliance fondée sur ce qu'ayant les mêmes intérêts, les mêmes craintes, ils doivent avoir un même but, et par conséquent une même volonté.

Si, d'un côté, la grandeur du prince dépend de la prospérité du peuple, le bonheur du peuple repose principalement sur la puissance tutélaire du prince.

Ce n'est donc point pour son avantage particulier que le monarque intervient dans la législation, mais pour l'intérêt même du peuple; et c'est dans de ce sens que l'on peut et que l'on doit dire que la sanction royale n'est point la prérogative du monarque, mais la propriété, le domaine de la nation.

J'ai supposé jusqu'ici un ordre de choses vers lequel nous marchons à grands pas, je veux dire une monarchie organisée et constituée; mais comme nous ne sommes point encore arrivés à cet ordre de choses, je dois m'expliquer hautement. Je pense que le droit de suspendre, et même d'arrêter l'action du Corps législatif, doit appartenir au roi quand la constitution sera faite, et qu'il s'agira seulement de la maintenir. Mais ce droit d'arrêter, ce *veto* ne saurait s'exercer quand il s'agit de créer la constitution : je ne conçois pas comment on pourrait disputer à un peuple le droit de se donner à lui-même la constitution par laquelle il lui plaît d'être gouverné désormais.

Cherchons donc uniquement si, dans la constitution à créer, la sanction royale doit entrer comme partie intégrante de la législature. Certainement, à qui ne saisit que les surfaces, de grandes objections s'offrent contre l'idée d'un *veto* exercé par un individu quelconque contre le vœu des représentants du peuple. Lorsqu'on suppose que l'Assemblée Nationale, composée de ses vrais éléments, présente au prince le fruit de ses délibérations par tête, lui offre le résultat de la discussion la plus libre et la plus éclairée, le produit de toutes les connaissances qu'elle a pu recueillir, il semble que c'est là tout ce que la prudence humaine exige pour constater, je ne dis pas seulement la volonté, mais la raison générale; et sans doute, sous ce point de vue abstrait, il paraît répugner au bon sens d'admettre qu'un homme seul ait le droit de répondre : « Je m'oppose à cette volonté, à cette raison générale. » Cette idée devient même plus choquante encore, lorsqu'il doit être établi par la constitution que l'homme armé de ce terrible *veto* le sera de toute la force publique, sans laquelle la volonté générale ne peut jamais être assurée de son exécution.

Toutes ces objections disparaissent devant cette grande vérité, que, sans un droit de résistance dans la main du dépositaire de la force publique, cette force pourrait souvent être réclamée et employée malgré lui à exécuter des volontés contraires à la volonté générale. Or, pour démontrer par un exemple que ce danger existerait, si le prince était dépouillé du *veto* sur toutes les propositions de loi que lui présenterait l'Assemblée Nationale, je ne demande que la supposition d'un mauvais choix de représentants, et deux règlements intérieurs déjà proposés et autorisés par l'exemple de l'Angleterre, savoir :

L'exclusion du public de la Chambre nationale sur la simple réquisition d'un membre de l'Assemblée, et l'interdiction aux papiers publics de rendre compte de ses délibérations.

Ces deux règlements obtenus, il est évident qu'on passerait bientôt à l'expulsion de tout membre indiscret ; et, la terreur du despotisme de l'Assemblée agissant sur l'Assemblée même, il ne faudrait plus, sous un prince faible, qu'un peu de temps et d'adresse pour établir *légalement* la domination de douze cents aristocrates, réduire l'autorité royale à n'être que l'instrument passif de leurs volontés, et replonger le peuple dans cet état d'avilissement qui accompagne toujours la servitude du prince.

Le prince est le représentant perpétuel du peuple, comme les députés sont des représentants élus à certaines époques. Les droits de l'un, comme ceux des autres, ne sont fondés que sur l'utilité de ceux qui les ont établis. Personne ne réclame contre le *veto* de l'Assemblée Nationale, qui n'est effectivement qu'un droit du peuple confié *à ses représentants*, pour s'opposer à toute proposition qui tendrait au rétablissement du despotisme ministériel. Pourquoi donc réclamer contre le *veto* du prince, qui n'est aussi qu'un droit du peuple *confié spécialement au prince*, parce que le prince est aussi intéressé que le peuple à prévenir l'établissement de l'aristocratie?

Mais, dit-on, les députés du peuple dans l'Assemblée Nationale n'étant revêtus du pouvoir que pour un temps limité, et n'ayant aucune partie du pouvoir exécutif, l'abus qu'ils peuvent faire de leur *veto* ne peut être d'une conséquence aussi funeste que celui qu'un prince inamovible opposerait à une loi juste et raisonnable.

Premièrement, si le prince n'a pas le *veto*, qui empêchera les représentants du peuple de prolonger, et bientôt après d'éterniser leur députation? (C'est ainsi, et non, comme on vous l'a dit, par la suppression de la Chambre des pairs, que le long parlement renversa la liberté politique de la Grande-Bretagne.) Qui les empêchera même de s'approprier la partie du pouvoir exécutif qui dispose des emplois et des grâces? Manqueront-ils de prétextes pour justifier cette usurpation? Les emplois sont si scandaleusement remplis! les grâces si indignement prostituées! etc.

Secondement, le *veto*, soit du prince, soit des députés à l'Assemblée Nationale, n'a d'autre vertu que d'arrêter une proposition : il ne peut donc résulter d'un *veto*, quel qu'il soit, qu'une inaction du pouvoir exécutif à cet égard.

Troisièmement, le *veto* du prince peut, sans doute, s'opposer à une bonne loi; mais il peut préserver d'une mauvaise, dont la possibilité ne saurait être contestée.

Quatrièmement, je supposerai qu'en effet le *veto* du prince empêche l'établissement de la loi la plus sage et la plus avantageuse à la nation; qu'arrivera-t-il, *si le re-*

tour ANNUEL *de l'Assemblée Nationale est aussi solidement assuré que la couronne sur la tête du prince qui la porte,* c'est-à-dire si le retour annuel de l'Assemblée Nationale est assuré par une loi *vraiment constitutionnelle*, qui dé- fende, sous peine de conviction d'imbécillité, de propo- ser ni la concession d'aucune espèce d'impôt, ni l'éta- tablissement de la force militaire, pour plus d'une année? Supposons que le prince ait usé de son *veto*; l'Assemblée déterminera d'abord si l'usage qu'il en a fait a ou n'a pas des conséquences fâcheuses pour la liberté. Dans le second cas, la difficulté élevée par l'in- terposition du *veto* se trouvant nulle ou d'une légère im- portance, l'Assemblée Nationale votera l'impôt et l'ar- mée pour le terme ordinaire, et dès lors tout reste dans l'ordre accoutumé.

Dans le premier cas, l'Assemblée aura divers moyens d'influer sur la volonté du roi : elle pourra refuser l'im- pôt, elle pourra refuser l'armée, elle pourra refuser l'un et l'autre, ou simplement ne les voter que pour un terme très court. Quel que soit celui de ces partis qu'adopte l'Assemblée, le prince, menacé de la paralysie du pouvoir exécutif à une époque connue, n'a plus d'autre moyen que d'en appeler à son peuple, en dissol- vant l'Assemblée.

Si donc alors le peuple renvoie les mêmes députés à l'Assemblée, ne faudra-t-il pas que le prince *obéisse?* car c'est là le vrai mot, quelque idée qu'on lui ait donnée jusqu'alors de sa prétendue souveraineté, lorsqu'il cesse d'être uni d'opinion avec son peuple et que le peuple est éclairé.

Supposez maintenant le droit du *veto* enlevé au prince, et le prince obligé de sanctionner une mauvaise loi : vous n'avez plus d'espoir que dans une insurrection gé- nérale, dont l'issue la plus heureuse serait probable- ment plus funeste aux indignes représentants du peuple que la dissolution de leur Assemblée. Mais est-il bien certain que cette insurrection ne serait funeste qu'aux indignes représentants du peuple?... J'y vois encore une

ressource pour les partisans du despotisme des ministres. J'y vois le danger imminent de la paix publique
troublée et peut-être violée ; j'y vois l'incendie presque
inévitable, et trop longtemps à craindre dans un Etat où
une révolution si nécessaire, mais si rapide, a laissé des
germes de division et de haine, que l'affermissement de
la constitution, par les travaux successifs de l'Assemblée,
peut seul étouffer.

Vous le voyez, messieurs, j'ai partout supposé la permanence de l'Assemblée Nationale, et j'ai même tiré de
ce principe tous mes arguments en faveur de la sanction
royale, qui me paraît le rempart inexpugnable de la liberté politique, pourvu que le roi ne puisse jamais s'obs-
tiner dans son *veto* sans dissoudre, ni dissoudre sans
convoquer immédiatement une autre Assemblée, parce
que la constitution ne doit pas permettre que le corps
social soit jamais sans représentants ; pourvu qu'une loi
constitutionnelle déclare tous les impôts, et même l'armée, annulés de droit, trois mois après la dissolution de
l'Assemblée Nationale ; pourvu enfin que la responsabilité des ministres soit toujours exercée avec la plus inflexible rigueur.

Et quand la chose publique ne devrait pas s'améliorer,
chaque année, des progrès de la raison publique, ne
suffirait-il pas, pour nous décider à prononcer l'annualité de l'Assemblée Nationale, de jeter un coup d'œil sur
l'effrayante étendue de nos devoirs ?

Les finances, seules, appellent peut-être pour un demi-
siècle nos travaux. Qui de nous, j'ose le demander, a
calculé l'action immédiate et la réaction plus éloignée
de cette multitude d'impôts qui nous écrase, sur la ri-
chesse générale, dont on reconnaît enfin que l'on ne peut
plus se passer ? Est-il un seul de nos impôts dont on ait
imaginé d'approfondir l'influence sur l'aisance du tra-
vailleur, aisance sans laquelle une nation ne peut jamais
être riche ?

Savez-vous jusqu'à quel point l'inquisition, l'espionnage et la délation assurent le produit des uns ? Êtes-

vous assez instruite que le génie fiscal n'a recours qu'au fusil, à la potence et aux galères, pour prévenir la diminution des autres? Est-il impossible d'imaginer quelque chose de moins ridiculement absurde, de moins horriblement partial, que ce système de finances que nos grands financiers ont trouvé si bien balancé jusqu'à présent?

A-t-on des idées assez claires de la propriété, et ces idées sont-elles assez répandues dans la généralité des hommes, pour assurer aux lois qu'elles produiront cette espèce d'obéissance qui ne répugna jamais à l'homme raisonnable, et qui honore l'homme de bien?

Aurez-vous jamais un crédit national, aussi longtemps qu'une loi ne vous garantira pas que tous les ans la nation assemblée recevra des administrateurs des finances un compte exact de leur gestion; que tous les créanciers de l'État pourront demander chaque année à la nation le paiement des intérêts qui leur sont dus; que tous les ans, enfin, l'étranger saura où trouver la nation, qui craindra toujours de se déshonorer, ce qui n'inquiétera jamais les ministres?

Si vous passez des finances au code civil et criminel, ne voyez-vous pas que l'impossibilité d'en rédiger qui soient dignes de vous avant une longue période, ne saurait vous dispenser de profiter des lumières qui seront l'acquisition de chaque année? Vous en reposerez-vous encore, pour les améliorations provisoires qui peuvent s'adapter aux circonstances, sur des ministres qui croiront avoir tout fait quand ils auront dit : « Le roi sait tout, car je lui ai tout appris, et je n'ai fait qu'exécuter ses ordres absolus..... que je lui ai dit de me donner? »

Peut-être, pour éloigner le retour des assemblées nationales, on vous proposera une commission intermédiaire; mais cette commission intermédiaire fera ce que ferait l'Assemblée Nationale, et alors je ne vois pas pourquoi celle-ci ne se rassemblerait pas; ou elle n'aura pas le pouvoir de faire ce que ferait l'Assemblée, et alors elle ne la suppléera pas. Et ne voyez-vous pas d'ailleurs que cette commission deviendrait le corps où le ministère viendrait se recruter, et que, pour y parvenir, on deviendrait insensiblement le docile instrument de la cour et de l'intrigue?

On a soutenu que le peu d'esprit public s'oppose au retour annuel de l'Assemblée Nationale. Mais comment formerez-vous mieux cet esprit public qu'en rapprochant les époques où chaque citoyen sera appelé à en donner des preuves? Pouvait-il exister, cet esprit public, quand la fatale division des ordres absorbait tout ce qu'elle n'avilissait pas; quand tous les citoyens, grands et petits, n'avaient d'autres ressources contre les humiliations et l'insouciance, et d'autre dédommagement de leur nullité, que le spectacle, la chasse, l'intrigue, la cabale, le jeu, tous les vices?

On a objecté les frais immenses d'une élection et d'une Assemblée Nationale annuelle! Tout est calculé; trois millions forment la substance de cette grande objection. Et que sont trois millions pour une nation qui en paie six cents, et qui n'en aurait pas trois cent cinquante à payer, si depuis trente ans elle avait eu annuellement une Assemblée Nationale?

On a été jusqu'à me dire: « *Qui voudra être membre de l'Assemblée Nationale, si elle a des sessions annuelles?* » Et je réponds à ces étranges paroles : Ce ne sera pas vous, qui le demandez...; mais ce sera tout digne membre du Clergé, qui pourra prouver aux malheureux combien le Clergé est utile...; tout digne membre de la Noblesse qui pourra prouver à la nation que la Noblesse aussi peut la servir de plus d'une manière...; ce sera tout membre des communes qui voudra pouvoir dire à tout noble enorgueilli de son titre : Combien de fois avez-vous siégé parmi les législateurs?

Enfin les Anglais, qui ont tout fait, dit-on, s'assemblent néanmoins tous les ans, et trouvent toujours quelque chose à faire...; et les Français, qui ont tout à faire, ne s'assembleraient pas tous les ans!... Nous aurons donc une Assemblée permanente, et cette institution sublime serait à elle seule le contre-poids suffisant du *veto* royal.

Quoi ! disent ceux qu'un grand pouvoir effraie, parce qu'ils ne savent le juger que par ses abus, le *veto* royal serait sans limites ! Il n'y aurait pas un moment déterminé par la constitution où ce *veto* ne pourrait plus entraver la puissance législative? Ne serait-ce pas un despotisme que le gouvernement où le roi pourrait dire : Voilà la volonté de mon peuple ; mais la mienne lui est contraire, et c'est la mienne qui prévaudra ?

Ceux qui sont agités de cette crainte proposent ce qu'ils appellent un *veto suspensif*, c'est-à-dire que le roi pourra refuser sa sanction à un projet de loi qu'il désapprouve; il pourra dissoudre l'Assemblée Nationale ou en attendre une nouvelle ; mais si cette nouvelle Assemblée lui représente la même loi qu'il a rejetée, il sera forcé de l'admettre.

Voici leur raisonnement dans toute sa force : « Quand le roi refuse de sanctionner la loi que l'Assemblée Nationale lui propose, il est à supposer qu'il juge cette loi contraire aux intérêts du peuple, ou qu'elle usurpe sur le pouvoir exécutif, qui réside en lui, et qu'il doit défendre : dans ce cas, il en appelle à la nation, elle nomme une nouvelle législature, elle confie son vœu à ses nouveaux représentants; par conséquent elle prononce ; il faut que le roi se soumette, ou qu'il dénie l'autorité du tribunal suprême auquel lui-même en avait appelé. »

Cette objection est très spécieuse, et je ne suis parvenu à en sentir la fausseté qu'en examinant la question sous tous ses aspects; mais on a pu déjà voir, et l'on remarquera davantage encore dans le cours des opinions, que, 1° elle suppose faussement qu'il est impossible qu'une seconde législature n'apporte pas le vœu du peuple. 2° Elle suppose faussement que le roi sera tenté de prolonger son *veto* contre le vœu connu de la nation. 3° Elle suppose que le *veto suspensif* n'a point d'inconvénients, tandis qu'à plusieurs égards il a les mêmes inconvénients que si l'on n'accordait au roi aucun *veto*.

Il a fallu rendre la couronne héréditaire pour qu'elle ne fût pas une cause perpétuelle de bouleversements. Il en est résulté la nécessité de rendre la personne du roi irréprochable et sacrée, sans quoi on n'aurait jamais mis le trône à l'abri des ambitieux. Or quelle n'est pas déjà la puissance d'un chef héréditaire et rendu inviolable! Le refus de faire exécuter une loi qu'il jugerait contraire à ses intérêts, dont sa qualité de chef du pouvoir exécutif le rend gardien, ce refus suffira-t-il pour le faire déchoir de ses hautes prérogatives? Ce serait détruire d'une main ce que vous auriez élevé de l'autre; ce serait associer à une précaution de paix et de sûreté le moyen le plus propre à soulever sans cesse les plus terribles orages.

Passez de cette considération aux instruments du pouvoir, qui doivent être entre les mains du chef de la nation. C'est à vingt-cinq millions d'hommes qu'il doit commander; c'est sur tous les points d'une étendue de trente mille lieues carrées que son pouvoir doit être sans cesse prêt à se montrer pour protéger ou défendre : et l'on prétendrait que le chef, dépositaire légitime des moyens que ce pouvoir exige, pourrait être contraint de faire exécuter des lois qu'il n'aurait pas consenties! Mais par quels troubles affreux, par quelles insurrections convulsives et sanguinaires voudrait-on donc nous faire passer pour combattre sa résistance? Quand la loi est sous la sauvegarde de l'opinion publique, elle devient vraiment impérieuse pour le chef que vous avez armé de toute la force publique : mais quel est le moment où l'on peut compter sur cet empire de l'opinion publique? N'est-ce pas lorsque le chef du pouvoir exécutif a lui-même donné son consentement à la loi, et que ce consentement est connu de tous les citoyens? N'est-ce pas uniquement alors que l'opinion publique la place irrévocablement au-dessus de lui, et le force, sous peine de devenir un objet d'horreur, à exécuter ce qu'il a promis? car son consentement, en qualité de chef de la puissance exécutive, n'est autre chose que l'engagement solennel de faire exécuter la loi qu'il vient de revêtir de sa sanction.

Et qu'on ne dise pas que les généraux d'armées sont dépositaires de très grandes forces, et sont néanmoins obligés d'obéir à des ordres supérieurs, quelle que soit leur opinion sur la nature de ces ordres. Les généraux d'armées ne sont pas des chefs héréditaires; leur personne n'est pas inviolable; leur autorité cesse en la présence de celui dont ils exécutent les ordres : et si l'on voulait pousser plus loin la comparaison, l'on serait forcé de convenir que ceux-là sont, pour l'ordinaire, de très mauvais généraux, qui exécutent des dispositions qu'ils n'ont pas approuvées. Voilà donc les dangers que vous allez courir. Et dans quel but? Où est le véritable efficace du *veto* suspensif?

N'avez-vous pas besoin, comme dans mon système, que certaines précautions contre le *veto* royal soient prises dans la constitution? Si le roi renverse les précautions, ne se mettra-t-il pas aisément au-dessus de la loi? Votre formule est donc inutile dans votre propre théorie; et je la prouve dangereuse dans la mienne.

On ne peut supposer le refus de la sanction royale que dans deux cas : dans celui où le monarque jugerait que la loi proposée blesserait les intérêts de la nation, et dans celui où, trompé par ses ministres, il résisterait à des lois contraires à leurs vues personnelles.

Or, dans l'une et l'autre de ces suppositions, le roi ou ses ministres, privés de la faculté d'empêcher la loi par le moyen paisible d'un *veto* légal, n'auraient-ils pas recours à une résistance illégale et violente, selon qu'ils mettraient à la loi plus ou moins d'importance? Peut-on douter qu'ils ne préparassent leurs moyens de très bonne heure? Car il est toujours facile de préjuger le degré d'attachement que la puissance législative aura pour sa loi. Il se pourrait donc que le pouvoir législatif se trouvât enchaîné, à l'instant marqué par la constitution, pour rendre le *veto* royal impuissant; tandis que, si ce *veto* reste toujours possible, la résistance illégale et violente, devenant inutile au prince, ne peut plus être employée, sans en faire, aux yeux de toute la nation, un révolté contre la constitution, circonstance qui rend bientôt une telle résistance infiniment dangereuse pour le roi lui-même, et surtout pour ses ministres. Remarquez bien que ce danger n'est plus le même lorsque ce prince n'aurait résisté qu'à une loi qu'il n'aurait pas consentie.

Dans ce dernier cas, comme la résistance violente et illégale peut toujours être appuyée par des prétextes plausibles, l'insurrection du pouvoir exécutif contre la constitution trouve toujours des partisans, surtout quand elle est le fait du monarque. Avec quelle facilité la Suède n'est-elle pas retournée au despotisme, pour avoir voulu que son roi, quoique héréditaire, ne fût que l'instrument passif et aveugle des volontés du Sénat?

N'armons donc pas le roi contre le pouvoir législatif, en lui faisant entrevoir un instant quelconque où l'on se passerait de sa volonté, et où, par conséquent, il n'en serait que l'exécuteur aveugle et forcé. Sachons voir que la nation trouvera plus de sûreté et de tranquillité dans des lois expressément consenties par son chef, que dans des résolutions où il n'aurait aucune part, et qui contrasteraient avec la puissance dont il faudrait, en tout état de cause, le revêtir. Sachons que, dès que nous avons placé la couronne dans une famille désignée, que nous en avons fait le patrimoine de ses aînés, il est imprudent de les alarmer, en les assujettissant à un pouvoir législatif, dont la force reste en leurs mains, et où cependant leur opinion serait méprisée. Ce mépris revient enfin à la personne; et le dépositaire de toutes les forces de l'empire français ne peut pas être méprisé sans les plus grands dangers.

Par une suite de ces considérations, puisées dans le cœur humain et dans l'expérience, le roi doit avoir le pouvoir d'agir sur l'Assemblée Nationale, en la faisant réélire. Cette sorte d'action est nécessaire pour laisser au roi un moyen légal et paisible de faire à son tour agréer des lois qu'il jugerait utiles à la nation, et auxquelles l'Assemblée Nationale résisterait : rien ne serait moins dangereux ; car il faudrait bien que le roi comptât sur le vœu de la nation, si, pour faire agréer une loi, il avait recours à une élection de nouveaux membres : et quand la nation et le roi se réunissent à désirer une loi, la résistance du Corps législatif ne peut plus avoir que deux causes : ou la corruption de ses membres, et alors le remplacement est un bien ; ou un doute sur l'opinion publique, et alors le meilleur moyen de l'éclaircir est, sans doute, une élection de nouveaux membres.

Je me résume en un seul mot, messieurs : annualité de l'Assemblée Nationale ; annualité de l'armée ; annualité de l'impôt ; responsabilité des ministres ; et la sanction royale, sans restriction écrite, mais parfaitement limitée de fait, sera le *palladium* de la liberté nationale, et le plus précieux exercice de la liberté du peuple.

L'Assemblée ordonne l'impression des discours de Rabaud de Saint-Étienne, de Pétion et de Mirabeau.

SÉANCE DU 9 SEPTEMBRE.

L'ordre du jour appelle la discussion sur l'organisation du Corps législatif, la permanence, et la sanction royale. De Beaumetz pose ces questions : 1° L'Assemblée Nationale sera-t-elle permanente? Se renouvellera-t-elle graduellement? Aura-t-elle des sessions tous les ans?

MIRABEAU. — Si on me demande : *Voulez-vous la permanence?* je ne puis répondre, si je ne sais ce qu'on entend par *l'annualité.* — *Voulez-vous deux Chambres?* je réponds que je veux deux Chambres, si elles ne sont que deux sections d'une seule; et que je n'en veux qu'une, si l'une doit avoir un *veto* sur l'autre. — *Voulez-vous un veto absolu, ou un veto suspensif?* je réponds : Il faut d'abord me demander si je veux un *veto* : puis le veto absolu n'est-il pas un être de raison? Je pose donc ainsi les questions qui me semblent devoir être délibérées les premières.

L'Assemblée Nationale sera-t-elle permanente? c'est-à-dire s'assemblera-t-elle tous les ans? Les Assemblées se renouvelleront-elles tous les deux ans?

L'Assemblée Nationale adopte un arrêté présenté par Camus et déclare qu'elle sera permanente. Y aura-t-il une ou deux Chambres, telle est la deuxième question à résoudre.

MIRABEAU. — Il me semble qu'il ne doit pas y avoir lieu à délibérer sur cette question, parce que l'Assemblée, en décrétant la *permanence*, a décrété *l'unité*.

Regnauld combat la motion de Mirabeau, en concluant : « On a décrété que l'on suivrait les questions telles qu'elles ont été proposées par M. Camus; il n'est donc pas permis de mettre en délibération si l'Assemblée suivra ses décrets. »

MIRABEAU. — La division de l'Assemblée en sections égales, et pour quelques travaux particuliers, est un fait de police intérieure. En demandant la question préalable sur la seconde question, je n'ai voulu que faire ressortir le vice de l'énoncé de la première, et la transposition qu'on avait faite en la traitant avant la seconde : j'ai voulu dire, d'une manière laconique, à l'Assemblée, qui moins que jamais aime les longs discours, que son *unité* existe essentiellement dans sa permanence. Maintenant je déclare que j'ai toujours redouté *d'indigner* la raison, mais jamais les individus. M. Regnauld, et même le *Courrier de Versailles* avec lui, peuvent donc à présent *s'indigner* autant que cela leur conviendra : ils volent bien que peu m'importe.

Après des débats tumultueux la motion de Mirabeau est rejetée.

SÉANCE DU 10 SEPTEMBRE

La ville de Ret..es avait fait parvenir un arrêté à l'Assemblée, par lequel le droit de *veto* était dénié au roi. Le même arrêté déclarait traîtres à la patrie les députés qui voteraient le *veto*. On demande un décret blâmant cet arrêté.

MIRABEAU. — L'acte de la municipalité de Rennes est si absurde de sa nature qu'il ne mériterait pas de colère quand il pourrait y avoir quelque dignité dans la colère.

Melun, Chaillot, le Point-du-Jour, Gérofle, ont le droit de débiter les mêmes absurdités que Rennes : comme Rennes, ils peuvent qualifier d'infâmes ou de traîtres à la patrie ceux qui ne partageront pas leurs opinions. L'Assemblée Nationale n'a pas le temps de s'instituer professeur des municipalités qui avancent de fausses maximes; elle doit s'en rapporter à la sagesse des excellents députés bretons, pour faire circuler les vrais principes dans leur patrie. Je demande l'ordre du jour.

Le Chapelier, député de Rennes, demande le rappel à l'ordre de Mirabeau pour avoir critiqué ses commettants.

MIRABEAU. — Je répondrai au préopinant, c'est-à-dire à l'un de mes collègues que j'aime et que j'honore le plus, que mes commettants sont la nation; que je ne dois compte de mes principes qu'à elle, lorsque surtout je n'ai attaqué ni l'Assemblée ni les individus; que je ne suis pas du nombre de ceux qui, pour exprimer un *arrêté violent*, disent un *arrêté breton*; que d'ailleurs toute province, comme toute ville, n'est que sujette; et que, membre du Corps législatif, je ne dois rien de plus à l'hôtel de ville de Rennes que les grands égards dus par tout citoyen à une agrégation de citoyens; que, et enfin, je ne suis pas trop sévère en traitant *d'absurde* ce que d'autres ont traité de *criminel*. Je persiste donc à penser que si l'Assemblée délibère plus longtemps sur cet objet, elle aura l'air d'un géant qui se hausse sur ses pieds pour paraître grand. Je conclus à ce que l'adresse de Rennes soit regardée comme nulle et non avenue, ou renvoyée à ses auteurs, sans aucune note qualificative.

La proposition de Mirabeau est adoptée.

SÉANCE DU 11 SEPTEMBRE

Necker fait parvenir à l'Assemblée un mémoire élaboré par le Conseil des ministres de concert avec le roi, sur la sanction royale. Doit-on le lire à l'Assemblée?

MIRABEAU. — Dire que le roi ne peut donner son avis sur la question qui nous occupe, ce serait dire qu'il ne serait pas individuellement le maître de rejeter ou d'accepter la constitution pour ce qui le regarde; et cette assertion serait fausse. Le roi a certainement le droit, pour son compte individuel, d'agréer ou de ne pas agréer la constitution. Mais il n'y a aucune nécessité d'entendre la lecture du rapport fait au conseil, puisque, supposé que dans ce rapport le roi refusât le *veto*, on n'en devrait pas moins attacher cette prérogative à la puissance royale, si l'Assemblée estime que le droit de suspendre les actes du Corps législatif est utile à la liberté de la nation. Que nous importe, d'ailleurs, l'initiative du roi arrivée quand vous avez interdit la discussion à tous vos membres? On a fermé la discussion, on ne peut plus introduire les réflexions des ministres, à moins qu'on ne déclare la discussion rouverte pour tous les membres de cette Assemblée; sans cette condition, la proposition de la lecture du rapport ministériel est une inconséquence qu'il n'est ni de votre dignité ni de votre sagesse d'admettre.

PISON DU GALAND. — Le roi est dépositaire d'un pouvoir. Pouvez-vous faire la distribution des pouvoirs sans entendre la principale partie de l'Etat? La discussion peut être rouverte par le même droit que vous l'avez fermée.

MIRABEAU. — Je rejette l'avis du préopinant; la nation est le tout, et TOUT. Je n'ai pas demandé que l'on rouvrît la discussion; je n'ai pas le droit de faire cette proposition quand l'Assemblée a décidé le contraire; j'ai dit que, si l'on se permettait de rouvrir la discussion en faveur du roi, il faudrait l'ouvrir pour tout le monde.

Necker dans son rapport avait abandonné le *veto absolu* pour le *veto suspensif*.

Camus dit que la sanction ne peut s'appliquer à la constitution, que ce n'était pas le sens de sa question.

MIRABEAU. — Demander *y aura-t-il une sanction?* c'est demander si la loi sera promulguée ou exécutée. Le roi pourra-t-il refuser ou non la promulgation? telle est la seule question digne de nous occuper.

On propose une nouvelle rédaction : *La sanction royale est-elle nécessaire pour la promulgation des lois?*

MIRABEAU. — Je propose de délibérer successivement sur les questions suivantes :

1° La sanction royale sera-t-elle nécessaire pour la validité des actes du Corps législatif?

J'observe que cette première rédaction a le double avantage d'embrasser toutes les opérations du Corps législatif, les *impôts* aussi bien que les projets de *lois*, et de ne point donner le nom de loi à des actes qui n'ont pas reçu leur complément; d'ailleurs on évite de se servir du mot loi, et si la loi est réellement loi, du moment où elle est proposée par le Corps législatif, elle n'aura besoin du consentement de personne pour exister dans toute sa force. Enfin ma rédaction sépare très distinctement la constitution de la législation.

Voici les autres questions :

2° Le roi sera-t-il libre de refuser la sanction royale

aux actes à la validité desquels elle est nécessaire?

3º Lorsque le roi aura refusé sa sanction, pourra-t-il être contraint à l'accepter sur la proposition d'une autre législature ?

4º Cette législature, qui aura le droit de contraindre le roi à la sanction, sera-t-elle la seconde législature, ou la troisième, ou la quatrième ?

La motion de Mirabeau est soutenue par Lally-Tollendal, et Berthon et plusieurs membres demandent la lecture du mémoire.

MIRABEAU. — Si le roi, en venant dans cet'e Assemblée, n'était chargé que d'un message, il n'aurait pas le droit d'être entendu ; la nation n'est pas une p٪. tie, mais elle est le tout; et, ainsi, messieurs, les opinants ont mal saisi ma motion, puisque je m'oppose à la lecture.

Des débats violents s'engagent, à la suite desquels l'Assemblée décide que le mémoire ne sera pas lu. Discussions sur le mot sanction.

MIRABEAU. — Faut-il ou ne faut-il pas une sanction? c'est-à-dire, en d'autres termes, la loi doit-elle être promulguée et exécutée ou non? et je n'entends pas comment on a occupé vos moments d'une manière si niaise; sans doute elle doit être exécutée, car il est de toute évidence qu'il faut une sanction.

Le roi aura-t-il ou n'aura-t-il pas le droit d'arrêter l'exécution et la promulgation de la loi? Voilà ce qui nous agite actuellement, et c'est ainsi que je poserais la question.

L'Assemblée avait décrété qu'il ne serait fait aucun amendement aux trois propositions de Camus, mais elle revint sur son décret après la discussion du mot sanction. Mirabeau fait l'amendement suivant :

MIRABEAU. — *Le roi aura-t-il ou n'aura-t-il pas le droit*

d'arrêter la promulgation et l'exécution de la loi? Ce droit aura-t-il un effet absolu ou suspensif? Si l'exercice du droit est absolu, pour combien de législatures le sera-t-il?

Clermont-Tonnerre propose une nouvelle rédaction de l'amendement de Mirabeau, et Target demande que le mot *loi* soit remplacé par *les actes du pouvoir législatif.*

MIRABEAU. — Il me semble qu'il y a des inconvénients à demander si la sanction royale est nécessaire à la promulgation de la loi. Il y a de la contradiction dans ces termes. La loi est déjà loi, et alors toute sanction lui devient inutile. Je désirerais donc que l'on suppléât aux mots *lois* par ceux-ci : *les actes du pouvoir législatif.* J'y vois l'avantage de résoudre une grande difficulté : c'est de marquer la ligne qui sépare la constitution et la législation ; il en est de même pour les impôts, ils ne sont pas lois.

Le *veto* est voté par 843 voix contre 143, et il est décidé que le *veto* sera *suspensif*, et non *indéfini*, par 673 voix contre 325.

SÉANCE DU 14 SEPTEMBRE

Deux questions étaient à l'ordre du jour : 1° Le renouvellement des membres de chaque législature se fera-t-il en tout ou en partie ? 2° Dans le cas où le refus du roi aura lieu comme suspensif, pendant quel temps ce refus pourra-t-il durer ? sera-ce pendant une ou plusieurs législatures ?
L'Assemblée décide que pour chaque législature les membres seront renouvelés entièrement. Avant de discuter la seconde question, Barnave demande si les arrêtés du 4 août doivent être soumis au *veto* suspensif ou sanctionnés purement et simplement, et il propose de surseoir à l'ordre du jour jusqu'à ce qu'il ait été statué sur ces arrêtés.

MIRABEAU. — Il n'est pas nécessaire de mettre en question si les arrêtés du 4 août doivent être sanctionnés ;

certainement ce point-là est jugé, et nous ne prétendons pas le .smettre en question. Il fallait sans doute les promulguer plus tôt; ce n'était pas obscurcir le travail de la constitution, c'était au contraire le rendre moins difficile. Il paraît impossible dans ce moment d'en suspendre plus longtemps la promulgation; tous les esprits ne sont que trop inflammables. Les arrêtés du 4 août sont rédigés par le pouvoir constituant; dès lors ils ne peuvent être soumis à la sanction; et, permettez-moi de vous le dire, vous n'auriez jamais dû décider d'autres questions sans juger celle-ci; vous n'auriez pas dû songer, permettez-moi cette expression triviale, à élever un édifice sans déblayer le terrain sur lequel vous voulez construire.

Les arrêtés du 4 août ne sont pas des lois, mais des principes et des bases constitutionnels. Lors donc que vous avez envoyé à la sanction les actes du 4 août, c'est à la promulgation seulement que vous les avez adressés; et le Corps législatif éprouverait des débats terribles, des questions épineuses, des débats de compétence, si les arrêtés n'étaient pas promulgués purement et simplement. Je conclus fortement à ce que rien ne soit décidé sur ce qui peut rendre immuables, consolider, renforcer les prérogatives royales avant que les arrêtés ne soient sanctionnés.

Lally-Tollendal, de Virieu, Rewbell, l'abbé Maury, Petion de Villeneuve, Robespierre parlent pour ou contre la suspension des délibérations sur la prérogative royale.

Mirabeau. — Bien loin de m'étonner et de m'affliger de l'espèce de chaleur qui se manifeste parmi nous, je m'en applaudis au contraire. La matière qui l'excite paraît sans doute importante par le bruit même qu'elle occasionne; nous avons jeté, je le répète, un voile religieux sur une vérité avouée; mais, dès que cette vérité est attaquée, il faut tirer le voile pour la défendre.

La question préalable me paraît évincée par la nécessité de délibérer sur la question présente ; et comme ce n'est pas par du bruit qu'il faut répondre, nous allons donner des raisons.

La première objection est une fin de non-recevoir. Vous êtes dans une manière de constitution, ou vous n'y êtes pas ; si vous y êtes, vous avez jeté un voile religieux sur la question qui touche la prérogative royale ; respectez le roi ; si vous n'y êtes pas, vous êtes dans l'ordre du jour. Le voile religieux ne doit pas empêcher l'Assemblée Nationale de s'expliquer et de manifester un principe qui est universel, et qui ne doit jamais souffrir des circonstances.

Pour n'avoir pas voulu énoncer le principe, nous ne l'avons pas abandonné.

Un autre membre dit que ces articles n'étaient pas constitutionnels ; je lui sais gré, dans les citations qu'il nous a données, de n'avoir pas parlé des pigeonniers ; mais ces articles se divisent : les uns sont constitutionnels, les autres sont des petits sacrifices particuliers de munificence privée. Mais certes, le régime féodal était constitutif ; les philosophes diraient peut-être qu'il est anti-constitutionnel ; mais nous n'avons pas encore leur précision. Les privilèges de province ne sont pas relatifs à la constitution. Ces principes ne sont pas contestés, même par l'abbé Maury, qui appelle une constitution la distribution des pouvoirs.

Quant aux munificences privées du Clergé, telles que le casuel, elles tiennent à la morale, et le Clergé ne les révoquera certainement pas.

J'ose attester encore à l'honorable membre qui nous a apporté son colombier, comme Tibulle son moineau, que je n'en parle pas encore comme étant un principe constitutionnel.

Il est un principe général dans le cœur et dans la tête de tous les membres de cette Assemblée, et qui décide la question : c'est que la volonté générale fait la loi, et elle s'est assez manifestée par les arrêtés, les adresses et les actes d'adhésion de toutes les provinces, par l'allégresse, et je demande si la volonté générale peut être plus solennellement manifestée. Je demande donc que l'arrêté, tel qu'il a été envoyé au bureau par M. Barnave, soit lu, et j'y adhère de toutes mes forces.

L'Assemblée se sépare sans décision.

SÉANCE DU 15 SEPTEMBRE

L'Assemblée avait à statuer sur la motion de Barnave, mais après discussion, elle ne prit encore aucune résolution. Le baron de Juigné proposa à l'Assemblée de consacrer les principes de l'hérédité de la couronne et de l'inviolabilité de la personne du roi. Adopté à l'unanimité. Arnoult demande que la branche des Bourbons d'Espagne soit exclue de l'hérédité, par suite de sa renonciation à la couronne de France, inscrite dans le traité d'Utrecht.

MIRABEAU. — Sans doute, il faudra bien s'occuper un jour de cette question, ne fût-ce que pour substituer à cette expression trop longtemps consacrée de *pacte de famille*, celle de *pacte national*. Mais nos circonstances ne nous permettent pas de nous occuper de nos relations extérieures, et je propose que l'affaire soit ajournée.

L'ajournement n'est pas accepté, et l'Assemblée déclare qu'il n'y a pas lieu à délibérer sur la question.

MIRABEAU. — La connaissance que j'ai de la géographie de l'Assemblée, et la place d'où sont parties les oppositions à l'ajournement et les *il n'y a pas lieu à délibérer*, me font sentir qu'il ne s'agit ici de rien moins que d'introduire en France une domination étrangère ; et qu'au fond, la proposition espagnole de la question préalable pourrait bien être une proposition autrichienne. Je ne reviens cependant pas sur la question, puisqu'elle a été écartée ; mais il en est une parfaitement connexe avec celles qui nous ont occupés ce matin, d'une importance égale, et sur laquelle je propose de délibérer ; je demande qu'il soit déclaré, en addition au décret proposé, que nul né pourra exercer la régence, qu'un HOMME né en France.

M. DE MORTEMART. — La clause de la renonciation de la maison d'Espagne à la couronne de France n'existe pas dans le traité d'Utrecht; mais seulement celle-ci, *que les deux couronnes ne pourront être réunies sur la même tête.*

MIRABEAU. — J'appelle à l'ordre l'opinant; son assertion est profondément fausse; elle insulte notre droit public; elle blesse la dignité nationale; elle tend à faire croire que des individus peuvent léguer des nations comme de vils troupeaux.

M. DE SILLERY. — Voici deux pièces triomphantes contre l'opinion de M. Mortemart: la renonciation même du roi d'Espagne et les lettres patentes de 1713. Je les tiens en main.

MIRABEAU. — Je réclame derechef, et aux termes du règlement, la division de la motion. Il est naturel et nécessaire qu'elle soit divisée, puisque sa première partie, loin d'être contestée, est accueillie par l'unanimité la plus honorable pour l'esprit national et la maison régnante; et que la seconde est non seulement sévèrement critiquée, mais qu'elle établit encore une contradiction manifeste dans les décrets, par cela seul qu'elle préjuge le point important sur lequel vous avez déclaré qu'il n'y avait pas lieu à délibérer. Je conclus donc à la division de la question, et je fais observer que l'acharnement que, de part et d'autre, on met dans la discussion depuis plus d'une heure, donne plutôt à ce débat la couleur d'une querelle d'amour-propre que celle d'une conférence solennelle. J'ajoute que cet acharnement me paraît d'autant plus inconcevable, qu'assurément il est difficile de croire qu'une portion de cette Assemblée, ou même l'Assemblée entière, veuille jamais donner à la France un roi malgré la nation.

Duval d'Espremenil traite le fond de la question. On refuse à Mirabeau de lui répondre.

MIRABEAU. — Cependant, s'il est permis à M. d'Esprémenil de se jeter dans le fond de la question, il doit m'être permis de l'y suivre; si, pressé de son saint amour pour la loi salique, il veut absolument qué nous nous occupions de la loi salique, moi aussi, je demande à parler sur la loi salique, et je promets de ne pas même exiger qu'on me la représente.

La suite de la discussion est remise au lendemain.

SÉANCE DU 16 SEPTEMBRE

Au décret sur l'hérédité à la couronne, Target propose cet amendement : « *Sans entendre rien préjuger sur l'effet des renonciations sur lesquelles, le cas arrivant, une Convention nationale prononcera.* »

MIRABEAU. — Il me paraît indigne de l'Assemblée de biaiser sur une question de l'importance de celle qui nous occupe. Autant les circonstances ont pu nous permettre, et peut-être dû nous inviter à nous abstenir de cette affaire, autant, si nous en sommes saisis, il importe qu'elle soit jugée; et ce n'est pas sur des diplômes, des renonciations, des traités, que vous aurez à prononcer; c'est d'après l'intérêt national.

En effet, si l'on pouvait s'abaisser à considérer cette cause en droit positif, on verrait bientôt que le procureur le plus renommé par sa mauvaise foi n'oserait pas soutenir contre la branche de France, ni vous en refuser le jugement, que le monarque le plus asiatique qui ait jamais régné sur la France, vous a renvoyé lui-même...

A l'ordre! à l'ordre!

Messieurs, je ne sais comment nous concilierons le tendre respect que nous portons au monarque, honoré par nous du titre de *restaurateur de la liberté*, avec cette superstitieuse idolâtrie pour le gouvernement de Louis XIV, qui en fut le principal destructeur. Je suis donc dans l'ordre, et je continue. — Je défie qu'on ose me nier que toute nation a le droit d'instituer son gouvernement, de choisir ses chefs, et de déterminer leur succession.

On crie : « Aux voix ! »

Je déclare que je suis prêt à traiter la question au fond, à l'instant même ; à montrer que, si toute nation a intérêt que son chef se conforme à ses mœurs, à ses habitudes, à ses convenances locales, qu'il soit sans propriétés ni affections étrangères, cela est plus vrai des Français que d'aucun autre peuple ; que si le sacerdoce veut de l'inquisition, et le patriciat de la grandesse, la nation ne veut qu'un prince français ; que les craintes par lesquelles on cherche à détourner notre décision sont puériles ou mal fondées ; mais que l'Europe, et l'Espagne surtout, n'ont point dit avec Louis XIV : *Il n'y a plus de Pyrénées* ; qu'en laissant maintenant la question indécise, s'il y a une question, on répandra des germes innombrables de discordes intestines ; et enfin que je ne pourrai que conclure, s'il y a une question, à ce qu'elle soit jugée ; s'il n'y en a pas, à ce que la rédaction de l'article soit refaite hors de l'Assemblée ; car ici elle consommerait trop de temps, et n'atteindrait jamais un certain degré de perfection, les douze cents représentants fussent-ils douze cents écrivains excellents...

L'amendement de Target est adopté.

SÉANCE DU 18 SEPTEMBRE

Le roi avait remis au président de l'Assemblée un mémoire contenant ses observations sur les arrêtés du 4 août. Il fut lu dans cette séance. Ce n'était pas la sanction demandée au roi. Le Chapelier dit : « Je propose, pour éviter toute équivoque, de décider tout de suite quels seront les termes et la forme de cette sanction, et de ne point désemparer que la promulgation ne soit obtenue. » Cette motion avait été acclamée.

MIRABEAU. — Non seulement la motion de M. Le Chapelier n'est pas irrégulière, mais elle seule est précisément conforme à la loi que vous vous êtes imposée. On lit dans l'article X du chap. IV du règlement ces propres paroles : « Toute question qui aura été jugée, toute loi qui aura été portée dans une session de l'Assemblée Nationale ne pourra pas y être agitée de nouveau... » Je demande, messieurs, si les arrêtés du 4 août sont ou ne sont pas *une question jugée.*

Et qu'on ne subtilise pas, en disant que nulle loi n'est portée à cet égard ; car je me retrancherais à prier les controversistes de m'expliquer la première partie de l'article invoqué, *toute question jugée*, etc.

Mais j'ai méprisé toute ma vie les *fins de non-recevoir,* et je ne m'apprivoiserai pas avec ces formes de palais dans une question si importante. Examinons-la donc sous un autre aspect.

Revenir sur les articles du 4, est un acte également irrégulier, impolitique et impossible. Examiner si l'on n'aurait pas dû, comme on le pouvait incontestablement, se dispenser de les porter à la sanction, serait superflu, puisqu'ils y ont été portés. Cherchons donc le parti qu'il nous reste à prendre.

Ici je me vois contraint de faire une remarque que la nature des circonstances publiques rend très délicate, mais que la rapidité de notre marche, et l'hésitation du gouvernement rendent encore plus nécessaire. Depuis que les grandes questions de la constitution s'agitent, nous avons montré à l'envi la crainte d'ajouter à la fermentation des esprits, ou seulement de la nourrir par l'énonciation de quelques principes évidents de leur nature, mais nouveaux pour des Français dans leur application; et que, par cela même qu'en matière de constitution, on peut les regarder comme des axiomes, nous avons cru pouvoir nous dispenser dé consacrer.

Ces considérations étaient dignes de votre sagesse et de votre patriotisme. Mais si, au lieu de nous savoir gré de notre respect religieux, on en conclut contre les principes que nous avons voulu taire, et non dissimuler, a-t-on bien calculé combien on provoquait notre honneur, et le sentiment de nos devoirs à rompre le silence?

Nous avons pensé, pour la plupart, que l'examen du pouvoir constituant dans ses rapports avec le prince était superflu au fond, et dangereux dans la circonstance. Mais cet examen n'est superflu qu'autant que nous reconnaissons tous, tacitement du moins, les droits illimités du pouvoir constituant. S'ils sont contestés, la discussion en devient nécessaire, et le danger serait surtout dans l'indécision.

Nous ne sommes point des sauvages, arrivant nus des bords de l'Orénoque pour former une société. Nous sommes une nation vieille, et sans doute trop vieille pour notre époque. Nous avons un gouvernement préexistant, un roi préexistant, des préjugés préexistants. Il faut, autant qu'il est possible, assortir toutes ces choses à la Révolution, et sauver la soudaineté du passage. Il le faut, jusqu'à ce qu'il résulte de cette tolérance une violation. pratique des principes de la liberté nationale, une dissonance absolue dans l'ordre social. Mais si l'ancien ordre de choses et le nouveau laissent une lacune, il faut franchir le pas, lever le voile, et marcher.

Aucun de nous, sans doute, ne veut allumer l'incendie dont les matériaux sont si notoirement prêts, d'une extrémité du royaume à l'autre. Le rapprochement, où la nécessité des affaires suffit pour nous contenir, ressemble certainement plus à la concorde que l'état de situation de nos provinces, qui, au poids de nos propres inquiétudes et des dangers de la chose publique, mêlent le sentiment de leurs propres maux, la triste influence de leurs divisions particulières, et les difficultés de leurs intérêts partiels. Traitons donc entre nous; appuyons ces réticences, ces suppositions notoirement fausses, ces locutions manifestement perfides, qui nous donnent à tous la physionomie du mensonge et l'accent des conspirateurs. Parlons clairement; posons et discutons nos prétentions et nos doutes; disons, osons nous dire mutuellement : Je veux aller jusque-là; je n'irai pas plus loin. — Vous n'avez droit d'aller que jusqu'ici, et je ne souffrirai pas que vous outre-passiez votre droit. Ayons la bonne foi de tenir ce langage; et nous serons bientôt d'accord. Mars est le tyran, mais le droit est le souverain du monde. Débattons, sinon fraternellement, du moins paisiblement : ne nous défions pas de l'empire de la vérité et de la raison : elles finiront par dompter, ou, ce qui vaut mieux, par modérer l'espèce humaine, et gouverner tous les gouvernements de la terre.

Mais, messieurs, si nous substituons l'irascibilité de l'amour-propre à l'énergie du patriotisme, les méfiances à la discussion, de petites passions haineuses, des réminiscences rancunières à des débats réguliers et vraiment faits pour nous éclairer, nous ne sommes que d'égoïstes prévaricateurs ; et c'est vers la dissolution et non vers la constitution que nous conduisons la monarchie, dont les intérêts suprêmes nous ont été confiés pour son malheur.

L'exécution soudaine des arrêtés du 4 août, statués avec une précipitation qu'à nécessitée la sorte d'émulation qui entraîna l'Assemblée, aurait produit sans doute de grands inconvénients. Vous l'avez senti, messieurs, et vous y avez obvié de vous-mêmes, puisque vous avez opposé une réserve à chacun de ces arrêtés. Le roi, en opposant les difficultés qui pourraient s'élever dans leur exécution, ne fait donc que répéter vos propres observations; d'où il résulte que la suspension de la sanction n'en saurait être motivée. D'abord, parce que vous avez demandé au roi, non pas son consentement à vos arrêtés, mais leur promulgation; ensuite, parce que l'hésitation à promulguer atteste des obstacles qui n'existent pas encore. Je m'expliquerai par deux exemples.

Si vous apportiez au roi l'abolition de certains offices, sans lui montrer l'hypothèque du remboursement de leur finance, le conservateur de toutes les propriétés aurait le droit et le devoir de vous arrêter. Si même vous aviez retiré les dîmes pour l'avantage de certains particuliers, et sans les appliquer à quelque partie du service public, dont les besoins urgents ont surtout provoqué ce retrait, qui a excité tant de réclamations, l'auguste délégué de la nation aurait droit d'aviser votre sagesse.

Mais vous consacrez comme maxime la non-vénalité des offices, et il n'y a pas aujourd'hui un homme en Europe, cultivant sa raison et sa pensée avec quelque respect de lui-même, qui osât établir une théorie contraire. Le roi n'a donc, ni le droit, ni l'intérêt de s'opposer à la déclaration d'une telle maxime.

Vous déclarez le service des autels trop cher, leurs ministres de respectables, mais de simples salariés, comme officiers de morale, d'instruction et de culte; vous déclarez le principal impôt sur lequel étaient assignés leurs salaires, destructif de la propriété de l'agriculture : le roi ne peut pas et ne doit pas nier cette vérité, ni en arrêter la promulgation.

Cette observation s'applique à tous vos intérêts du 4. Encore une fois, on aurait pu ne pas demander au roi de les sanctionner. Mais, puisqu'on l'a fait, puisque les imaginations, permettez-moi de m'exprimer ainsi, sont en jouissance de ces arrêtés; puisque, s'ils étaient contestés aujourd'hui, les méfiances publiques, les mécontentements presque universels en seraient très aggravés; puisque le Clergé qui perdrait de droit le remplacement des dîmes, n'en aurait pas moins perdu les dîmes de fait; puisque la Noblesse, qui pourrait refuser de transiger sur les droits féodaux, ne se les verrait pas moins ravir par l'insurrection de l'opinion, nous sommes tous intéressés à ce que la sanction pure et simple de ces arrêtés, réprimés par l'effet de nos propres réserves, rétablisse l'harmonie et la concorde. Alors nous arriverons paisiblement à la promulgation des lois, dans la confection desquelles nous prendrons en très respectueuse considération les observations du roi, et où nous mesurerons avec beaucoup de maturité les localités, et les autres difficultés de détail, plus nécessaires à considérer dans l'application des maximes constitutionnelles que dans leur énonciation.

J'appuie donc la motion de M. Chapelier, et je demande que votre président reçoive l'ordre de se retirer de nouveau auprès du roi, pour lui déclarer que nous attendons, séance tenante, la promulgation de nos arrêtés.

La discussion continue le lendemain et il est décidé que le président se retirera par devers le roi pour lui demander sa sanction des arrêtés du 4 août.

SÉANCE DU 19 SEPTEMBRE

La veille, Volney avait proposé à l'Assemblée de déterminer : 1° le nombre des membres du Corps législatif; 2° les conditions requises pour être électeur; 3° le mode d'élection. Puis, cela fait, d'ordonner une élection de députés d'après la manière qui aurait été résolue. Dans la séance du 19, le vicomte de Mirabeau avait demandé la priorité pour cette motion et plusieurs membres avaient au contraire réclamé une discussion sur les finances.

MIRABEAU. — Je quitte un moment l'ordre du jour pour appuyer la motion du président du comité des finances. Il est certain que, si nous ne consacrons jamais aux affaires de son département que les soirées remplies de rapports, et occupées par des hommes rendus de fatigue et privés du temps nécessaire pour méditer et s'instruire, nous serons assaillis au dépourvu par les plus tristes événements. Il est certain que le premier ministre des finances viendra nous déclarer incessamment qu'il est forcé de nous rendre responsables de la banqueroute peut-être, certainement de la suspension des paiements, et des suites incalculables qu'elle peut avoir. Il est certain que la constitution ne peut plus marcher sans les finances, ni les finances sans la constitution.

Oui, messieurs, c'est en vain que nous ferions une bonne constitution et des lois sages. Si la clef de la voûte sociale manque, si les perceptions ne se rétablissent pas, si l'autorité tutélaire reste sans moyen et sans ressort, si l'Etat désorganisé ne présente aux Français que l'arène famélique et sanglante de l'anarchie, nos travaux sont bien inutiles et nos efforts impuissants : car le gouvernement abdique, qui ne peut plus nourrir la société qu'il régit; et la société est dissoute, qui ne peut plus travailler et jouir en paix sous le pavois de l'autorité tutélaire. Consacrons donc au moins deux jours par semaine aux finances, et surtout le recueillement de l'attention, et la ferveur du patriotisme également infatigable et incorruptible.

Je reviens à l'ordre du jour, et je réponds à celui[1] des préopinants qui a réclamé la priorité pour la motion de M. de Volney. J'ai toujours regardé comme la preuve d'un très bon esprit, qu'on fît son métier gaiement. Ainsi je n'ai garde de reprocher au préopinant sa joyeuseté dans des circonstances qui n'appellent que trop de tristes réflexions et de sombres pensées. Je n'ai pas le droit de le louer; il n'est ni dans mon cœur, ni dans mon intention de le critiquer; mais il est de mon devoir de réfuter ses opinions lorsqu'elles me paraissent dangereuses.

Telle est, à mon sens, la motion qu'il a soutenue.

1. Le frère de Mirabeau.

Certainement elle est le produit d'un très bon esprit, et surtout d'une âme très civique et très pure; certainement, à l'isoler de l'ensemble de nos circonstances et de nos travaux, elle est sainte en principes; mais j'y vois d'abord une difficulté insoluble, le serment qui nous lie à ne pas quitter l'ouvrage de la constitution, qu'il ne soit consommé... Ce peu de mots suffirait sans doute pour écarter cette motion; mais je voudrais ôter le regret même à son auteur, en lui montrant combien elle est peu assortie à nos circonstances, à la pieuse politique qui doit diriger notre conduite.

Et pour vous le démontrer, messieurs, je me servirai de l'argument même avec lequel on a prétendu soutenir cette motion : « Il est impossible d'opérer le bien par la diversité de nos opinions et de nos moyens. Il faut convoquer les provinces pour leur demander de nous envoyer des successeurs, puisque nous sommes discords et inaccordables... » Est-ce bien là, messieurs, le langage que nous devons tenir? Est-ce là ce que nous devous croire? Est-ce là ce que nous devons être? Nous avouerons donc que notre amour-propre nous est plus sacré que notre mission, notre orgueil plus cher que la patrie, notre opiniâtreté plus forte que la raison, impénétrable à notre bonne foi, et totalement exclusive de la paix, de la concorde, de la liberté. Ah! si telle était la vérité, nous ne serions pas même dignes de la dire; nous n'en aurions pas le courage; et ceux qui provoquent de telles déclarations prouvent par cela même que leurs discours sont de simples jeux d'esprit, où ils nous prêtent fort injustement des sentiments tout à fait indignes de nous.

C'est donc précisément parce que demander des successeurs, serait nous déclarer *discords et inaccordables*, que nous ne porterions pas un tel décret, quand un serment solennel, base de la constitution, et palladium de la liberté française, ne nous l'interdirait pas. A Dieu ne plaise que nous regardions comme impossible *d'opérer le bien par la diversité de nos opinions et de nos moyens!*

Il était impossible que dans les premiers temps d'une première Assemblée Nationale, tant d'esprits si opposés, tant d'intérêts si contradictoires, même en tendant au même but, ne perdissent beaucoup de temps et beaucoup de leurs forces à se combattre : mais ces jours de dissensions finissent pour nous; les esprits, même en se heurtant, se sont pénétrés; ils ont appris à se connaître et à s'entendre. Nous touchons à la paix; et si nous mettons à notre place d'autres députés, ce premier moment serait peut-être encore pour eux celui de la guerre. Restons donc à nos postes, mettons à profit jusqu'à nos fautes, et recueillons les fruits de notre expérience.

Mais, dit-on, l'approbation unanime qu'a reçue la motion de M. de Volney n'est-elle pas une preuve invincible que chacun de nous a reconnu que la véritable situation de cette Assemblée était cet état *de discordance inaccordable* qui invoque nos successeurs? Non, sans doute; je ne trouve dans ce succès que l'effet naturel qu'a tout sentiment généreux sur les hommes assemblés. Tous les députés de la nation ont senti à la fois que leurs places devaient être aux plus dignes; tous ont senti que lorsqu'un des plus estimables d'entre nos collègues provoquait sur lui-même le contrôle de l'opinion, il était naturel d'anticiper sur les décrets de la nation, et que nous aurions bonne grâce à préjuger contre nous. Mais cet élan de modestie et de désintéressement doit faire place aux réflexions et aux combinaisons de la prudence.

Et si l'esprit dans lequel on soutient la motion de M. de Volney pouvait avoir besoin d'être encore plus développé, il ne faudrait que réfléchir quelques instants sur les deux amendements que le préopinant a proposés.

« Nul membre de l'Assemblée actuellement existante ne pourra être réélu pour la prochaine Assemblée. » Ainsi, nous voilà, donnant des ordres à la nation! Il y aura désormais dans les élections une autre loi que la confiance. Eh! messieurs, n'oublions jamais que nous devons consulter et non dominer l'opinion publique. N'oublions jamais que nous sommes les représentants du souverain, mais que nous ne sommes pas le souverain.

« Aucun membre de l'Assemblée actuelle ne pourra se présenter dans les assemblées élémentaires, ni dans les lieux d'élection... et nous nous serons rendu justice. »

Je ne sais s'il est bien de faire ainsi ses propres honneurs; mais je ne conçois pas qu'on puisse se permettre de faire à ce point ceux des autres. Ainsi, pour prix d'un dévouement illimité, de tant de sacrifices, de tant de périls bravés, soutenus, provoqués avec une intrépidité qui vous a valu, messieurs, quelque gloire; d'une continuité de travaux, mêlés, sans doute, de tous les défauts des premiers essais, mais auxquels la nation devra sa liberté, et le royaume sa régénération, nous serons privés de la prérogative la plus précieuse, du droit de cité. Exclus du Corps législatif, nous serions encore exilés dans notre propre patrie! Nous, qui réclamerions, s'il était possible, un droit plus particulier de chérir, de défendre, de servir la constitution que nous aurons fondée, nous n'aurions pas même l'honneur de pouvoir désigner des sujets plus dignes que nous de la confiance publique! Nous perdrions enfin le droit qu'un citoyen ne peut jamais perdre sans que la liberté de la nation soit violée, celui de participer à la représentation, d'être électeur ou éligible,

La priorité n'est pas accordée à la motion de Volney

SÉANCE DU 21 SEPTEMBRE

Le président annonce que le roi a sanctionné les décrets. On lit une délibération de la municipalité de Versailles par laquelle elle demande un secours de mille hommes d'infanterie française.

MIRABEAU. — Certainement, lorsque des circonstances

urgentes exigent du pouvoir exécutif des précautions extraordinaires et désirée., il est de son devoir d'augmenter la force armée dans tel ou tel lieu; il est aussi de son devoir de communiquer au Corps législatif le motif de ce rassemblement de troupes. Mais une municipalité quelconque, quels que soient ses motifs, ne peut appeler un corps d'armée dans le lieu où réside le Corps législatif, sans y être autorisée par lui.

Foucault et Fréteau estiment que la municipalité de Versailles a le droit d'appeler des troupes comme les autres municipalités, et Blauzat pense qu'on peut lui en demander les motifs.

MIRABEAU. — Je ne dispute point à la municipalité de Versailles le droit de requérir des troupes au besoin, et je ne désapprouve en aucune manière la dernière mesure, dont je ne connais pas les motifs ; mais je dis que l'Assemblée Nationale, en permettant aux municipalités d'invoquer des troupes régulières, ne s'est apparemment pas interdit, surtout dans le lieu où elle était séante, de se faire rendre compte des raisons qui provoquaient une pareille demande.

J'ajoute qu'il serait singulier que la municipalité de Versailles pût recevoir des confidences ministérielles qui devraient être ignorées de l'Assemblée Nationale, et qu'on interdît à celle-ci de porter un vif intérêt aux détails que l'on assure compromettre la sûreté de la ville et de la personne du roi.

Je demande que la lettre de M. de Saint-Priest à la municipalité, et le réquisitoire du commandant de la garde de Versailles, soient communiqués à l'Assemblée Nationale.

L'Assemblée décide qu'il n'y a pas lieu à délibérer sur la demande de la municipalité de Versailles.

SÉANCE DU 22 SEPTEMBRE

Le deuxième article constitutionnel était ainsi rédigé : « *Aucun acte de législation ne pourra être considéré comme loi, s'il n'a été fait par les députés de la nation et sanctionné par le roi.* » On propose comme amendement au texte : *Aucun acte du pouvoir législatif.*

MIRABEAU. — Je demande ce qu'on entend par *un acte de législation* qui n'est pas une loi. Ces deux expressions sont parfaitement synonymes. Je ne connais d'autre réponse à cette observation que : *aux voix!* et j'avoue que cette réponse me paraît sans réplique. Mais, si l'on veut s'entendre, on dira : Sommes-nous d'accord sur la chose que nous voulons définir par l'article proposé? Si c'est la loi, il faut dire simplement : La loi est l'acte du pouvoir législatif, sanctionné par le roi. Si c'est, comme je le crois, la nature et les bornes du pouvoir exécutif que nous voulons déterminer, il faut changer d'un bout à l'autre la rédaction de l'article, sous peine de nous soumettre à un galimatias évident, ou bien l'article dirait : *Un acte du Corps législatif ne sera autre chose qu'un acte du Corps législatif.* J'observe, en finissant, qu'il ne serait pas mal que l'Assemblée Nationale de la France parlât français, et même écrivît en français les lois qu'elle propose.

SÉANCE DU 26 SEPTEMBRE

L'ordre du jour appelle la lecture d'un *rapport du comité des finances sur le discours du premier ministre des Finances et sur les moyens qu'il indique pour venir promptement au secours de l'État et pour parer aux malheurs qui menacent la fortune publique.* Le marquis de Montesquiou expose le plan de Necker au nom du comité.

MIRABEAU. — Messieurs, tous les détails que nous demandons, quant à présent, sont des questions de simple curiosité, absolument étrangères à la résolution importante qu'il nous faut arrêter aujourd'hui. Il y a déjà trois jours que le ministre des Finances vous a peint les dangers qui nous environnent, avec l'énergie que réclame une situation presque désespérée; il vous demande les secours les plus urgents; il vous indique des moyens; il vous presse de les accepter. Votre comité des finances vient de vous soumettre un rapport parfaitement conforme à l'avis du ministre : c'est sur cet avis et sur ce rapport qu'il s'agit de délibérer.

Mais telle est ici la fatalité de nos circonstances. Nous avons d'autant moins le temps et les moyens nécessaires pour délibérer, que la résolution à prendre est plus décisive et plus importante. Les revenus de l'État sont anéantis, le trésor est vide, la force publique est sans ressort; et c'est demain, c'est aujourd'hui, c'est à cet instant même, que l'on a besoin de votre intervention.

Dans de telles circonstances, messieurs, il me paraît impossible, soit d'offrir un plan au premier ministre des Finances, soit d'examiner celui qu'il nous propose.

Offrir un plan n'est pas notre mission, et nous n'avons pas une seule des connaissances préliminaires indispensables pour essayer de se former un ensemble des besoins de l'État et de ses ressources.

Examiner le projet du premier ministre des Finances, c'est une entreprise tout à fait impraticable. La seule vérification de ses chiffres consumerait des mois entiers; et si les objections qu'on pourrait lui faire ne portent que sur des données hypothétiques, les seules que la nature de notre gouvernement nous ait permis jusqu'ici de nous procurer, n'aurait-on pas mauvaise grâce de trop presser des objections de cette nature dans des moments si pressés et si critiques?

Il n'est pas de votre sagesse, messieurs, de vous rendre responsables de l'événement, soit en vous refusant à des moyens que vous n'avez pas le loisir d'examiner, soit en leur en substituant que vous n'avez pas celui de combiner et de réfléchir. La confiance sans bornes que la nation a montrée dans tous les temps au ministre des Finances que ses acclamations ont rappelé, vous autorise suffisamment, ce me semble, à lui en montrer une illimitée dans les circonstances. Acceptez ses propositions sans les garantir, puisque vous n'avez pas le temps de les juger; acceptez-les de confiance dans le ministre, et croyez qu'en lui déférant cette espèce de dictature provisoire, vous remplissez vos devoirs de citoyens et de représentants de la nation.

M. Necker réussira, et nous bénirons ses succès, que nous aurons d'autant mieux préparés, que notre déférence aura été plus entière, et notre confiance plus docile. Que si, ce qu'à Dieu ne plaise! le premier ministre des Finances échouait dans sa pénible entreprise, le vaisseau public recevrait sans doute une grande secousse sur l'écueil où son pilote chéri l'aurait laissé toucher; mais ce heurtement ne nous découragerait pas : vous seriez là, messieurs; votre crédit serait intact; la chose publique resterait tout entière...

Acceptons de plus heureux présages; décrétons les propositions du premier ministre des Finances, et croyons que son génie, aidé des ressources naturelles du plus beau royaume du monde, et du zèle fervent d'une Assemblée qui a donné et qui doit encore de si beaux exemples, saura se montrer au niveau de nos besoins et de nos circonstances.

L'Assemblée accueille ce discours avec un enthousiasme unanime. Elle irait aux voix par acclamations, mais le président demande que le vote ait lieu dans les formes ordinaires, et il propose un décret ainsi rédigé : « *L'Assemblée Nationale, vu l'urgence des circonstances, décrète un secours extraordinaire du quart des revenus de chaque citoyen pour 1790, et renvoie pour le mode au pouvoir exécutif.* »

MIRABEAU. — En énonçant mon avis, je n'ai point entendu, messieurs, rédiger ma proposition en décret. Un décret d'une importance aussi majeure ne peut être imaginé et rédigé au milieu du tumulte. J'observe que le décret, tel qu'il vient de vous être proposé, ne peut pas être le mien, et je désapprouve la sécheresse de ces mots, *renvoie pour le mode au pouvoir exécutif.* Encore une fois, messieurs, *la confiance* illimitée de la nation dans le ministre des Finances justifiera la vôtre; mais il n'en faut pas moins que l'émanation du décret que vous avez à porter soit expressément provoquée par le ministre. Je vois encore un nouvel inconvénient dans la rédaction du décret : il faut bien se garder de laisser croire au peuple que la perception et l'emploi de la charge que vous allez consentir ne sera ni sûre ni administrée par ses représentants. En demandant, messieurs, que votre délibération soit prise sans aucun délai, je demande aussi que la rédaction du décret soit mûrement réfléchie, et je me retirerai de l'Assemblée pour me livrer à ce travail, si vous me l'ordonnez.

L'orateur est invité à se retirer. Il rentre bientôt en séance et il lit le projet de décret.

MIRABEAU. — L'Assemblée Nationale, délibérant sur le discours lu par le premier ministre des Finances à la séance du 24, ouï le rapport du comité de finances, frappée de l'urgence des besoins de l'Etat, et de l'impossibilité d'y pourvoir assez promptement, si elle se livre à un examen approfondi et détaillé des propositions contenues dans ce discours; considérant que la confiance sans borne que la nation entière a témoignée à ce ministre, l'autorise et lui impose en quelque sorte l'obligation de s'abandonner entièrement à son expérience et à ses lumières, a décrété et décrète d'adopter textuellement les propositions du premier ministre des Finances, relatives aux mesures à prendre actuellement pour subvenir aux besoins instants du trésor public, et pour donner les moyens d'atteindre à l'époque où l'équilibre entre les revenus et les dépenses pourra être rétabli d'après un plan général et complet d'imposition, de perception et de dépense; autorise, en conséquence, le premier ministre des Finances à lui soumettre les projets d'ordonnances nécessaires à l'exécution de ces mesures, pour recevoir l'approbation de l'Assemblée, et être ensuite présentés à la sanction royale. »

L'arrêté de Mirabeau est très discuté, et Duval d'Esprémenil l'accuse de flatterie envers Necker.

MIRABEAU. — Je ne crois pas avoir été souvent en ma vie soupçonné ou de flagornerie ou même d'abus d'éloges. Lorsque, dans l'arrêté dont l'Assemblée m'a chargé de lui présenter le projet, j'ai rappelé la confiance sans bornes que la nation a montrée au premier ministre des Finances, c'est un fait que j'ai raconté, ce n'est pas un éloge que j'ai donné. Je me suis rigoureusement conformé à l'esprit de la décision que l'Assemblée Nationale paraissait adopter : je veux dire, l'acceptation de confiance d'un plan que les circonstances ne nous laissaient pas le loisir d'examiner, et la déclaration que cette confiance dans le ministre nous paraissait autorisée par celle que lui avaient montrée nos commettants.

Lorsque je me suis retiré pour préparer ce que l'Assemblée avait bien voulu me charger de rédiger, on a beaucoup dit que j'allais *rapporter de l'éloquence, et non un décret.* Lorsque je reviens, on accuse mon projet de décret *de sécheresse, d'aridité, de malveillance.* Les amis du ministre insinuent que je veux le compromettre, en sauvant de toute responsabilité, dans une occasion si délicate, l'Assemblée Nationale. D'un autre côté, on semble croire que je veux faire manquer les mesures du gouvernement, en spécifiant dans le décret de l'Assemblée qu'elle accepte le plan du ministre, de confiance en l'homme, et sans discuter son projet.

La vérité ne se trouve jamais qu'au milieu des assertions exagérées; mais, s'il est difficile de répondre à des imputations contradictoires, il me sera très facile de mettre à leur aise ceux qui font de grands efforts pour tâcher de me deviner.

Je n'ai point l'honneur d'être l'ami du premier ministre des Finances; mais je serais son ami le plus tendre, que, citoyen avant tout, et représentant de la nation, je n'hésiterais pas un instant à le compromettre plutôt que l'Assemblée Nationale. Ainsi l'on m'a deviné, ou plutôt on m'a entendu; car je n'ai jamais prétendu me cacher. Je ne crois pas, en effet, que le crédit de l'Assemblée Nationale doive être mis en balance avec celui du premier ministre des Finances; je ne crois pas que le salut de la monarchie doive être attaché à la tête d'un mortel quelconque; je ne crois pas que le royaume fût en péril, quand M. Necker se serait trompé; et je crois que le salut public serait très compromis, si une ressource vraiment nationale avait avorté, si l'Assemblée avait perdu son crédit et manqué une opération décisive.

Il faut donc, à mon avis, que nous autorisions une mesure profondément nécessaire, à laquelle nous n'avons, quant à présent, rien à substituer; il ne faut pas que nous l'épousions, que nous en fassions notre œuvre propre, quand nous n'avons pas le temps de la juger.

Mais, de ce qu'il me paraîtrait profondément impolitique de nous rendre les garants des succès de M. Necker, il ne s'ensuit pas qu'il ne faille, à mon sens, seconder son projet de toutes nos forces, et tâcher de lui rallier tous les esprits et tous les cœurs.

Personne n'a le droit de me demander ce que je pense individuellement d'un plan sur lequel mon avis est que nous ne devons pas nous permettre de discussion. Cependant, afin d'éviter toute ambiguïté, et de déjouer toutes les insinuations qui ne tendent qu'à aiguiser ici les méfiances, je déclare que j'opposerais à ce plan de grandes objections, s'il s'agissait de le juger. Je crois que, dans les circonstances infiniment critiques qui nous enveloppent, il fallait créer un grand moyen sans la ressource du crédit : qu'il fallait, en s'adressant au patriotisme, craindre ses réponses; craindre surtout cet égoïsme concentré, fruit de la longue habitude du despotisme ; cet égoïsme qui désire de grands sacrifices à la sûreté publique, pourvu qu'il n'y contribue pas : qu'on devait redouter cette multitude d'incidents qui naissent chaque jour, et dont les mauvais effets circulent dans le royaume longtemps après qu'ils ont pris fin autour de nous : que, les circonstances ne promettant pas un retour de confiance assez prochain pour en faire usage immédiatement, se servir du crédit des ressources volontaires, c'était exposer de très bonnes mesures à être usées quand les sujets d'alarmes ne subsisteront plus : qu'en un mot, c'était d'une contribution forcée qu'il fallait attendre des succès. Et qu'on ne dise pas que ce genre de contribution était impossible ; car de deux choses l'une : ou nous pouvons encore compter sur la raison des peuples, et sur une force publique suffisante pour effectuer une mesure nécessaire à leur salut, ou nous ne le pouvons plus. Dans le premier cas, si la contribution était sagement ordonnée, elle réussirait ; dans le second, peu nous importerait qu'elle échouât ; car il serait prouvé que le mal serait à son dernier période.

Mais cette opinion, comme toute autre, n'est pas une démonstration ; je puis avoir tort, et je n'ai pas même le temps de m'assurer si j'ai tort ou raison. Forcé de choisir en un instant pour la patrie, je choisis le plan que, de confiance pour son auteur, elle préférerait elle-même ; et je conseille à l'Assemblée Nationale de prendre le parti qui me paraît devoir inspirer à la nation le plus de confiance, sans compromettre ses véritables ressources.

Quant à la prétendue sécheresse du décret que je propose, j'ai cru jusqu'ici que la rédaction des arrêtés du Corps législatif ne devait avoir d'autre mérite que la concision et la clarté : j'ai cru qu'un arrêté de l'Assemblée Nationale ne devait pas être un élan de rhéteur ou même d'orateur ; mais je suis loin de penser qu'il faille négliger en cette occasion les ressources de l'éloquence et de la sensibilité. Malheur à qui ne souhaite pas au premier ministre des Finances tous les succès dont la France a un besoin si éminent! Malheur à qui pourrait mettre des opinions ou des préjugés en balance avec la patrie! Malheur à qui n'abjurerait pas toute rancune, toute méfiance, toute haine sur l'autel du bien public! Malheur à qui ne seconderait pas de toute son influence les propositions et les projets de l'homme que la nation elle-même semble avoir appelé à la dictature! Et vous, messieurs, qui, plus que tous autres, avez et devez avoir la confiance des peuples, vous devez plus particulièrement sans doute au ministre des Finances votre concours et vos recommandations patriotiques. Écrivez une adresse à vos commettants, où vous leur montriez ce qu'ils doivent à la chose publique, l'évidente nécessité de leurs secours, et leur irrésistible efficacité; la superbe perspective de la France; l'ensemble de ses besoins, de ses ressources, de ses droits, de ses espérances; ce que vous avez fait, ce qu'il vous reste à faire, et la certitude où vous êtes que tout est possible, que tout est facile à l'honneur, à l'enthousiasme français... Composez, messieurs, publiez cette adresse; j'en fais la motion spéciale; c'est, j'en suis sûr, un grand ressort, un grand mobile de succès pour le chef de vos finances. Mais, avant tout, donnez-lui des bases positives; donnez-lui celles qu'il vous demande, par une adhésion de confiance à ses propositions; et que, par votre fait du moins, il ne rencontre plus d'obstacles à ses plans de liquidation et de prospérité.

Lally-Tollendal propose l'adoption du plan de Necker, et quant à la rédaction du décret, il faut la renvoyer au comité des finances. Dans le tumulte des interpellations, Mirabeau obtient la parole.

MIRABEAU: — Messieurs, au milieu de tant de débats tumultueux, ne pourrai-je donc pas ramener à la délibération du jour par un petit nombre de questions bien simples?

Daignez, messieurs, daignez me répondre. Le premier ministre des Finances ne vous a-t-il pas offert le tableau le plus effrayant de notre situation actuelle? Ne vous a-t-il pas dit que tout délai aggravait le péril? qu'un jour, une heure, un instant, pouvaient le rendre mortel?

Avons-nous un plan à substituer à celui qu'il nous propose? *Oui*, a crié quelqu'un dans l'Assemblée. Je conjure celui qui répond *oui* de considérer que son plan n'est pas connu, qu'il faut du temps pour le développer, l'examiner, le démontrer; que, fût-il immédiatement soumis à notre délibération, son auteur a pu se tromper; que, fût-il exempt de toute erreur, on peut croire qu'il s'est trompé; que, quand tout le monde a tort, tout le monde a raison; qu'il se pourrait donc que l'auteur de cet autre projet, même en ayant raison, eût tort contre tout le monde, puisque, sans l'assentiment de l'opinion publique, le plus grand talent ne saurait triompher des circonstances... Et moi aussi je ne crois pas les moyens de M. Necker les meilleurs possibles; mais le ciel me préserve, dans une situation si critique, d'opposer les miens aux siens! Vainement je les tiendrais pour préférables : on ne rivalise pas en un instant une popularité prodigieuse, conquise par des services éclatants, une longue expérience, la réputation du premier talent de financier connu, et, s'il faut tout dire, des hasards, une destinée telle qu'elle n'échut en partage à aucun autre mortel.

Il faut donc en revenir au plan de M. Necker.

Mais avons-nous le temps de l'examiner, de sonder ses bases, de vérifier ses calculs?... Non, non, mille fois non. D'insignifiantes questions, des conjectures hasardées, des tâtonnements infidèles, voilà tout ce qui, dans ce moment, est en notre pouvoir. Qu'allons-nous donc faire par le renvoi de la délibération? Manquer le moment décisif; acharner notre amour-propre à changer quelque chose à un ensemble que nous n'avons pas même conçu, et diminuer par notre intervention indiscrète l'influence d'un ministre dont le crédit financier est et doit être plus grand que le nôtre... Messieurs, certainement il n'y a là ni sagesse ni prévoyance..., mais du moins y a-t-il de la bonne foi.

Oh! si des déclarations moins solennelles ne garantissaient pas notre respect pour la foi publique, notre horreur pour l'*infâme mot de banqueroute*, j'oserais scruter les motifs secrets, et peut-être, hélas! ignorés de nous-mêmes, qui nous font si imprudemment reculer au moment de proclamer l'acte d'un grand dévouement, certainement inefficace s'il n'est pas rapide et vraiment abandonné. Je dirais à ceux qui se familiarisent peut-être avec l'idée de manquer aux engagements publics, par la crainte de l'excès des sacrifices, par la terreur de l'impôt... : Qu'est-ce donc que la banqueroute, si ce n'est le plus cruel, le plus inique, le plus inégal, le plus désastreux des impôts?... Mes amis, écoutez un mot, un seul mot.

Deux siècles de déprédations et de brigandages ont creusé le gouffre où le royaume est près de s'engloutir. Il faut le combler, ce gouffre effroyable. Eh bien! voici la liste des propriétaires français. Choisissez parmi les plus riches, afin de sacrifier moins de citoyens. Mais choisissez; car ne faut-il pas qu'un petit nombre périsse pour sauver la masse du peuple? Allons, ces deux mille notables possèdent de quoi combler le déficit. Ramenez l'ordre dans vos finances, la paix et la prospérité dans le royaume. Frappez, immolez sans pitié ces tristes victimes, précipitez-les dans l'abîme; il va se refermer... Vous reculez d'horreur... Hommes inconséquents, hommes pusillanimes! Eh! ne voyez-vous donc pas qu'en décrétant la banqueroute, ou, ce qui est plus odieux encore, en la rendant inévitable sans la décréter, vous vous souillez d'un acte mille fois plus criminel, et, chose inconcevable! gratuitement criminel; car enfin, cet horrible sacrifice ferait du moins disparaître le *déficit*. Mais croyez-vous, parce que vous n'aurez pas payé, que vous ne devrez plus rien? Croyez-vous que les milliers, les millions d'hommes qui perdront en un instant, par l'explosion terrible ou par ses contre-coups, tout ce qui faisait la consolation de leur vie, et peut-être leur unique moyen de la sustenter, vous laisseront paisiblement jouir de votre crime? Contemplateurs stoïques des maux incalculables que cette catastrophe vomira sur la France; impassibles égoïstes, qui pensez que ces convulsions du désespoir et de la misère passé-ront comme tant d'autres, et d'autant plus rapidement qu'elles seront plus violentes, êtes-vous bien sûrs que tant d'hommes sans pain vous laisseront tranquillement savourer les mets dont vous n'aurez voulu diminuer ni le nombre ni la délicatesse?... Non, vous périrez; et dans la conflagration universelle que vous ne frémissez pas d'allumer, la perte de votre honneur ne sauvera pas une seule de vos détestables jouissances.

Voilà où nous marchons... J'entends parler de patrio-tisme, d'élans du patriotisme, d'invocations au patrio-tisme. Ah! ne prostituez pas ces mots de patrie et de patriotisme. Il est donc bien magnanime l'effort de donner une portion de son revenu pour sauver tout ce qu'on possède! Eh! messieurs, ce n'est là que de la simple arithmétique; et celui qui hésitera ne peut désarmer l'indignation que par le mépris que doit ins-pirer sa stupidité. Oui, messieurs, c'est la prudence la plus ordinaire, la sagesse la plus triviale, c'est votre intérêt le plus grossier que j'invoque. Je ne vous dis plus comme autrefois : Donnerez-vous les premiers aux nations le spectacle d'un peuple assemblé pour manquer à la foi publique? Je ne vous dis plus : Eh! quels titres avez-vous à la liberté? quels moyens vous resteront pour la maintenir, si dès votre premier pas vous sur-passez les turpitudes des gouvernements les plus cor-rompus; si le besoin de votre concours et de votre sur-veillance n'est pas le garant de votre constitution?... Je vous dis : Vous serez tous entraînés dans la ruine uni-verselle; et les premiers intéressés au sacrifice que le gouvernement vous demande, c'est vous-mêmes.

Votez donc ce subside extraordinaire, qui, puisse-t-il

être suffisant! Votez-le, parce que si vous avez des doutes sur les moyens (doutes vagues et non éclaircis), vous n'en avez pas sur sa nécessité et sur notre impuissance à le remplacer, immédiatement du moins. Votez-le, parce que les circonstances publiques ne souffrent aucun retard, et que nous serions comptables de tout délai. Gardez-vous de demander du temps; le malheur n'en accorde jamais... Eh! messieurs, à propos d'une ridicule motion du Palais-Royal, d'une risible insurrection qui n'eut jamais d'importance que dans les imaginations faibles ou les desseins pervers de quelques hommes de mauvaise foi, vous avez entendu naguère ces mots forcenés : *Catilina est aux portes de Rome, et l'on délibère*. Et certes, il n'y avait autour de nous ni Catilina, ni périls, ni factions, ni Rome... Mais aujourd'hui la banqueroute, la hideuse banqueroute est là; elle menace de consumer vous, vos propriétés, votre honneur..., et vous délibérez [1]

SÉANCE DU 1er OCTOBRE

Discussion sur les finances. On délibère sur cet article : « Aucun impôt ou contribution, en nature ou en argent, ne peut être levé, aucun emprunt manifeste ou déguisé ne peut être fait sans le consentement exprès des représentants de la nation. » Plusieurs amendements sont proposés, parmi lesquels celui-ci : « Aucun papier-monnaie ne pourra être mis en circulation, ni aucune refonte d'espèces être faite autrement que par un décret exprès. »

MIRABEAU. — Toute objection contre cet amendement

1. Mirabeau à la fin de son discours proposa le projet du décret suivant qui fut voté avec enthousiasme. « Vu l'urgence des circonstances et ouï le rapport du comité des finances, l'Assemblée Nationale accepte de confiance le plan de M. le premier ministre des Finances. »

impliquerait absurdité; je m'offre à le prouver, si l'on en fait quelqu'une.

Le comité de constitution demande que l'amendement soit mis en délibération.

MIRABEAU. — Les comités sont très certainement l'élite de l'univers; mais l'Assemblée n'a pas encore dit qu'elle voulût leur décerner le privilège exclusif d'éclaircir et de débattre les questions. Un comité n'est pas tellement préparateur, qu'il puisse empêcher la discussion d'un objet de nécessité prochaine, et qui importe infiniment au crédit public. Lorsqu'il s'élève dans l'Assemblée une question dont le renvoi pourrait compromettre dans l'opinion publique la doctrine des représentants de la nation, il faut qu'elle soit immédiatement débattue et vidée. Au reste, je dirai, sur les murmures qui s'élèvent contre l'amendement que je défends, qu'une confusion de mots, fondée sur une confusion d'idées, entraîne hors des principes ceux qui montrent de la tolérance pour le papier-monnaie; il faut bien distinguer le papier de confiance, que l'on est toujours maître de refuser, du papier-monnaie, que l'on est forcé d'accepter. La caisse d'escompte, par exemple, avant d'avoir recours au vil expédient des arrêts de surséance, mettait en circulation du papier de confiance, et non du papier-monnaie; et l'on voudrait aujourd'hui conserver à son papier le honteux privilège du papier-monnaie!

Messieurs, quoi qu'en veuille dire le comité, je soutiens que le *papier-monnaie* appartient à la théorie de l'emprunt et de l'impôt, et que l'amendement est inattaquable et nécessaire.

TARGET. — Le comité de constitution se propose de présenter, par la suite, un article séparé sur cet objet; l'assemblée peut donc différer de s'en occuper dans ce moment.

ANSON. — Le papier-monnaie n'est ni emprunt ni impôt; je réclame la division.

MIRABEAU. — Je ne sais dans quel sens M. Anson soutient que la théorie du papier-monnaie n'appartient ni à celle de l'emprunt ni à celle de l'impôt. Mais je consens, si l'on veut, qu'on l'appelle un vol, ou un emprunt le sabre à la main : non que je ne sache que, dans des occasions extrêmement critiques, une nation peut être forcée de recourir à des billets d'État (il faut bannir de la langue cet infâme mot de *papier-monnaie*), et qu'elle le fera sans de grands inconvénients, si ces billets ont une hypothèque, une représentation libre et disponible, et si leur remboursement est aperçu et certain dans un avenir déterminé; mais qui osera nier que, sous ce rapport, la nation seule ait le droit de créer des billets d'État, un papier quelconque, qu'il ne soit pas libre de refuser? Sous tout autre rapport, tout papier-monnaie attente à la bonne foi et à la liberté nationale; c'est la peste circulante : je conclus à ce que l'amendement soit discuté, ensemble ou séparément de l'article, comme on voudra, mais j'opine pour qu'il ne puisse être ajourné plus tard qu'à demain.

L'article est décrété sans amendement. Necker est introduit dans la salle des séances. Il lit un projet de décret où sont énumérées les mesures à adopter par l'Assemblée sur la régénération des finances du royaume.

On discute sur l'ajournement ou l'acceptation immédiate du projet de décret de Necker.

MIRABEAU. — On peut concilier la juste mesure, dans la déclaration de la fixité des dépenses, avec la nécessité encore plus urgente de consacrer le plan du premier ministre des Finances. Lorsque vous lui avez donné la dictature financière, elle n'a pu, sans doute, être que provisoire. Il est donc nécessaire de discuter la rédaction des articles qu'il vous propose aujourd'hui.

Dans le préambule du projet de décret, il est dit que l'Assemblée Nationale veut faire face à ses engagements, *autant qu'il sera en son pouvoir*. Cette expression est inconvenable. L'Assemblée doit tout ce qu'elle peut, et elle pourra tout ce qu'elle voudra.

La première partie du projet de décret, *économie, réduction*, est celle qui fournit le plus matière aux observations. Elle n'est qu'une perspective consolante; on y trouve d'ailleurs des expressions telles que celle-ci : *Une taxe de quinze à vingt millions.* Les réductions qu'elle présente sont au-dessous de nos devoirs. Et, par exemple, il m'est impossible de concevoir qu'il soit difficile de diminuer les dépenses de la maison des princes; il m'est difficile aussi de comprendre qu'elles ne puissent être réunies à celle du roi et de la reine, pour laquelle on accorde vingt millions. Quant aux pensions, elles seraient encore énormes au taux indiqué; et je crois que si vous adoptez provisoirement les restrictions proposées sur cet objet, vous devez annoncer à la nation que votre intention n'est pas de vous arrêter là.

Dans ce même projet de décret, on fait déclarer à l'Assemblée qu'elle veut établir l'équilibre entre la recette et la dépense *d'une manière quelconque.* Qu'est-ce que cela veut dire, *d'une manière quelconque?* Cette expression, vague au moins, doit être supprimée. La formule de déclaration : *je déclare avec vérité,* n'est pas plus convenable que le serment; l'intervention de la vérité n'est-elle pas pour tout homme une intervention religieuse? — Il faut qu'on dise simplement : *Je déclare.* — Il y a aussi une observation à faire sur la remise qu'on propose des fonds au trésor royal, d'ici à trois ans. Si le trésor royal existe encore dans trois ans, il jouira d'une existence très secondaire.

Voilà les premières observations qu'une lecture très rapide m'a permis de faire; j'en demande une seconde, coupée à chaque article par la discussion.

Je me résume : un ajournement entraverait les dispositions du premier ministre des Finances; nous pouvons accepter, mais sans prétendre borner à cette acceptation nos travaux en ce genre.

Voici le projet de décret que je présente :

« L'Assemblée Nationale arrête d'envoyer le projet de décret, présenté par le premier ministre des Finances, à la section du comité des finances, composée de douze membres, pour en combiner avec lui la rédaction de manière que la première partie devienne le préambule du décret; arrête en outre que le président se retirera par-devers le roi, pour présenter à son acceptation les divers articles délibérés de la constitution, ainsi que la déclaration des droits. »

On propose que le projet de décret du ministre soit accepté sans discussion.

MIRABEAU. — Je ne peux penser qu'on cherche à nous faire tomber dans un piège que personne n'a tendu. Une partie du plan de M. Necker n'est pas décrétable; c'est celle des réformes. M. Necker sait très bien qu'en fait de retranchements, de réductions, d'économies, le caractère et la fermeté les plus inflexibles d'un seul homme ne rivaliseront jamais avec la puissance d'une Assemblée Nationale ; il sait, en un mot, que ce qu'il faut avant tout pour régénérer une nation, c'est une nation. Je persiste dans mon projet d'arrêté.

La motion de Mirabeau est adoptée.

SÉANCE DU 2 OCTOBRE

Lablache, au nom du comité de finances, a la parole sur le projet de décret relatif au plan proposé par le premier ministre des Finances. La discussion s'engage sur le projet du comité. On interrompt l'ordre du jour pour écouter Demeunier qui présente, au nom du comité de constitution, les divers articles de la déclaration des droits et de la constitution qui ont été décrétés par l'Assemblée et qui doivent être soumis à l'acceptation du roi. Le président se retire par devers le roi et la discussion continue sur le projet du comité des finances. Le duc de Mortemart démontre par la pénurie du trésor l'urgence de son adoption par l'Assemblée Nationale. On demande au comité de rédaction l'adresse qu'il avait été chargé de rédiger pour exposer aux commettants les motifs qu'avait eus l'Assemblée pour consentir une contribution momentanée. Mirabeau annonce que son projet d'adresse est terminé, mais il voudrait le perfectionner et attendre pour le soumettre à l'Assemblée. On en réclame la lecture.

ADRESSE DES DÉPUTÉS A LEURS COMMETTANTS

MIRABEAU. — Les députés à l'Assemblée Nationale suspendent quelques instants leurs travaux pour exposer à leurs commettants les besoins de l'Etat, et inviter leur patriotisme à seconder des mesures réclamées au nom de la patrie en péril.

Nous vous trahirions, si nous pouvions le dissimuler : la nation va s'élever à ses glorieuses destinées, ou se précipiter dans un gouffre d'infortunes. Une grande révolution, dont le projet nous eût paru chimérique il y a peu de mois, s'est opérée au milieu de nous; mais, accélérée par des circonstances incalculables, elle a entraîné la subversion soudaine de l'ancien système; et, sans nous donner le temps d'étayer ce qu'il faut conserver encore, de remplacer ce qu'il fallait détruire, elle nous a tout à coup environnés de ruines.

En vain nos efforts ont soutenu le gouvernement. Il touche à une fatale inertie. Les revenus publics ont disparu. Le crédit n'a pu naître, dans un moment où les craintes semblaient encore égaler les espérances. En se détendant, ce ressort de la force sociale a tout relâché, les hommes et les choses, la résolution, le courage, et jusqu'aux vertus. Si votre concours ne se hâtait de rendre au corps politique le mouvement et la vie, la plus belle révolution serait perdue aussitôt qu'espérée; elle rentrerait dans le chaos d'où tant de nobles travaux l'ont fait éclore, et ceux qui conserveront à jamais l'amour invincible de la liberté ne laisseraient pas même aux mauvais citoyens la honteuse consolation de redevenir esclaves.

Depuis que vos députés ont déposé dans une réunion juste et nécessaire toutes les rivalités, toutes les divisions d'intérêts, l'Assemblée Nationale n'a cessé de travailler à l'établissement des lois, qui, semblables pour tous, seront la sauvegarde de tous ; elle a réparé de grandes erreurs ; elle a brisé les liens d'une foule de servitudes qui dégradaient l'humanité ; elle a porté la joie et l'espérance dans le cœur des habitants de la campagne, ces créanciers de la terre et de la nature, si longtemps flétris et découragés ; elle a rétabli l'égalité des Français trop méconnue, leur droit commun à servir l'Etat, à jouir de sa protection, à mériter ses faveurs ; enfin, d'après vos instructions, elle élève graduellement sur la base immuable des droits imprescriptibles de l'homme, une constitution aussi douce que la nature, aussi durable que la justice, et dont les imperfections, suite de l'inexpérience de ses auteurs, seront facilement réparées.

Nous avons eu à combattre des préjugés invétérés depuis des siècles : et mille incertitudes accompagnent les grands changements. Nos successeurs seront éclairés par l'expérience ; et c'est à la seule lueur des principes qu'il nous a fallu tracer une route nouvelle. Ils travailleront paisiblement ; et nous avons essuyé de grands orages. Ils connaîtront leurs droits et les limites de tous les pouvoirs ; nous avons recouvré les uns et fixé les autres. Ils consolideront notre ouvrage, ils nous surpasseront, et voilà notre récompense. Qui oserait maintenant assigner à la France le terme de sa grandeur ? Qui n'élèverait ses espérances ? Qui ne se réjouirait d'être citoyen de cet empire ?

« Cependant telle est la crise de nos finances, que l'Etat est menacé de tomber en dissolution avant que ce bel ordre ait pu s'affermir. La cessation des revenus fait disparaître le numéraire ; mille circonstances le précipitent au-dehors du royaume ; toutes les sources du crédit sont taries ; la circulation universelle menace de s'arrêter : et, si le patriotisme ne s'avance au secours

1.

du gouvernement et de l'administration des finances, qui embrasse tout, notre armée, notre flotte, nos subsistances, nos arts, notre commerce, notre agriculture, notre dette nationale, la France se voit rapidement entraînée vers la catastrophe d'où elle ne recevra plus de lois que des désordres de l'anarchie..... La liberté n'aurait lui un instant à nos yeux que pour s'éloigner, en nous laissant le sentiment amer que nous ne sommes pas dignes de la posséder ! *A notre honte et aux yeux de l'univers*, nous ne pourrions attribuer nos maux qu'à nous-mêmes. Avec un sol si fertile, avec une industrie si féconde, avec un commerce tel que le nôtre, et tant de moyens de prospérité, qu'est-ce donc que l'embarras de nos finances ? Tous nos besoins du moment sont à peine les fonds d'une campagne de guerre : notre propre liberté ne vaut-elle pas ces luttes insensées où les victoires mêmes nous ont été funestes ?

Ce moment une fois passé, loin de surcharger les peuples, il sera facile d'améliorer leur sort. Des réductions qui n'atteignent pas encore le luxe et l'opulence, des réformes qui ne feront point d'infortunés, des conversions faciles d'impôts, une égale répartition, établiront avec l'équilibre des revenus et des dépenses un ordre permanent, qui, toujours surveillé, sera inaltérable : et cette consolante perspective est assise sur des supputations exactes, sur des objets réels et connus. Ici les espérances sont susceptibles d'être démontrées ; l'imagination est subordonnée au calcul.

Mais les besoins actuels ! mais la force publique paralysée ! mais, pour cette année et pour la suivante, cent soixante millions d'extraordinaire !... Le premier ministre des Finances nous a proposé comme moyen principal pour cet effort, qui peut décider du salut de la monarchie, une contribution relative au revenu de chaque citoyen.

Pressés entre la nécessité de pourvoir sans délai aux besoins publics, et l'impossibilité d'approfondir en peu d'instants le plan qui nous était offert, nous avons craint

de nous livrer à des discussions longues et douteuses ;
et, ne voyant dans les propositions du ministre rien de
contraire à nos devoirs, nous avons suivi le sentiment
de la confiance, en préjugeant qu'il serait le vôtre. L'attachement universel de la nation pour l'auteur de ce
plan nous a paru le gage de sa réussite; et nous avons
embrassé sa longue expérience comme un guide plus
sûr que de nouvelles spéculations.

L'évaluation des revenus est laissée à la conscience
des citoyens : ainsi l'effet de cette mesure dépend de
leur patriotisme. Il nous est donc permis, il nous est
ordonné de ne pas douter de son succès. Quand la nation s'élance du néant de la servitude vers la création
de la liberté ; quand la politique va concourir avec la
nature au déploiement immense de ses hautes destinées,
de viles passions s'opposeraient à sa grandeur ! l'é-
goïsme l'arrêterait dans son essor ! le salut de l'Etat
pèserait moins qu'une contribution personnelle !

Non, un tel égarement n'est pas dans la nature ; les
passions mêmes ne cèdent pas à des calculs si trom-
peurs. Si la révolution, qui nous a donné une patrie,
pouvait laisser indifférents quelques Français, la tranquillité du royaume, gage unique de leur sûreté particulière, serait du moins un intérêt pour eux. Non, ce
n'est point au sein du bouleversement universel, dans
la dégradation de l'autorité tutélaire, lorsqu'une foule
de citoyens indigents, repoussés de tous les ateliers des
travaux, harcelleront une impuissante pitié ; lorsque les
troupes se dissoudront en bandes errantes, armées de
glaives, et provoquées par la faim ; lorsque toutes les
propriétés seront insultées, l'existence de tous les individus menacée, la terreur ou la douleur aux portes de
toutes les familles : ce n'est point dans ce renversement
que de barbares égoïstes jouiront en paix de leurs coupables refus à la patrie ; l'unique distinction de leur
sort dans les peines communes serait aux yeux de tous
un juste opprobre, au fond de leur âme un inutile
remords.

Eh! que de preuves récentes n'avons-nous pas de l'esprit public, qui rend tous les succès si faciles. Avec quelle rapidité se sont formées ces milices nationales, ces légions de citoyens armés pour la défense de l'Etat, le maintien de la paix, la conservation des lois! Une généreuse émulation se manifeste de toutes parts. Villes, communautés, provinces, ont regardé leurs privilèges comme des distinctions odieuses; elles ont brigué l'honneur de s'en dépouiller pour en enrichir la patrie. Vous le savez, on n'avait pas le loisir de rédiger en arrêtés les sacrifices qu'un sentiment vraiment pur et vraiment civique dictait à toutes les classes de citoyens, pour rendre à la grande famille tout ce qui dotait quelques individus au préjudice des autres.

Surtout depuis la crise de nos finances, les dons patriotiques se sont multipliés. C'est du trône, dont un prince bienfaisant relève la majesté par ses vertus, que sont partis les plus grands exemples. O vous, si justement aimé de vos peuples! roi, honnête homme et bon citoyen! vous avez jeté un coup d'œil sur la magnificence qui vous environne; vous avez voulu, et des métaux d'ostentation sont devenus des ressources nationales; vous avez frappé sur des objets de luxe, mais votre dignité suprême en a reçu un nouvel éclat; et pendant que l'amour des Français pour votre personne sacrée murmure de vos privations, leur sensibilité applaudit à votre noble courage, et leur générosité vous rendra vos bienfaits comme vous désirez qu'on vous les rende, en imitant vos vertus, et en vous donnant la joie d'avoir guidé toute votre nation dans la carrière du bien public.

Que de richesses dont un luxe de parade et de vanité a fait sa proie peuvent reproduire des moyens actifs de prospérité! Combien la sage économie des individus peut concourir avec les plus grandes vues pour la restauration du royaume! que de trésors accumulés par la piété de nos pères pour le service des autels n'auront point changé leur religieuse destination en sortant de l'obscurité pour le service de la patrie! Voilà les réserves que j'ai recueillies dans des temps prospères, dit la religion sainte; je les rapporte à la masse commune dans des temps de calamités. Ce n'était pas pour moi; un éclat emprunté n'ajoute rien à ma grandeur : c'était pour vous, pour l'Etat que j'ai levé cet honorable tribut sur les vertus de vos pères.

Oh ! qui se refuserait à de si touchants exemples ? Quel moment pour déployer nos ressources, et pour invoquer les secours de toutes les parties de l'empire! Prévenez l'opprobre qu'imprimerait à la liberté naissante la violation des engagements les plus sacrés. Prévenez ces secousses terribles qui, en bouleversant les établissements les plus solides, ébranleraient au loin toutes les fortunes, et ne présenteraient bientôt dans la France entière que les tristes débris d'un honteux naufrage. Combien ils s'abusent, ceux qui, à une certaine distance de la capitale, n'envisagent la foi publique ni dans ses immenses rapports avec la prospérité nationale, ni comme la première condition du contrat qui nous lie ! Ceux qui osent prononcer l'infâme mot de banqueroute veulent-ils donc une société d'animaux féroces, et non d'hommes justes et libres ? Quel est le Français qui oserait envisager un de ses concitoyens malheureux, quand il pourrait se dire à soi-même : « J'ai contribué, pour ma part, à empoisonner l'existence de plusieurs millions de mes semblables? » Serions-nous cette nation à qui ses ennemis mêmes accordent la fierté de l'honneur, si les étrangers pouvaient nous flétrir du titre de NATION BANQUEROUTIÈRE, et nous accuser de n'avoir repris notre liberté et nos forces que pour commettre des attentats dont le despotisme avait horreur ?

Peu importerait de protester que nous n'avons jamais prémédité ce forfait exécrable. Ah ! les cris des victimes dont nous aurions rempli l'Europe protesteraient plus haut contre nous ! Il faut agir, il faut des mesures promptes, efficaces, certaines. Qu'il disparaisse enfin, ce nuage trop longtemps suspendu sur nos têtes, qui, d'une extrémité de l'Europe à l'autre, jette l'effroi parmi les créanciers de la France, et peut devenir plus funeste à nos ressources nationales que les fléaux terribles qui ont ravagé nos campagnes !

Que de courage vous nous rendrez pour les fonctions que vous nous avez confiées ! Comment travaillerions-nous avec sécurité à la constitution d'un Etat dont l'existence est compromise ? Nous nous étions promis, nous avions juré de sauver la patrie : jugez de nos angoisses, quand nous craignons de la voir périr dans nos mains. Il ne faut qu'un sacrifice d'un moment, offert véritablement au bien public, et non pas aux déprédations de la cupidité. Eh bien ! cette légère expiation pour les erreurs et les fautes d'un temps marqué par notre servitude politique, est-elle donc au-dessus de notre courage? Songeons au prix qu'a coûté la liberté à tous les peuples qui s'en sont montrés dignes : des flots de sang ont coulé pour elle ; de longs malheurs, d'affreuses guerres civiles ont partout marqué sa naissance !... Elle ne nous demande que des sacrifices d'argent ; et cette offrande vulgaire n'est pas un don qui nous appauvrisse : elle revient nous enrichir, et retombe sur nos cités, sur nos campagnes, pour en augmenter la gloire et la prospérité. »

« A la lecture de ce projet d'adresse, toute la salle retentit d'applaudissements ; l'enthousiasme et l'admiration étaient à leur comble. On demande à délibérer sur-le-champ. » (*Gazette Nationale.*)

MIRABEAU. — Je reconnais beaucoup de taches dans cet ouvrage ; je demande qu'il soit encore soumis au comité de rédaction, persuadé qu'il sortira sans doute de cet examen avec des améliorations nombreuses.

L'Assemblée adopte l'ajournement.

SÉANCES DU 3 AU 6 OCTOBRE

Dans la séance du 3, Mirabeau relit son projet d'adresse aux commettants, avec le même succès que la veille, mais l'Assemblée décide qu'elle ne la mettra en délibération qu'après que le roi aura accepté la Déclaration des Droits et les articles de la Constitution qui lui ont été présentés.

Le 5 octobre le président fit connaître la réponse du roi. Elle était évasive. Il ne donnait point son acceptation purement et simplement à la *Déclaration* et aux dix-neuf articles de la Constitution décrétés. Elle fut accueillie par des rumeurs. Robespierre : dit « La réponse du roi est destructive, non seulement de toute constitution, mais encore du droit national à avoir une constitution. » Dupont, Goupil de Prefeld Petion de Villeneuve, Barrère de Vieuzac, réclamèrent qu'une députation fût envoyée par devers le roi pour lui demander son acceptation positive des articles décrétés de la Déclaration.

MIRABEAU. — Avant de passer à la grande question de l'acceptation du monarque, je crois devoir dire un mot sur la question de circonstance qu'on vient d'élever, peut-être avec plus de zèle que de prévoyance. Je n'entrerai pas dans les détails auxquels on peut croire comme homme, et non comme membre du souverain.

Il s'est passé des jours tumultueux. L'on a vu des faits coupables ; mais est-il de la prudence de les révéler? Le seul moyen que l'on doit prendre sur cet objet, c'est de requérir que le pouvoir exécutif tienne les corps et les chefs de corps dans la discipline exacte qu'ils doivent surtout observer dans le lieu où résident le monarque et le *souverrin ;* qu'il défende surtout ces festins prétendus fraternels qui insultent à la misère publique, et jettent des étincelles sur des matériaux rassemblés et trop combustibles [1].

1. Mirabeau fait allusion au banquet des gardes du corps et aux désordres provoqués à Versailles par le peuple venu de Paris.

Je reprends la question de l'acceptation.

L'acceptation qui vient d'être donnée est-elle ou n'est-elle pas suffisante? Il y a sur cela plusieurs observations à faire : la première, c'est qu'il importe souverainement au monarque, pour le succès de la tranquillité publique, que nos arrêtés soient acceptés, et que surtout ils paraissent l'avoir été volontairement.

Il me semble qu'on pourrait faire au roi une adresse, dans laquelle on lui parlerait avec cette franchise et cette vérité qu'un fou de Philippe mettait dans ces paroles triviales : *Que ferais-tu, Philippe, si tout le monde disait non quand tu dis oui?*

Je ne pense pas qu'il faille prier le roi de retirer l'accession qu'il vient de donner ; mais seulement de l'interpréter, de donner enfin des éclaircissements qui puissent satisfaire la nation. L'Assemblée a été autorisée à fixer le pouvoir constituant dans ses rapports entre la nation et son délégué. Si le délégué, le roi, persistait dans ses refus, bientôt le germe du patriotisme serait étouffé, et l'anarchie commence au moment où les peuples connaissent assez leurs forces pour s'apercevoir qu'on veut les comprimer.

L'accession que vient de donner le roi fait naître des doutes sur ses sentiments. On craint que le pouvoir exécutif ne veuille être indépendant, et il ne peut pas plus l'être du pouvoir législatif, que l'action de la volonté, et les bras de la tête.

La réponse du roi n'est pas contre-signée d'un ministre, elle devrait l'être ; car sans cela la loi salutaire de la responsabilité sera toujours éludée. La personne du roi est inviolable, la loi doit l'être aussi ; et quand elle est violée, les victimes ne peuvent être que les ministres.

Je propose d'arrêter le projet suivant :

L'Assemblée Nationale ordonne que le président se retirera par devers le roi à l'effet de le supplier :

1° De donner des ordres exprès à tous les chefs des corps militaires, plus spécialement à ceux qui résident actuellement à Versailles, pour les maintenir dans la discipline et dans le respect dû au roi et à l'Assemblée Nationale;

2° D'interdire aux corps les prétendus festins patriotiques, qui insultent à la misère du peuple, et dont les suites peuvent être funestes.

3° Que tout acte émané de Sa Majesté ne puisse être manifesté sans la signature d'un secrétaire d'Etat.

4° Qu'il plaise à Sa Majesté de donner à sa réponse un éclaircissement qui rassure les peuples sur l'effet d'une acceptation conditionnelle, motivée seulement par les circonstances, et qui ne laisse aucun doute sur cette acceptation.

Le marquis de Monspey. — Je demande que M. Petion soit tenu de rédiger par écrit, de signer et de déposer sur le bureau la dénonciation qu'il a faite relativement à ce qui s'est passé dans ce qu'il appelle les fêtes militaires des gardes du corps.

Mirabeau. — Je commence par déclarer que je regarde comme souverainement impolitique la dénonciation qui vient d'être provoquée : cependant, si l'on persiste à la demander, je suis prêt, moi, à fournir tous les détails et à les signer; mais auparavant, je demande que cette Assemblée déclare que la personne du roi est seule inviolable, et que tous les autres individus de l'Etat, quels qu'ils soient, sont également sujets et responsables devant la loi.

Le marquis de Monspey retire sa motion. La discussion continue sur la réponse du roi et l'Assemblée prend cet arrêté: « L'Assemblée Nationale a décrété que M. le président, à la tête d'une députation, se retirera aujourd'hui par devers le roi, à l'effet de supplier Sa Majesté de vouloir bien donner une acceptation pure et simple de la déclaration des droits de l'homme et du citoyen, et des dix-neuf articles de la constitution qui lui ont été présentés. » Douze députés sont désignés pour accompagner le président chez le roi, mais ils n'ont pas encore quitté la salle, qu'elle est envahie par une nombreuse députation de femmes venues de Paris, sous la conduite de Maillard, pour réclamer de l'Assemblée un soulagement à la misère publique. Maillard parle à la barre; le président se retire, et les femmes restent dans la salle, en permanence. A huit heures Guillotin qui avait été délégué chez le roi, annonce que Louis XVI a confirmé ses ordres pour la libre circulation des grains et des farines. A neuf heures la séance est levée, mais le président, revenant presque aussitôt du château, elle est reprise. Il donne la réponse du roi : acceptation de la déclaration et des articles de la constitution.

On met en discussion un projet de réforme partielle du code criminel. Les femmes qui n'ont pas quitté la salle réclament la discussion sur la liberté du mouvement des grains.

MIRABEAU. — Je prie M. le président de préserver la dignité de la délibération, en donnant ordre de faire retirer dans les galeries les étrangers répandus dans la salle. Ce n'est pas au milieu d'un tumulte scandaleux que les représentants de la nation peuvent discuter avec sagesse ; et j'espère que les amis de la liberté ne sont pas venus ici pour gêner la liberté de l'Assemblée.

La salle est évacuée et la séance continue jusqu'à trois heures du matin.

Le 6 octobre, la séance commence à neuf heures, dans le trouble et l'inquiétude. Le roi fait demander dans ces circonstances les conseils des représentants de la nation. On lui délègue le marquis de Flacons et le comte de Serans. La délibération continue, au bruit de la mousqueterie, sur le transport du siège de l'Assemblée et on propose d'aller tenir séance chez le roi.

MIRABEAU. — Je m'y oppose ; il n'est pas de notre dignité, il n'est pas même sage de déserter notre poste, au moment où des dangers, imaginaires ou réels, semblent menacer la chose publique.

Je pense que nous devons être rapprochés du monarque, pour l'accélération de notre ouvrage. Je demande qu'il soit décrété que le roi et l'Assemblée Nationale seront inséparables pendant la présente session ; et j'observe à l'Assemblée qu'une saine politique doit la déterminer à faire librement un acte d'une si grande importance[1].

Après intervention de Barnave, l'Assemblée Nationale décrète : « Le roi et l'Assemblée Nationale sont inséparables pendant la session actuelle ». Des commissaires portent le décret au roi qui remercie. On apprend qu'il a décidé de se rendre à Paris, et l'Assemblée désigne une nombreuse députation qui accompagnera le roi.

MIRABEAU. — Pour faire voir que le vaisseau de l'Etat n'est pas un danger, pour signaler à jamais cette journée mémorable de la concorde, je pense qu'il faut délibérer sur-le-champ sur le décret des impositions présenté par le ministre des Finances, et sur l'adresse à envoyer aux commettants.

L'Assemblée délibère et adopte le projet de décret du comité des finances avec divers amendements ; elle ordonne en outre l'impression de l'adresse aux commettants que Mirabeau avait lue dans la séance du 3 octobre.

SÉANCE DU 7 OCTOBRE

Sur la proposition de Bouche, l'Assemblée reprend son travail sur la constitution. Lecture est donnée de l'article 5 présenté par le nouveau comité : « Toute contribution sera supportée également par tous les citoyens et par tous les biens, sans distinction. »

MIRABEAU. — Les contributions publiques ne peuvent pas être supportées *également* par tous les citoyens ; car tous les citoyens n'ont pas les *mêmes* moyens, les *mêmes* facultés, ni par conséquent l'obligation de contribuer *également* au maintien de la chose publique. Tout ce qu'on peut exiger, c'est qu'ils y contribuent *en proportion de ce qu'ils peuvent*. Encore y a-t-il une classe de

1. La proposition de Mirabeau fut votée à l'unanimité. Le roi quitta Versailles pour Paris le même jour, vers une heure après-midi.

citoyens qui, privée des dons de la fortune, n'ayant à peine que le nécessaire, devrait, par là même, être entièrement exemptée.

Lisez l'article XXI de la Déclaration des droits, de cette Déclaration dont on ne m'accusera pas d'être le panégyriste, et voyez comment l'article relatif aux contributions publiques y était exprimé. Voyez s'il n'établit pas la *proportion des fortunes* comme la base de la répartition des taxes, au lieu de cette *égalité*, qui sans contredit serait l'inégalité la plus inique et la plus cruelle.

Vous dites que les contributions doivent être également supportées *par tous les biens*; mais ne voyez-vous pas que par cette phrase vous attaquez un principe que vous avez reconnu et consacré, savoir, que la dette nationale ne pouvait être imposée? A cet égard, la foi publique est engagée aux créanciers de l'Etat dans les mêmes actes par lesquels la nation est devenue leur débitrice; les sommes qu'elle a reconnu leur devoir, les rentes qu'elle a promis leur payer. sont déclarées payables *sans aucune imposition ni retenue quelconque*. Sans doute, dans les grands besoins de l'Etat, les capitalistes ne lui refuseraient pas leur assistance; mais c'est un acte volontaire que le patriotisme leur dicterait, et qu'on ne pourrait rendre forcé sans injustice.

Murmures.

Vos murmures, messieurs, m'affligent autant qu'ils vous honorent; un mot impropre m'est échappé; je m'explique: ce n'est pas des capitalistes que j'entends parler, et vous avez bien dû le sentir, mais des *rentiers;* de ceux, en un mot, qui, ayant avancé leur argent à l'Etat dans ses besoins urgents, et pour éviter aux peuples de nouveaux impôts, ont seuls, à cette époque, couru toutes les chances de la défense publique, et qui par conséquent peuvent être considérés comme ayant payé d'avance ces mêmes impôts que, suivant l'article proposé, on voudrait aujourd'hui leur faire supporter une seconde fois.

Pétion de Villeneuve propose une rédaction de l'article 5 qui est adoptée : « *Toutes les contributions et charges publiques, de quelque nature qu'elles soient, seront supportées proportionnellement, par tous les citoyens et par tous les propriétaires, à raison de leurs biens et facultés.* »

Discussion de l'article 6 : « *Aucun impôt ne sera accordé que pour le temps qui s'écoulera jusqu'au dernier jour de la session suivante; toute contribution cessera de droit à cette époque, si elle n'est pas renouvelée.* »

Le duc de Mortemart divise la masse de l'impôt en deux parties, l'une fixe et ne devant pas être suspendue pour servir à l'acquittement de la dette publique, l'autre renouvelable annuellement, destinée aux besoins annuels de l'administration. Pison de Gerland demande que les sommes fixées pour la liste civile rentrent dans la première catégorie d'impôts, selon ce qu'en avait décidé le premier comité de constitution.

Mirabeau. — J'appuie les réflexions des deux préopinants. La dette publique ayant été solennellement avouée et consolidée, les fonds destinés à en acquitter les intérêts et à en rembourser les capitaux ne doivent point être sujets aux variations, aux caprices des législatures; ils doivent d'abord être fixés, sans cependant cesser d'être soumis à l'administration et à l'inspection du Corps législatif. Limiter à un an la durée des impôts sur lesquels sera assurée la dette publique, c'est donner au Corps législatif le droit de mettre chaque année la nation en banqueroute. Une nation voisine, l'Angleterre, qui s'entend également bien à maintenir le crédit national et la liberté, a pris une marche très différente. Tous les impôts nécessaires au paiement des intérêts de la dette publique y sont votés jusqu'à l'extinction de la dette; on n'y renouvelle d'année en année que ceux qui doivent servir aux dépenses publiques, telles que l'armée et la flotte. Chez ce peuple prudent, on a su concilier avec la liberté, avec la sûreté de la constitution, ce que la nation devait non-seulement à ses créanciers, mais au soutien et à la splendeur du trône.

La liste civile, c'est-à-dire la somme assurée annuellement au roi pour la dépense de sa maison et de celle
des princes, le paiement de ses gardes, les gages des
ministres, des ambassadeurs et des juges mêmes ; la
liste civile est votée par le parlement au commencement
de chaque règne ; elle est assurée sur un revenu fixe
dont le parlement peut bien changer la répartition, mais
qui ne peut être diminué durant la vie du roi, sans son
consentement. Qu'on se figure ce que serait un roi obligé
chaque année de demander à ses peuples les sommes
nécessaires pour sa subsistance, pour son entretien, et
comme particulier et comme roi. Si le pouvoir exécutif
n'est qu'un meuble d'ostentation, il est trop cher ; si ce
pouvoir est nécessaire au maintien de l'ordre, à la protection des citoyens, à la stabilité de la constitution,
craignons de l'énerver par des précautions qui décèlent
plus de pusillanimité que de prudence. Messieurs, si les
fonds de la liste civile ne sont pas fixés, le métier de roi
est trop dangereux.

Je substitue à la rédaction proposée celle-ci :

« Aucun impôt ne sera accordé pour plus d'un an, à
l'exception de ceux qui seront particulièrement affectés
à la liste civile du roi et au paiement successif des intérêts
et du capital de la dette nationale. Tout impôt cessera
de droit à l'expiration du temps pour lequel il aura été
accordé ; et tout officier public qui l'exigerait au delà de
ce terme sera coupable de lèse-nation. »

On soutient la rédaction de l'article θ présentée par le
Comité.

MIRABEAU. — Il suit de l'article proposé, que les législatures auront le droit de refuser l'impôt en général.
Connaît-on un état de choses plus favorable au despotisme que celui qui pourrait autoriser à cesser le paiement de la dette ? Il ferait des mécontents, et donnerait
des auxiliaires au despotisme. Les principes et les
faits, la raison des choses et l'expérience vous disent

également que, la dette publique étant de telle nature que la suppression de son paiement compromettrait la liberté, un gouvernement mal intentionné pourrait tirer parti de cette suppression. Je conclus à ce que la rédaction que j'ai proposée soit mise aux voix.

La rédaction de Mirabeau n'est pas adoptée.

SÉANCE DU 8 OCTOBRE

A propos de l'article 9, traitant de l'expédition des décrets par le roi, on discute les anciennes formules royales.

MIRABEAU. — Il est une manière très simple d'éviter certaines absurdités qui viennent d'être dénoncées, c'est que la loi sorte toute rédigée de l'Assemblée. Il est clair alors que, par une très simple formule, la loi sera très scrupuleusement conforme au décret.

A présent, j'avoue que je ne vois aux nations aucun intérêt à renoncer aux formules anciennes, surtout lorsqu'elles portent sur des sentiments religieux, et ne peuvent avoir de mauvaises conséquences. Sans doute celles-ci : *Certaine science, pleine puissance, tel est notre plaisir*, n'ont pas été respectées, et ne prétendent pas l'être aujourd'hui ; elles heurtent le bon sens. Une *certaine science* qui sans cesse varie, essaie et se contredit ; une *pleine puissance* qui vacille, rétrograde et ne peut rien, n'appartiennent qu'à la chancellerie du despotisme : mais ces mots, *par la grâce de Dieu*, sont un hommage à la religion, et cet hommage est dû par tous les peuples du monde ; c'est un plan religieux sans aucun danger, et précieux à conserver comme point de ralliement parmi les hommes. Que pourrait-on en conclure dans les violences du despotisme le plus imprudent, dans les subtilités du despotisme le plus raffiné ? Si les rois sont rois par la grâce de Dieu, les nations sont souveraines par la grâce de Dieu. On peut aisément tout concilier. D'abord tout préambule doit être banni des lois. Lorsqu'un seul ordonne en son nom et d'après sa volonté, il est tout simple qu'il cherche à se rallier les opinions ; mais les représentants de la nation parlent au nom de la nation, et expriment la volonté générale ; il suffit donc qu'ils l'exposent pour qu'on y obéisse. Voici la forme que je propose :

« Louis, par la grâce de Dieu et par la loi constitutionnelle de l'Etat, roi des Français, conformément à la délibération et au vœu de l'Assemblée Nationale, nous ordonnons ce qui suit : »

On demande que ces mots : *à tous présents et à venir, salut,* soient conservés dans la formule.

MIRABEAU. — Si la mode de saluer venait à passer !...

On propose par un nouvel amendement de changer *Roi des Français,* par *Roi de France et de Navarre.*

MIRABEAU. — Ne serait-il pas à propos d'ajouter : *Et autres lieux?*

Rejet des deux amendements.

SÉANCE DU 9 OCTOBRE

Le président annonce qu'il a reçu de nombreux membres de l'Assemblée des demandes de passeports. Doit-il les accorder ou les refuser ? Des opinions contraires sont exprimées avec véhémence. Demeunier, pour garantir les députés qui se croiraient menacés, demande qu'on renouvelle le décret qui les déclare inviolables.

MIRABEAU. — Un de vos décrets a déjà déclaré l'inviolabilité de vos membres ; mais j'observe qu'il me semble qu'on ne se fait pas une idée juste du mot *inviolabilité ;* ce mot ne peut s'entendre que pour les poursuites judiciaires ou ministérielles ; toute autre inviolabilité ne peut être prononcée. Quelle différence peut-il exister entre nous et un citoyen quelconque? on ne peut en insulter aucun. Vous voulez défendre les injures : mais je mourrais de peur, si l'on pouvait punir quelqu'un parce qu'il m'appellerait *sot*. Si les injures sont vomies dans un écrit anonyme, un honnête homme n'y prend pas garde, et les méprise ; si cet écrit est signé, il devient alors un délit ordinaire, qui doit être puni par les lois. — Je pense donc qu'il n'y a pas lieu à délibérer sur la proposition d'un nouveau décret *d'inviolabilité;* et je crois encore que des hommes qui ont fait serment de ne pas se séparer, ne doivent pas délibérer longtemps sur la demande de refuser des passeports.

On continue à discuter la question des passeports.

MIRABEAU. — Il existe une décision de l'Assemblée qui autorise les présidents à donner des passeports. La question se borne à savoir si cette décision sera réformée. On a sollicité trois cents passeports depuis trois jours ; tous ceux qui l'ont été sans motifs légitimes doivent être regardés comme une autorisation de la violation du serment. L'Assemblée peut-elle, par le moyen de son président, autoriser cette violation ? Que ceux qui veulent partir partent, et nous laissent en repos.

Il s'agit d'éclairer votre président, qui a provoqué votre délibération, et de confirmer ou de détruire votre décision antérieure.

Quelques-uns de vous, messieurs, semblent douter de l'existence de cette décision. Si elle existe, il faut savoir si on la conservera; si elle n'existe pas, le droit de donner des passeports n'est pas à vous; il appartient au pouvoir exécutif. Votre président, effrayé par le nombre de passeports qu'on sollicitait, vous a demandé de rassurer sa prudence par la vôtre. Si vous ne délibérez pas, si vous ajournez la question, que fera-t-il aujourd'hui? vous lui aurez légué des tracasseries et des haines, qui ne doivent pas être le prix de ses travaux.

Voici quel est le décret que je présente :

« Aucun passeport de l'Assemblée Nationale ne sera délivré aux députés qui la composent, que sur des motifs dont l'exposé sera fait dans l'Assemblée.

Ce décret est adopté.

SÉANCE DU 10 OCTOBRE

Le chevalier de Cocherel fait une motion concernant la sûreté personnelle des députés, et Malouet propose que l'Assemblée « enjoigne à la commune de Paris de défendre et d'empêcher par la force les attroupements. » Des députés ont été menacés et poursuivis par le peuple.

Mirabeau. — Il est de notoriété publique qu'un ministre, et ce ministre est M. de Saint-Priest, a dit à la phalange des femmes qui demandaient du pain : Quand vous n'aviez qu'un roi, vous ne manquiez pas de pain ; à présent que vous en avez douze cents, allez vous adresser à eux. Je demande que le comité des rapports soit chargé d'informer sur ce fait.

Dans la séance du soir, l'Assemblée reprend la discussion sur *les motions présentées dans les séances du matin concernant l'inviolabilité des membres de l'Assemblée Nationale.*

M. de Montlosier. — J'appuie les motions proposées et je demande que ceux qui les repoussent nous exposent leurs raisons.

Mirabeau. — Je m'en charge, et je me flatte de répondre avec une netteté qui, si j'ose le dire, m'est assez ordinaire.

Je m'oppose à ce qu'il soit rendu un décret sur l'inviolabilité des députés, parce qu'il en existe déjà un ; je m'oppose à ce qu'il soit renouvelé, parce que le premier suffit, si la force publique vous soutient ; et que le second lui-même serait inutile, si la force publique est anéantie. Ne multipliez pas de vaines déclarations ; ravivez le pouvoir exécutif ; sachez le maintenir ; étayez-le de tous les secours des bons citoyens : autrement la société tombe en dissolution, et rien ne peut nous préserver des horreurs de l'anarchie. L'inviolabilité de notre caractère ne tient donc pas à nos décrets? J'entends beaucoup de gens qui parlent de cette inviolabilité, comme si elle était la tête de Méduse, qui doit tout pétrifier. Cependant tous les citoyens ont un droit égal à la protection de la loi ; la liberté même, dans son acception la plus pure, est l'inviolabilité de chaque individu : le privilège de la vôtre est donc relatif aux poursuites judiciaires et aux attentats du pouvoir exécutif. La loi ne nous doit rien de plus ; mais telle est la sainteté de votre caractère, que le plus *indigne* membre de cette Assemblée, s'il en était un qui pût mériter cette dénomination, le plus indigne lui-même serait tellement protégé, qu'on ne pourrait aller à lui que sur les cadavres de tous les gens de bien qui la composent. Bornons-nous donc à nos anciens décrets ; il y a bien plus de grandeur à les conserver qu'à les recréer. Que le pouvoir exécutif agisse ; s'il ne peut rien, si nos décrets sont nuls, la société est dissoute : il ne nous reste qu'à gémir sur elle.

Deschamps appuie la motion de Malouet en attribuant aux députés le privilège des ambassadeurs ; le vicomte de Mirabeau demande un second décret d'inviolabilité pour garantir la personne des députés, le premier ne garantissant que leurs opinions, et un curé réclame pour les députés un signe distinctif.

MIRABEAU. — Je répondrai au premier opinant que je ne savais point encore qu'il y eût dans cette Assemblée des ambassadeurs de Dourdan, des ambassadeurs du pays de Gex, etc. J'ajouterai que ce nouveau droit des gens me paraît très propre à causer de funestes divisions, et que j'aime mieux croire que nous ne sommes ici que les représentants de la nation française, et non pas des nations de la France. Messieurs, personne n'est inviolable pour les brigands.

Je dirai au second orateur que je ne connais aucun moyen de prévenir son objection, si ce n'est de trouver un décret par lequel on puisse changer les figures.

Je dirai au troisième, que, s'il n'y a point de danger pour les députés, les marques distinctives qu'il demande sont ridicules ; que, s'il y a du danger, un signe extérieur ne fera que désigner la victime, et que des gens qui ont peur ne doivent pas chercher à se faire reconnaître.

Enfin je dis à tous ceux qui ne trouvent pas suffisant le premier décret d'inviolabilité, qu'ils en parlent sans le connaître ; que je les prie de le relire, et qu'il répond seul à tous les orateurs passés, présents et futurs.

SÉANCE DU 12 OCTOBRE

Le comte de Saint-Priest, que Mirabeau avait dénoncé, avait démenti les paroles qu'il lui avait attribuées par une lettre publique.

MIRABEAU. — J'observe, avant qu'on passe à l'ordre du jour, que, depuis la dénonciation que j'ai faite dans cette Assemblée, il se répand dans Paris une lettre intitulée : *Lettre de M. le comte de Saint-Priest au président du comité des recherches, à l'Assemblée Nationale.* [1] Je demande si quelqu'un de nos collègues a eu connaissance officielle de cette lettre ?

En ce cas, je demande à édifier l'Assemblée, dans une de ses prochaines séances, sur une dénonciation à laquelle je prétends et entends donner toute la suite possible. — Je passe à l'ordre du jour.

1. Lally-Tollendal réfugié à Lausanne prit la défense de Saint-Priest dans une brochure : *Observations du comte de Lally-Tolendal sur la lettre écrite par le comte de Saint-Priest, ministre d'État.*

Dans une saison d'alarmes et de terreurs, il est important de montrer que la nation n'a jamais eu de si instantes, de si belles, de si abondantes ressources. Je demande donc que, pour faciliter le succès de la motion de M. l'évêque d'Autun, on décrète d'abord deux principes : 1° La propriété des biens du clergé appartient à la nation, à la charge par elle de fournir au service des autels et à la subsistance décente de leurs ministres ;

2° La disposition de ces biens sera telle que les curés les moins avantagés auront au moins 1.200 livres et le logement.

Les deux propositions de Mirabeau ne sont pas mises en discussion.

SÉANCE DU 14 OCTOBRE

L'Assemblée devait discuter un projet de loi sur les municipalités ; Mirabeau demanda la préférence pour un projet de loi sur les attroupements.

Mirabeau. — Je rappelle à l'Assemblée qu'elle m'avait promis la permission de lui présenter ce matin un projet de loi sur les attroupements. La loi à faire sur cet objet est une opération préalable, même pour la formation des municipalités ; car les rassemblements d'hommes pour l'élection des officiers municipaux peuvent avoir des effets dangereux, s'il n'existe un ordre et une discipline établie par une loi. Je demande que l'Assemblée décide si elle veut organiser provisoirement les municipalités, ajourner la question, ou s'occuper de la loi sur les attroupements.

L'assemblée ajourne la discussion sur les municipalités.

Mirabeau. — La loi que je vais avoir l'honneur de vous proposer est imitée, mais non pas copiée, de celle des

Anglais. Ceux qui connaissent le *riot act* en sentiront la différence. Je ne confie le pouvoir militaire qu'à des magistrats élus par le peuple ; et dans la plus grande partie de l'Angleterre, dans toutes les villes qui n'ont pas de corporations, les magistrats sont nommés par le roi. Je propose encore une autre précaution, bien adaptée à un gouvernement qui respecte le peuple et la liberté ; c'est de donner aux mécontents attroupés un moyen légal de faire entendre leurs plaintes, et de demander le redressement de leurs griefs. Mais, au lieu d'insister plus longtemps sur ce que j'ai mis dans ce projet de loi, je vais vous lire la loi même. On entend rarement un exorde sans se rappeler le mot du misanthrope à l'homme au sonnet : *Lisez toujours, nous verrons bien.*

« Louis, par la grâce de Dieu, etc., considérant que les désordres excités en divers endroits du royaume, notamment dans la ville de Paris, par les coupables suggestions des ennemis du bien public peuvent non seulement avoir les suites les plus funestes pour la liberté et la sûreté des citoyens, mais encore qu'en répandant les plus justes alarmes parmi les provinces, ils pourraient compromettre l'union et la stabilité de la monarchie ;

« Considérant encore que la résolution prise par l'Assemblée Nationale, de transférer ses séances dans la capitale, exige les précautions les plus exactes et les plus sages, à l'effet de maintenir autour d'elle le calme et la tranquillité, et de résister aux mouvements et aux entreprises des mal intentionnés pour ramener des désordres aussi affligeants et aussi propres à priver la nation des salutaires effets qu'elle a droit d'attendre des travaux de ses représentants ;

« Considérant enfin que l'ordre établi provisoirement dans la ville de Paris, et dans la plupart des villes et communautés qui l'avoisinent, par le libre concours et le vœu des citoyens, en assurant à chacun d'eux de justes moyens d'influence sur leurs municipalités respectives, doit suffisamment calmer les inquiétudes et les défiances auxquelles l'état précédent des choses pouvait donner lieu; et qu'en conséquence, tous mouvements qui pourraient tendre à troubler la tranquillité publique, ou à faire renaître la confusion et l'anarchie, ne sauraient être trop promptement et trop sévèrement réprimés.

« A ces causes, de l'avis et par le vœu de l'Assemblée Nationale de notre royaume, nous voulons et ordonnons ce qui suit :

« Art. Iᵉʳ. Tous attroupements séditieux, c'est-à-dire toutes assemblées illicites, avec ou sans armes, tendant à commettre quelques autres actes illégitimes contre la personne ou les propriétés d'un ou de plusieurs individus, ou de quelques corps, corporation ou communauté, ou à troubler de quelque autre manière la paix et la tranquillité publique, sont expressément défendus, à peine contre les contrevenants d'être poursuivis et punis conformément à ce qui sera statué ci-après.

« II. Dans le cas où, nonobstant la disposition des présentes, il se ferait quelque attroupement de ce genre, soit dans ladite ville et faubourgs de Paris, soit dans les environs, à la distance de moins de quinze lieues, il est expressément enjoint et ordonné aux officiers municipaux des lieux, dûment élus par le peuple, de s'employer de tout leur pouvoir, et même de faire agir au besoin la force militaire, tant la milice nationale que les troupes réglées, à l'effet de dissiper lesdits attroupements, et de rétablir la paix, la tranquillité et la sûreté.

« III. La susdite force militaire ne pourra cependant être employée aux fins ci-dessus qu'à la réquisition et en présence de deux officiers municipaux, pour le moins, lesquels commenceront par faire faire lecture, à haute et intelligible voix, de la présente loi nationale; après quoi, ils sommeront ceux qui sont ainsi attroupés de déclarer dans quel but ils se sont ainsi rassemblés, quelles demandes ils ont à former, et de charger sur-le-champ quelques-uns d'eux, dont le nombre ne pourra excéder celui de six, de rédiger leurs plaintes et réquisitions, et de les porter d'une manière paisible et légale, soit au corps municipal, soit aux ministres, magistrats, tribunaux ou départements de l'administration, auxquels il appartient d'en connaître. Cela fait, les officiers municipaux ordonneront à tous ceux qui se trouveront présents à l'attroupement, sauf les députés qui auront été choisis, de se retirer paisiblement dans leurs domiciles respectifs, et feront sur-le-champ dresser procès-verbal de tout ce qu'ils auront fait en vertu des présentes, ainsi que des réponses qu'ils auront reçues, et de ce qui s'en sera suivi; lequel procès-verbal ils signeront et feront signer au moins par trois témoins.

« IV. Tous ceux qui, par violence ou par quelque excès que ce soit, troubleraient les officiers municipaux ou leurs assistants dans quelqu'une des fonctions qui leur sont prescrites par l'article précédent, seront sur-le-champ saisis et emprisonnés, et, en cas de conviction, ils seront punis de mort, comme coupables de rebellion envers la nation et le roi. Dans lesdits cas de violence ou excès, les officiers municipaux seront non seulement en droit, mais encore il leur est très expressément enjoint et ordonné de faire agir la force militaire en la manière qui leur paraîtra le plus efficace pour repousser lesdites violences ou excès, pour dissiper lesdits attroupements, et pour saisir ceux qui paraîtront en être les auteurs, ou y avoir concouru; à peine, contre lesdits officiers municipaux, de répondre en leur propre et privé nom, des désordres qui auront été commis, et auxquels ils n'auront pas résisté de toutes leurs forces.

« V. Dans le cas où, après qu'il aura été satisfait aux formalités prescrites par l'article III ci-dessus, les séditieux ne voudraient pas nommer de députés, ou si, après en avoir nommé, ils ne voulaient pas se retirer, ou s'ils se rendaient en quelque autre lieu pour former de nouveaux attroupements, ou commettaient quelque violence ou autre acte illégal, non seulement il sera permis, mais il est même très expressément enjoint et ordonné aux susdits officiers municipaux, après qu'ils auront fait aux séditieux une seconde sommation de se retirer, en leur dénonçant les peines graves portées par le présent acte, de faire agir la force militaire de la manière qui leur paraîtra le plus efficace; à peine de répondre des suites de leur négligence, de la manière énoncée en l'article précédent.

« VI. Après la seconde sommation ci-dessus, toute assemblée dans les rues, quais, ponts, places ou promenades publiques, depuis le nombre de trois jusqu'à dix personnes, si elles sont armées, et depuis le nombre de dix jusqu'à vingt, si elles ne sont pas armées, devra être dissipée par toutes voies. Si ceux qui s'en seront rendus coupables ne sont pas armés, ils seront punis par une amende à la discrétion du juge, et par un emprisonnement à la maison de correction, pour un terme qui n'excédera pas celui d'un an.

« VII. Après la susdite seconde sommation, toute assemblée dans les rues, quais, ponts, places ou promenades publiques, depuis le nombre de dix personnes en sus, si elles sont armées, et depuis le nombre de vingt personnes en sus, si elles ne sont pas armées, devra être dissipée par toutes voies. Si ceux qui s'en seront rendus coupables ne sont pas armés, ils seront punis par une amende à la discrétion du juge, et par un emprisonnement à la maison de correction pour un terme qui ne sera pas moindre de deux ans, et qui pourra être étendu jusqu'à dix ans, selon la gravité des cas.

« VIII. Si ceux qui seront tombés dans l'un des cas ci-dessus se trouvent armés, ou sont coupables de quelques violences ou excès contre les officiers municipaux ou contre leurs assistants, ils seront coupables de rebellion envers le roi et la nation, et en cas de conviction, punis de mort.

« IX. En cas de violence ou d'excès contre les officiers municipaux ou ceux qui les assistent, et dans tous les cas où, suivant la loi ci-dessus, il est enjoint d'employer la force militaire, les officiers municipaux, non plus que les officiers et soldats qui leur auront prêté main-forte, ne pourront être exposés à aucune poursuite ou recherche quelconque, à raison des personnes qui se trouveraient avoir été tuées ou blessées, soit que le fait arrive volontairement ou par accident.

« X. Attendu qu'il est également juste et nécessaire de sévir d'une manière particulière contre ceux qui, par leurs mauvaises manœuvres et machinations, auraient contribué à l'égarement des peuples et aux malheurs qui en sont la suite, lors même que les attroupements séditieux auraient été dissipés par les soins des officiers municipaux, et que le calme serait rétabli, il n'en sera pas moins informé contre les auteurs, promoteurs et instigateurs d'iceux, en la forme ordinaire; et ceux qui seront atteints et convaincus desdits cas seront punis, s'il s'agit d'attroupements séditieux non armés, par une amende à la discrétion du juge, et par un emprisonnement à la maison de correction. pour un terme qui ne pourra être plus court que six ans, et qui pourra s'étendre jusqu'à douze ans, selon la gravité des cas : et s'il s'agit d'attroupements séditieux faits avec armes, ou accompagnés de violences, ils seront punis de mort comme rebelles envers le roi et la nation.

« XI. Tous officiers ou soldats, tant des milices nationales que des troupes réglées, qui, dans quelqu'un des cas susdits, refuseraient leur assistance aux officiers municipaux pour le rétablissement de la paix, de la tranquillité et de la sûreté publique, seront poursuivis comme rebelles envers le roi et la nation, et punis comme tels. »

SÉANCE DU 19 OCTOBRE

L'Assemblée Nationale avait transféré le lieu de ses séances à Paris, dans une salle appropriée de l'Archevêché. Bailly, maire de Paris, à la tête d'une députation de la commune, avait été admis pour féliciter l'Assemblée. Il était accompagné par La Fayette commandant la garde nationale. Le président remercia la députation.

MIRABEAU. — Messieurs, la première de nos séances dans la capitale n'est-elle point la plus convenable que nous puissions choisir pour remplir une obligation de justice, et, je puis ajouter, un devoir de sentiment?

Deux de nos collègues, vous le savez, ont été appelés par la voix publique à occuper les deux premiers emplois de Paris, l'un dans le civil, l'autre dans le militaire. Je hais le ton des éloges, et j'espère que nous approchons du temps où l'on ne louera plus que par le simple exposé des faits. Ici les faits vous sont connus. Vous savez dans quelle situation, au milieu de quelles difficultés vraiment impossibles à décrire, se sont trouvés ces vertueux citoyens. La prudence ne permet pas de dévoiler toutes les circonstances délicates, toutes les crises périlleuses, tous les dangers personnels, toutes les menaces, toutes les peines de leur position dans une ville de sept cent mille habitants, tenus en fermentation continuelle, à la suite d'une révolution qui a bouleversé tous les anciens rapports; dans un temps de troubles et de terreurs, où des mains invisibles faisaient disparaître l'abondance, et combattaient secrètement tous les soins, tous les efforts des chefs pour nourrir l'immensité de ce peuple, obligé de conquérir, à force de patience, le morceau de pain qu'il avait déjà gagné par ses sueurs.

Quelle administration! quelle époque où il faut tout craindre et tout braver; où le tumulte renaît du tumulte; où l'on produit une émeute par les moyens qu'on prend pour la prévenir; où il faut sans cesse de la mesure, et où la mesure paraît équivoque, timide, pusillanime; où il faut déployer beaucoup de force, et où la force paraît tyrannie; où l'on est assiégé de mille conseils, et où il faut le prendre de soi-même; où l'on est obligé de redouter jusqu'à des citoyens dont les intentions sont pures, mais que la défiance, l'inquiétude, l'exagération, rendent presque aussi redoutables que des conspirateurs; où l'on est réduit même, dans des occasions difficiles, à céder par sagesse, à conduire le désordre pour le retenir, à se charger d'un emploi glorieux, il est vrai, mais environné d'alarmes cruelles; où il faut encore, au milieu de si grandes difficultés, déployer un front serein, être toujours calme, mettre de l'ordre jusque dans les plus petits objets, n'offenser personne, guérir toutes les jalousies, servir sans cesse, et chercher à plaire comme si l'on ne servait point!

Je vous propose, messieurs, de voter des remerciements à ces deux citoyens, pour l'étendue de leurs travaux et leur infatigable vigilance. On pourrait dire, il est vrai, que c'est un honneur réversible à nous-mêmes, puisque ces citoyens sont nos collègues. Mais, ne cherchons point à le dissimuler, nous sentirons un noble orgueil, si l'on cherche parmi nous les défenseurs de la patrie et les appuis de la liberté; si l'on récompense notre zèle en nous donnant la noble préférence des postes les plus périlleux, des travaux et des sacrifices.

Ne craignons donc point de marquer notre reconnaissance à nos collègues, et donnons cet exemple à un certain nombre d'hommes qui, imbus de notions faussement républicaines, deviennent jaloux de l'autorité, au moment même où ils l'ont confiée, et lorsqu'à un terme fixé ils peuvent la reprendre; qui ne se rassurent jamais ni par les précautions des lois, ni par les vertus des individus; qui s'effraient sans cesse des fantômes de leur imagination; qui ne savent pas qu'on s'honore soi-même en respectant les chefs qu'on a choisis; qui ne se doutent pas assez que le zèle de la liberté ne doit point ressembler à la jalousie des places et des personnes; qui accueillent trop aisément tous les faux bruits, toutes les calomnies, tous les reproches. Et voilà cependant comment l'autorité la plus légitime est énervée, dégradée, avilie; comment l'exécution des lois rencontre mille obstacles; comment la défiance répand partout ses poisons; comment, au lieu de présenter une société de citoyens qui élèvent ensemble l'édifice de la liberté, on ne ressemblerait plus qu'à des esclaves mutins qui viennent de rompre leurs fers, et qui s'en servent pour se battre et se déchirer mutuellement.

Je crois donc, messieurs, que le sentiment d'équité qui nous porte à voter des remerciements à nos deux collègues, est encore une invitation indirecte, mais efficace, une recommandation puissante à tous les bons citoyens de s'unir à nous pour faire respecter l'autorité légitime, pour la maintenir contre les clameurs de l'ignorance, de l'ingratitude ou de la sédition, pour faciliter les travaux des chefs, leur inspection nécessaire, l'obéissance aux lois, la règle, la discipline, la modération, toutes ces vertus de la liberté. Je pense enfin que cet acte de remerciement prouvera aux habitants de la capitale que nous savons, dans les magistrats qu'ils ont élus, honorer leur ouvrage et les respecter dans leur choix. Nous unirons, dans ces remerciements, les braves milices, dont l'intrépide patriotisme a dompté le despotisme ministériel; les représentants de la commune et les comités des districts, dont les travaux civiques ont rendu tant de services vraiment nationaux.

La proposition de Mirabeau est adoptée à l'unanimité.

SÉANCE DU 21 OCTOBRE

Target donne lecture d'un projet de loi contre les attroupements, au nom du comité de constitution.

MIRABEAU. — On demande une loi martiale et un tribunal; ces deux choses sont nécessaires : mais sont-elles les premières déterminations à prendre ?

Je ne sais rien de plus effrayant que des commotions occasionnées par la disette; tout se tait et tout doit se taire; tout succombe et doit succomber devant un peuple qui a faim. Que fera une loi martiale, si le peuple attroupé s'écrie : *Il n'y a pas de pain chez les boulangers?*

Quel monstre lui répondra par des coups de fusil? Un tribunal national connaîtrait sans doute de l'état du moment et des délits qui l'ont occasionné; mais il n'existe pas, ce tribunal; mais il faut du temps pour l'établir; mais les commotions sont fortes et terribles; mais le glaive irrésistible de la nécessité est prêt à fondre sur vos têtes. La première mesure à prendre n'est donc ni une loi martiale ni un tribunal. J'en connais une autre, et la voici.

Le pouvoir exécutif se prévaut de sa propre annihilation : demandons-lui qu'il dise de la manière la plus déterminée quels moyens il lui faut, quelles ressources il attend de nous pour assurer les subsistances de la capitale; donnons-lui ces moyens, ces ressources, et qu'à l'instant il soit responsable de leur exécution.

L'Assemblée vote une loi martiale contre les émeutes et les attroupements qui procède des projets de Mirabeau et de Target.

SÉANCE DU 27 OCTOBRE

L'Assemblée discute la cinquième condition d'éligibilité : « N'être pas dans un état servile », et après examen de diverses rédactions adopte celle de Barrère : « N'être pas dans un état de domesticité, c'est-à-dire serviteur à gages. »

MIRABEAU. — Avant que vous finissiez l'examen des caractères à exiger pour être électeur ou éligible, je vais vous proposer une loi qui, si vous l'adoptez, honorera la nation.

On murmure.

MIRABEAU. — Si la loi que je vous propose est faite pour relever la morale nationale, c'est moi qui aurai raison, et ceux qui murmurent auront eu tort. Je reprends.

Avant que vous finissiez l'examen des conditions d'éligibilité, je vais, messieurs, vous en proposer une qui, si vous l'adoptez, honorera la nation. Tirée des lois d'une petite république non moins recommandable par ses mœurs et par la rigidité de ses principes, que florissante par son commerce et par la liberté dont elle jouissait avant que l'injustice de nos ministres la lui eût ravie, elle peut singulièrement s'adapter à un Etat comme la France; à un Etat qui, aux avantages immenses de la masse, de l'étendue et de la population, va réunir les avantages plus grands encore de ces divisions et de ces sous-divisions qui le rendront aussi facile à bien gouverner que les républiques mêmes dont le territoire est le plus borné.

Je veux parler de cette institution de Genève, que le président de Montesquieu appelle avec tant de raison une *belle loi*, quoiqu'il paraisse ne l'avoir connue qu'en partie; de cette institution qui éloigne de tous les droits politiques, de tous les conseils, le citoyen qui a fait faillite ou qui vit insolvable, et qui exclut de toutes les magistratures, et même de l'entrée dans le grand conseil, les enfants de ceux qui sont morts insolvables, à moins qu'ils n'acquittent leur portion virile des dettes de leur père.

« Cette loi, dit Montesquieu, est très bonne. Elle a cet effet, qu'elle donne de la confiance pour les magistrats; elle en donne pour la cité même. La foi particulière y a encore la force de la foi publique. »

Ce n'est point ici, messieurs, une simple loi de commerce, une loi fiscale, une loi d'argent; c'est une loi politique et fondamentale, une loi morale, une loi qui, plus que toute autre, a peut-être contribué, je ne dis pas à la réputation, mais à la vraie prospérité de l'Etat qui l'a adoptée, à cette pureté de principes, à cette union dans les familles, à ces sacrifices si communs entre les parents, entre les amis, qui le rendent si recommandable aux yeux de tous ceux qui savent penser.

Une institution du même genre, mais plus sévère, établie dans la principauté de Neuchâtel en Suisse, a créé les bourgs les plus riants et les plus peuplés sur des montagnes arides et couvertes de neiges durant près de six mois ; elle y a développé des ressources incroyables pour le commerce et pour les arts ; et, dans ces retraites que la nature semblait n'avoir réservées qu'aux bêtes ennemies de l'homme, l'œil du voyageur contemple une population étonnante d'hommes aisés, sobres et laborieux, gage assuré de la sagesse des lois.

Dans l'état présent de la France, dans la nécessité où nous sommes de remonter chez nous tous les principes sociaux, de nous donner des mœurs publiques, de ranimer la confiance, de vivifier l'industrie, d'unir par de sages liens la partie consommatrice à la partie productive, c'est-à-dire à la partie vraiment intéressante de la nation, des lois pareilles sont non seulement utiles, mais indispensables.

Assez longtemps une éducation vicieuse ou négligée a dénaturé en nous les notions du juste et de l'injuste ; a relâché les liens qui unissent le fils à son père ; nous a accoutumés à ne rien respecter de ce qui est respectable. Assez longtemps une administration, dirai-je corrompue ou corruptrice ? a couvert de son indulgence des écarts qu'elle faisait naître, pour qu'on n'aperçût pas les siens propres. Retournons à ce qui est droit, à ce qui est honnête ; ouvrons aux générations qui vont suivre une carrière nouvelle de sagesse dans la conduite, d'union dans les familles, de respect pour la foi donnée.

Vainement, messieurs, vous avez aboli les privilèges et les ordres, si vous laissez subsister cette prérogative de fait qui dispense l'homme d'un certain rang de payer ses dettes ou celles de son père, qui fait languir le commerce, et qui trop souvent dévoue l'industrie laborieuse de l'artisan et du boutiquier à soutenir le luxe effréné de ce que nous appelons si improprement l'*homme comme il faut*.

Laissons à cette nation voisine, dont la constitution nous offre tant de vues sages dont nous craignons de profiter, cette loi injuste, reste honteux de la féodalité, qui met à l'abri de toutes poursuites pour dettes le citoyen que la nation appelle à la représenter dans son parlement. Profitons de l'exemple des Anglais, mais sachons éviter leurs erreurs; et, au lieu de récompenser le désordre dans la conduite, éloignons de toute place dans les assemblées, tant nationales que provinciales et municipales, le citoyen qui, par une mauvaise administration de ses propres affaires, se montrera peu capable de bien gérer celles du public.

C'est dans ce but que je vous propose les articles suivants :

« Art I⁰. Aucun failli, banqueroutier ou débiteur insolvable ne pourra être élu ou rester membre d'aucun conseil ou comité municipal, non plus que des assemblées provinciales ou de l'Assemblée Nationale, ni exercer aucune charge de judicature ou municipale quelconque.

« II. Il en sera de même de ceux qui n'auront pas acquitté dans le terme de trois ans leur portion virile des dettes de leur père mort insolvable, c'est-à-dire la portion de ces dettes dont ils auraient été chargés s'ils lui eussent succédé *ab intestat.*

« III. Ceux qui, étant dans quelqu'un des cas ci-dessus, auront fait cesser la cause d'exclusion en satisfaisant leur créancier ou en acquittant leur portion virile des dettes de leur père, pourront, par une élection nouvelle, rentrer dans les places dont ils auraient été exclus »[1].

---

1. Le projet de Mirabeau est très applaudi, et le premier article est ainsi décrété : « Aucun failli, banqueroutier ou débiteur insolvable, ne pourra être, devenir, ni rester membre d'aucun conseil ou comité municipal, non plus que des assemblées provinciales. ou de l'Assemblée Nationale, ni exercer aucune charge publique municipale. »

SÉANCE DU 28 OCTOBRE

L'ordre du jour appelle la discussion de la seconde partie de la motion de Mirabeau : Est-ce que 'es enfants des faillis seront exclus de l'éligibilité. Barnave parle contre la thèse de Mirabeau en soutenant que les enfants de faillis ne doivent pas être exclus de l'éligibilité. Mirabeau arrive quand la discussion vient d'être fermée. Il demande la parole.

MIRABEAU. — Messieurs, la vérité ne doit pas porter la peine de mon arrivée tardive dans l'Assemblée. J'apprends qu'on a travesti le sens de l'article que j'ai proposé. On a parlé de l'exclusion des enfants comme d'une peine infamante; tandis qu'elle n'est point une flétrissure, mais une simple précaution très sage et très politique. On prétend qu'elle est contraire au droit public et au droit des hommes, et l'on convient cependant qu'elle est morale et pure dans ses motifs. Certes je ne saurais comprendre comment une loi morale est contraire au droit public et à celui des hommes.

La morale est une pour les grands Etats comme pour les petits, pour les commerçants comme pour les agriculteurs. Il importe au commerce qu'un père pervers ne laisse pas, par des arrangements frauduleux, une fortune considérable à ses enfants. Il importe aux mœurs qu'il se forme un grand esprit de famille, une solidarité de la foi publique et de la foi privée. Il importe à la société que la réputation des pères puisse devenir celle des enfants. *C'est une loi de famille*, a-t-on dit : et à quoi devons-nous donc aspirer, qu'à faire une grande famille?

Trente mille personnes sont unies de foi, d'intérêt et de prospérité, à Genève; les liens moraux ne sont-ils pas de nature à embrasser également une société plus nombreuse? Les vues morales ne doivent-elles pas toujours diriger le législateur? La loi que je vous propose est une loi politique; elle a plus de latitude qu'une loi purement civile; et il est convenable d'exiger pour la représentation politique quelque chose de plus que cette probité vulgaire qui suffit pour échapper aux tribunaux. Je demande l'acceptation pure et simple de l'article que j'ai proposé.

L'article II est adopté pour le fond, sous réserve d'en demander la rédaction au comité de constitution.

MIRABEAU. — Pendant que vous vous occupez des conditions à exiger pour être électeur ou éligible, je vous propose de consacrer une idée qui m'a paru très simple et très noble, et que je trouve indiquée dans un écrit publié récemment par un de nos collègues. Il propose d'attribuer aux assemblées primaires la fonction d'inscrire solennellement les hommes qui auront atteint l'âge de vingt et un ans, sur le tableau des citoyens, et c'est ce qu'il appelle l'inscription civique.

Ce n'est point le moment d'entrer dans cette question vaste et profonde d'une éducation civique, réclamée aujourd'hui par tous les hommes éclairés, et dont nous devons l'exemple à l'Europe. Il suffit à mon but de vous rappeler qu'il est important de montrer à la jeunesse les rapports qu'elle soutient avec la patrie, de se saisir de bonne heure des mouvements du cœur humain pour les diriger au bien général, et d'attacher aux premières affections de l'homme les anneaux de cette chaîne qui doit lier toute son existence à l'obéissance des lois et aux devoirs du citoyen. Je n'ai besoin que d'énoncer cette vérité. La patrie, en revêtant d'un caractère de solennité l'adoption de ses enfants, imprime plus profondément dans leur cœur le prix de ses bienfaits et la force de leurs obligations.

L'idée d'une *inscription civique* n'est pas nouvelle; je la crois même aussi ancienne que les constitutions des peuples libres. Les Athéniens en particulier, qui avaient si bien connu tout le parti qu'on peut tirer des forces morales de l'homme, avaient réglé par une loi que les jeunes gens, après un service militaire de deux années, espèce de noviciat où tous étaient égaux, où tous apprenaient à porter docilement le joug de la subordination légale, étaient inscrits à l'âge de vingt ans sur le rôle des citoyens. C'était pour les familles et pour les tribus une réjouissance publique; et pour les nouveaux citoyens, c'était un grand jour : ils juraient au pied des autels de vivre et de mourir pour les lois de la patrie. Les effets de ces institutions ne sont bien sentis que par ceux qui ont étudié les véritables prises du cœur humain; ils savent qu'il est plus important de donner aux hommes des mœurs et des habitudes que des lois et des tribunaux. La langue des signes est la vraie langue des législateurs. Tracer une constitution, c'est peu de chose; le grand art est d'approprier les hommes à la loi qu'ils doivent chérir.

Si vous consacrez le projet que je vous propose, vous pourrez vous en servir dans le code pénal, en déterminant qu'une des peines les plus graves pour les fautes de la jeunesse sera la suspension de son droit à l'*inscription civique*, et l'humiliation d'un retard pour deux, trois, ou même cinq années. Une peine de cette nature est heureusement assortie aux erreurs de cet âge, plutôt frivole que corrompu, qu'il ne faut ni flétrir, comme on l'a fait trop longtemps, par des punitions arbitraires, ni laisser sans frein, comme il arrive aussi, quand les lois sont trop rigoureuses. Qu'on imagine combien, dans l'âge de l'émulation, la terreur d'une exclusion publique agirait avec énergie, et comment elle ferait de l'éducation le premier intérêt des familles. Si la punition qui résulterait de ce retard paraissait un jour trop sévère, ce serait une grande preuve de la bonté de notre constitution politique; vous auriez rendu l'état de citoyen si honorable, qu'il serait devenu la première des ambitions.

Je n'ai pas besoin d'ajouter qu'il sera nécessaire de donner à cette adoption de la patrie une grande solennité; mais, je le dirai, voilà les fêtes qui conviennent

désormais à un peuple libre ; voilà les cérémonies patriotiques, et par conséquent religieuses, qui doivent rappeler aux hommes, d'une manière éclatante, leurs
droits et leurs devoirs. Tout y parlera d'égalité ; toutes
les distinctions s'effaceront devant le caractère de
citoyen : on ne verra que les lois et la patrie. Je désirerais que ce serment, rendu plus auguste par un grand
concours de témoins, fût le seul auquel un citoyen français pût être appelé : il embrasse tout ; et en demander
un autre, c'est supposer un parjure.

Je propose donc le décret suivant :

« L'Assemblée Nationale décrète qu'après l'organisation des municipalités, les assemblées primaires seront
chargées de former un tableau des citoyens, et d'y inscrire à un jour marqué, par ordre d'âge, tous les
citoyens qui auront atteint l'âge de vingt et un ans,
après leur avoir fait prêter le serment de fidélité aux
lois de l'Etat et au roi. Et nul ne pourra être ni électeur
ni éligible dans les assemblées primaires, qu'il n'ait été
inscrit sur le tableau. »

La proposition est adoptée par acclamation.

SÉANCE DU 30 OCTOBRE

Suite de la discussion sur les motions relatives à la propriété des biens du Clergé. Prennent la parole, Lebrun, le
vicomte de Mirabeau qui parle contre la vente des biens du
Clergé.

MIRABEAU. — Le préopinant a commencé par vous
dire qu'il ne traitait pas la question du juste ou de l'injuste, parce qu'il veut éviter un piège ; en ce cas, messieurs, je suis un grand dresseur de pièges.

LE VICOMTE DE MIRABEAU. — Je demande acte de la déclaration de M. le comte de Mirabeau.

MIRABEAU. — J'ai l'honneur de vous déclarer, pour le reste de ma vie entière, que j'examinerai toujours si le principe est juste ou injuste. La première nécessité imposée aux représentants de la nation est d'examiner si la proposition est juste ou injuste, sans examiner le déluge des inconvénients que l'on nous fait entrevoir.

Je vais me jeter dans le fond de la question.

Messieurs, lorsqu'une grande nation est assemblée, et qu'elle examine une question qui intéresse une grande partie de ses membres, une classe entière de la société, et une classe infiniment respectable ; lorsque cette question paraît tenir tout à la fois aux règles inviolables de la propriété, au culte public, à l'ordre politique et aux premiers fondements de l'ordre social, il importe de la traiter avec une religieuse lenteur, de la discuter avec une scrupuleuse sagesse, de la considérer surtout, pour s'exempter même du soupçon d'erreur, sous ses rapports les plus étendus.

La question de la propriété des biens du Clergé est certainement de ce nombre. Une foule de membres l'ont déjà discutée avec une solennité digne de son importance. Je ne crois pas cependant qu'elle soit encore épuisée.

Les uns ne l'ont considérée que relativement à l'intérêt public ; mais ce motif, quelque grand qu'il puisse être, ne suffirait pas pour décréter que les biens du Clergé appartiennent à la nation, si l'on devait par là violer les propriétés d'une grande partie de ses membres. On vous a dit qu'il n'y a d'utile que ce qui est juste, et certainement nous admettons tous ce principe.

Les autres ont parlé de l'influence qu'aurait sur le crédit public le décret qui vous a été proposé, de l'immense hypothèque qu'il offrirait aux créanciers de l'État, de la confiance qu'il ressusciterait dans un moment où elle semble se dérober chaque jour à nos espérances ; mais gardez-vous encore, messieurs, de penser que ce motif fût suffisant, si la déclaration que l'on vous propose n'était destinée qu'à sanctionner une usurpation. Le véritable crédit n'est que le résultat de tous les genres de confiance, et nulle confiance ne pourrait être durable là où la violation d'une seule mais d'une immense propriété, menacerait par cela seul toutes les autres. Plutôt que de sauver l'empire par un tel moyen, j'aimerais mieux, quels que soient les dangers qui nous environnent, se confier uniquement à cette Providence éternelle qui veille sur les peuples et sur les rois. Aussi n'est-ce pas uniquement sous ce point de vue que je vais envisager la même question.

Ceux-ci ne l'ont traitée que dans ses rapports avec les corps politiques, que la loi seule fait naître, que la loi seule détruit, et qui, liés par cela même à toutes les vicissitudes de la législation, ne peuvent avoir des propriétés assurées, lorsque leur existence même ne l'est pas. Mais cette considération laisse encore incertain le point de savoir si, même en dissolvant le corps du Clergé pour le réduire à ses premiers éléments, pour n'en former qu'une collection d'individus et de citoyens, les biens de l'Église ne peuvent pas être regardés comme des propriétés particulières.

Ceux-là ont discuté plus directement la question de la propriété; mais, en observant que celui qui possède à ce titre a le droit de disposer et de transmettre, tandis qu'aucun ecclésiastique ne peut vendre; que le Clergé, même en corps, ne peut aliéner; et que, si des individus possèdent ces richesses, nul d'entre eux, du moins dans l'ordre des lois, n'a le droit d'en hériter : ils n'ont peut-être pas senti que le principe qui met toutes les propriétés sous la sauvegarde de la foi publique, doit s'étendre à tout ce dont un citoyen a le droit de jouir, et que, sous ce rapport, la possession est aussi un droit, et la jouissance une propriété sociale.

Enfin d'autres ont discuté la même question, en distinguant différentes classes de biens ecclésiastiques; ils ont tâché de montrer qu'il n'est aucune espèce de ces biens à laquelle le nom de propriété puisse convenir. Mais ils n'ont peut-être pas assez examiné si les fondations ne devaient pas continuer d'exister, par cela seul que ce sont des fondations, et qu'en suivant les règles de nos lois civiles, leurs auteurs ont pu librement disposer de leur fortune, et faire des lois dans l'avenir.

C'est, messieurs, sous ce dernier rapport que je traiterai la même question. On vous a déjà cité sur cette matière l'opinion d'un des plus grands hommes d'Etat qu'aient produits ces temps modernes. Je ne puis ni l'approuver entièrement, ni la combattre; mais je crois devoir commencer par la rappeler.

Il n'y a aucun doute, disait-il, sur le droit incontestable qu'ont le gouvernement dans l'ordre civil, le gouvernement et l'Eglise dans l'ordre de la religion, de disposer des fondations anciennes, d'en diriger les fonds à de nouveaux objets, ou mieux encore de les supprimer tout à fait. L'utilité publique est la loi suprême, et ne doit être balancée ni par un respect superstitieux pour ce qu'on appelle intention des fondateurs, comme si des particuliers ignorants et bornés avaient eu le droit d'enchaîner à leur volonté capricieuse les générations qui n'étaient point encore; ni par la crainte de blesser les droits prétendus de certains corps, comme si les corps particuliers avaient quelques droits vis-à-vis de l'Etat. Les citoyens ont des droits, et des droits sacrés pour le corps même de la société : ils existent indépendamment d'elle; ils en sont les éléments nécessaires; et ils n'y entrent que pour se mettre avec tous les droits sous la protection de ces mêmes lois auxquelles ils sacrifient leur liberté. Mais les corps particuliers n'existent point ni par eux-mêmes ni pour eux : ils ont été formés par la société, et ils doivent cesser d'être au moment où ils cessent d'être utiles. Concluons qu'aucun ouvrage des hommes n'est fait pour l'immortalité. Puisque les fondations, toujours multipliées par la vanité, absorberaient à la longue tous les fonds et toutes les propriétés particulières, il faut bien qu'on puisse à la fin les détruire. Si tous les hommes qui ont vécu avaient eu un tombeau, il aurait bien fallu, pour trouver des terres à cultiver, renverser ces monuments stériles, et remuer les cendres des morts pour nourrir les vivants.

Pour moi, messieurs, je distingue trois sortes de fondations : celles qui ont été faites par nos rois, celles qui sont l'ouvrage des corps et des agrégations politiques, et celles des simples particuliers.

Les fondations de nos rois n'ont pu être faites qu'au nom de la nation. Démembrement du domaine de l'Etat, ou emploi du revenu public et des impôts payés par les peuples, voilà par quelle espèce de biens ils s'acquittèrent d'un grand devoir ; et certainement la plus grande partie des biens de l'Eglise n'ont point eu d'autre origine. Or, outre que les rois ne sont que les organes des peuples, outre que les nations sont héréditaires des rois, qu'elles peuvent reprendre tout ce que ceux-ci ont aliéné, et qu'elles ne sont aucunement liées par ces augustes mandataires de leurs pouvoirs, il est de plus évident que les rois n'ont point doté les églises dans le même sens qu'ils ont enrichi la noblesse, et qu'ils n'ont voulu pourvoir qu'à une dépense publique. Comme chrétiens et chefs de l'Etat, ils doivent l'exemple de leur piété ; mais c'est comme rois, sans doute, que leur piété a été si libérale.

On a déjà dit que la nation avait le droit de reprendre les domaines de la couronne, par cela seul que, dans le principe, ces biens ne furent consacrés qu'aux dépenses communes de la royauté. Pourquoi donc la nation ne pourrait-elle pas se déclarer propriétaire de ses propres biens, donnés en son nom pour le service de l'Eglise ? Les rois ont des vertus privées ; mais leur justice et leurs bienfaits appartiennent uniquement à la nation.

Ce que je viens de dire des fondations des rois, je puis le dire également de celles qui furent l'ouvrage des agrégations politiques. C'est de leur réunion que la nation se trouve formée, et elles sont solidaires entre elles, puisque chacune doit en partie ce que la nation doit en corps. Or, s'il est vrai que l'Etat doit à chacun de ses membres les dépenses du culte ; s'il est vrai que la religion soit au nombre des besoins qui appartiennent à la société entière, et qui ne sont que les résultats de chacune de ses parties en particulier, les monuments de la piété des corps de l'Etat ne peuvent plus, dès lors, être regardés que comme une partie de la dépense publique.

Qu'ont fait les agrégations politiques lorsqu'elles ont bâti des temples, lorsqu'elles ont fondé des églises? Elles n'ont payé que leur portion d'une dette commune; elles n'ont acquitté que leur contingent d'une charge nationale; leur piété a pu devancer un plan plus uniforme de contribution; mais elle n'a pu priver la nation du droit de l'établir. Toutes les fondations de ce genre sont donc aussi, comme celles de nos rois, le véritable ouvrage, c'est-à-dire la véritable propriété de l'Etat.

Quant aux biens qui dérivent des fondations faites par de simples particuliers, il est également facile de démontrer qu'en se les appropriant sous la condition inviolable d'en remplir les charges, la nation ne porte aucune atteinte au droit de propriété ni à la volonté des fondateurs, telle qu'il faut la supposer dans l'ordre des lois.

En effet, messieurs, qu'est-ce que la propriété en général? C'est le droit que tous ont donné à un seul de posséder exclusivement une chose à laquelle, dans l'état naturel, tous avaient un droit égal; et d'après cette définition générale, qu'est-ce qu'une propriété particulière? C'est un bien acquis en vertu des lois.

Je reviens sur ce principe, parce qu'un honorable membre, qui a parlé il y a quelques jours sur la même question, ne l'a peut-être pas posée aussi exactement que les autres vérités dont il a si habilement développé les principes et les conséquences. Oui, messieurs, c'est la loi seule qui constitue la propriété, parce qu'il n'y a que la volonté publique qui puisse opérer la renonciation de tous, et donner un titre comme un garant à la jouissance d'un seul.

Si l'on se place hors de la loi, que découvre-t-on? Ou tous possèdent, et dès lors, rien n'étant propre à un seul, il n'y a point de propriété. Ou il y a usurpation, et l'usurpation n'est pas un titre. Ou la possession n'est que physique et matérielle, si l'on peut s'exprimer ainsi ; et dans ce cas, aucune loi ne garantissant une telle possession, on ne saurait la considérer comme une propriété civile.

Telles sont, messieurs, les fondations ecclésiastiques. Aucune loi nationale n'a constitué le Clergé un corps permanent dans l'Etat ; aucune loi n'a privé la nation du droit d'examiner s'il convient que les ministres de sa religion forment une agrégation politique existante par elle-même, capable d'acquérir et de posséder.

Or, de là naissent encore deux conséquences. La première, c'est que le Clergé, en acceptant ces fondations, a dû s'attendre que la nation pourrait un jour détruire cette existence commune et politique, sans laquelle il ne peut rien posséder. La seconde, c'est que tout fondateur a dû prévoir également qu'il ne pouvait nuire au droit de la nation ; que le Clergé pourrait cesser d'être un jour dans l'Etat ; que la collection des officiers du culte n'aurait plus alors ni propriété distincte, ni administration séparée, et qu'ainsi aucune loi ne garantissait la perpétuité des fondations dans la forme précise qu'elles étaient établies.

Prenez garde, messieurs, que, si vous n'admettiez pas les principes, tous vos décrets sur les biens de la Noblesse, sur la contribution proportionnelle, et sur l'abolition de ses privilèges, ne seraient plus que de vaines lois. Lorsque vous avez cru que vos décrets sur ces importantes questions ne portaient point atteinte au droit de propriété, vous avez été fondés sur ce que ce nom ne convenait point à des prérogatives et à des exemptions que la loi n'avait point sanctionnées, ou que l'intérêt public était forcé de détruire. Or les mêmes principes ne s'appliquent-ils pas aux fondations particulières de l'Eglise ?

Si vous pensez que les fondateurs, c'est-à-dire de simples citoyens, en donnant leurs biens au Clergé, et le Clergé, en les recevant, ont pu créer un corps dans l'Etat, lui donner la capacité d'acquérir, priver la nation du droit de la dissoudre, la forcer d'admettre dans son sein, comme propriétaire, un grand corps à qui tant de sources de crédit donnent déjà tant de puissance, alors respectez la propriété du Clergé : le décret que je propose y porterait atteinte.

Mais si, malgré les fondations particulières, la nation est restée dans tous ses droits ; si vous pouvez déclarer que le Clergé n'est pas un ordre, que le Clergé n'est pas un corps, que le Clergé, dans une nation bien organisée, ne doit pas être propriétaire, il suit de là que sa possession n'était que précaire et momentanée ; que ses biens n'ont jamais été une véritable propriété ; qu'en les acceptant des fondateurs, c'est pour la religion, les pauvres et le service des autels qu'il les a reçus ; et que l'intention de ceux qui ont donné les biens à l'Eglise ne sera pas trompée, puisqu'ils ont dû prévoir que l'administration de ces biens passerait en d'autres mains, si la nation rentrait dans ses droits.

Je pourrais considérer la propriété des biens ecclésiastiques sous une foule d'autres rapports, si la question n'était pas déjà suffisamment éclaircie. Je pourrais dire que l'ecclésiastique n'est pas même usufruitier, mais simplement dispensateur. J'ajouterais, si on pouvait prescrire contre les nations, que, les possesseurs de la plus grande partie des biens de l'Eglise ayant été depuis un temps immémorial à la nomination du roi, la nation n'a cessé de conserver, par son chef, les droits qu'elle a toujours eus sur la propriété de ces mêmes biens.

Je dirais encore que, si les biens de l'Eglise sont consacrés au culte public, les temples et les autels appartiennent à la société, et non point à leurs ministres ; que, s'ils sont destinés aux pauvres, les pauvres et leurs maux appartiennent à l'Etat ; que, s'ils sont employés à la subsistance des prêtres, toutes les classes de la société peuvent offrir des ministres au sacerdoce.

Je remarquerais que tous les membres du Clergé sont des officiers de l'Etat ; que le service des autels est une fonction publique ; et que, la religion appartenant à tous, il faut par cela seul que ses ministres soient à la solde de la nation, comme le magistrat qui juge au nom de la loi, comme le soldat qui défend au nom de tous des propriétés communes.

Je conclurais de ce principe que, si le Clergé n'avait point de revenu, l'Etat serait obligé d'y suppléer; or certainement un bien qui ne sert qu'à payer nos dettes est à nous. Je conclurais encore que le Clergé n'a pu acquérir des biens qu'à la décharge de l'Etat puisqu'en les donnant les fondateurs ont fait ce qu'à leur place, ce qu'à leur défaut la nation aurait dû faire. Je dirais que, si les réflexions que je viens de présenter conviennent parfaitement aux biens donnés par des fondateurs, elles doivent s'appliquer à plus forte raison aux biens acquis par les ecclésiastiques eux-mêmes par le produit des biens de l'Eglise, le mandataire ne pouvant acquérir que pour son mandat, et la violation de la volonté des fondateurs ne pouvant pas donner des droits plus réels que cette volonté même.

Je ferais observer que, quoique le sacerdoce, parmi nous, ne soit point uni à l'empire, la religion doit cependant se confondre avec lui; s'il prospère pour elle, il est prêt à la défendre. Eh! que deviendrait la religion, si l'Etat venait à succomber? Les grandes calamités d'un peuple seraient-elles donc étrangères à ces ministres de paix et de charité qui demandent tous les jours à l'Etre Suprême de bénir un peuple fidèle? Le Clergé conserverait-il ses biens, si l'Etat ne pouvait plus défendre ceux des autres citoyens? Respecterait-on ses prétendues propriétés, si toutes les autres devaient être violées?

Je dirais : Jamais le corps de marine ne s'est approprié les vaisseaux que les peuples ont fait construire pour la défense de l'Etat; jamais, dans nos mœurs actuelles, une armée ne partagera entre les soldats les pays qu'elle aura conquis. Serait-il vrai du clergé seul, que des conquêtes faites par sa piété sur celle des fidèles doivent lui appartenir et rester inviolables, au lieu de faire partie du domaine indivisible de l'Etat?

Enfin, si je voulais envisager une aussi grande question sous tous les rapports qui la lient à la nouvelle constitution du royaume, aux principes de la morale, à ceux de l'économie politique, j'examinerais d'abord s'il convient au nouvel ordre de choses que nous venons d'établir, que le gouvernement, distributeur de toutes les richesses ecclésiastiques par la nomination des titulaires, conserve par cela seul des moyens infinis d'action, de corruption et d'influence.

Je demanderais si, pour l'intérêt même de la religion et de la morale publique, ces deux bienfaitrices du genre humain, il n'importe pas qu'une distribution plus égale des biens de l'Eglise s'oppose désormais au luxe de ceux qui ne sont que les dispensateurs des biens des pauvres, à la licence de ceux que la religion et la société présentent aux peuples comme un exemple toujours vivant de la pureté des mœurs.

Je dirais à ceux qui s'obstineraient à regarder comme une institution utile à la société celle d'un Clergé propriétaire, de vouloir bien examiner si, dans des pays voisins du nôtre, les officiers du culte sont moins respectés pour n'être pas propriétaires ; s'ils obtiennent et s'ils méritent moins de confiance ; si leurs mœurs sont moins pures, leurs lumières moins étendues, leur influence sur le peuple moins active, je dirais presque, moins bienfaisante et moins salutaire. Ce n'est point, on le sent bien, ni notre religion sainte, ni nos divins préceptes que je cherche à comparer avec des erreurs ; je ne parle que de ses hommes ; je ne considère les officiers du culte que dans leurs rapports avec la société civile ; et certes, lorsque je m'exprime ainsi devant l'élite du Clergé de France, devant ces pasteurs citoyens qui nous ont secondés par tant d'efforts, qui nous ont édifiés par tant de sacrifices, je suis bien assuré que nulle fausse interprétation ne pervertira mes intentions ni mes sentiments.

Je reviens maintenant sur mes pas. Qu'ai-je prouvé, messieurs, par les détails dans lesquels je suis entré? Mon objet n'a point été de montrer que le Clergé dût être dépouillé de ses biens, ni que d'autres citoyens, ni que des acquéreurs dussent être mis à sa place. Je n'ai pas non plus entendu soutenir que les créanciers de l'Etat dussent être payés par les biens du Clergé, puisqu'il n'y a pas de dette plus sacrée que les frais du culte, l'entretien des temples et les aumônes des pauvres.

Je n'ai pas voulu dire non plus qu'il fallût priver les ecclésiastiques de l'administration des biens et des revenus dont le produit doit leur être assuré. Eh! quel intérêt aurions-nous à substituer les agents du fisc à des économes fidèles, et à des mains toujours pures des mains si souvent suspectes?

Qu'ai-je donc, messieurs, voulu montrer? Une seule chose : c'est qu'il est et qu'il doit être de principe que toute nation est seule et véritable propriétaire des biens de son clergé. Je ne vous ai demandé que de consacrer ce principe, parce que ce sont les erreurs ou les vérités qui perdent ou qui sauvent les nations. Mais en même temps, afin que personne ne pût douter de la générosité de la nation française envers la portion la plus nécessaire et la plus respectée de ses membres, j'ai demandé qu'il fût décrété qu'aucun curé, même ceux des campagnes, n'auraient moins de douze cents livres.

Applaudissements.
L'abbé Maury réfute Mirabeau et Thouret qui lui réplique.

SÉANCE DU 2 NOVEMBRE

Dans son discours du 31 octobre, l'abbé Montesquiou avait dit, en défendant les biens du Clergé : « Je défie de citer une aliénation. » Mirabeau avait relevé le défi et demandé à l'Assemblée de remettre la discussion au lundi pour faire sa réponse. Il avait préparé un discours qui était le complément du premier et où il réfutait l'abbé Maury, mais il ne le prononça pas pour ne pas allonger les débats. Il lut seulement cette motion : « Qu'il soit déclaré : 1° que tous les biens ecclésiastiques sont à la disposition de la nation ; à la charge de pourvoir, d'une manière convenable, aux frais du culte, à l'entretien de ses ministres et au soulagement des pauvres, sous la surveillance et d'après les instructions des provinces ; 2° que, selon les dispositions à faire pour les ministres de la religion, il ne puisse être affecté à la dotation des curés moins de douze cents livres, non compris le logement et jardin en dépendant ».

Cette motion fut adoptée par l'Assemblée nationale, avec de légères modifications de rédaction, par 568 voix contre 346 et 40 nulles.

SÉANCES DU 3, 5 ET 6 NOVEMBRE

Mirabeau présente le 3 un plan de division du royaume et un règlement pour son administration ; le 5, il dénonce la procédure prévôtale de Marseille, faite au mépris du décret de l'Assemblée sur la procédure criminelle ; le 6, il expose divers projets sur les finances et il propose : 1° qu'une ambassade extraordinaire soit envoyée aux États-Unis pour l'achat de blé et de farine ; 2° que le Comité des Finances soit invité à présenter à l'Assemblée le plan d'une caisse nationale ; 3° que les ministres soient invités à prendre dans l'Assemblée voix consultative « jusqu'à ce que la Constitution ait fixé les règles qui seront suivies à cet égard. »

SÉANCE DU 7 NOVEMBRE

L'ordre du jour appelait la suite de la discussion sur la troisième partie de la motion de Mirabeau relative à l'entrée des ministres dans l'Assemblée. Elle est combattue par de Montlosier, Lanjuinais, Blin qui propose comme amendement à la motion de Mirabeau : « Aucun membre de l'Assemblée nationale ne pourra désormais passer au ministère pendant la durée de la session actuelle. »

Mirabeau. — Messieurs, la question que l'on vous propose est un problème à résoudre. Il ne s'agit que de faire disparaître l'inconnue, et le problème est résolu.

Je ne puis croire que l'auteur de la motion veuille sérieusement faire décider que l'élite de la nation ne peut pas renfermer un bon ministre; que la confiance accordée par la nation à un citoyen doit être un titre d'exclusion à la confiance du monarque; que le roi, qui, dans des moments difficiles, est venu demander des conseils aux représentants de la grande famille, ne puisse prendre le conseil de tel de ces représentants qu'il voudra choisir. Qu'en déclarant que tous les citoyens ont une égale aptitude à tous les emplois, sans autre distinction que celle des vertus et des talents, il faille excepter de cette aptitude et de cette égalité de droits les douze cents députés honorés du suffrage d'un grand peuple; que l'Assemblée Nationale et le ministre doivent être tellement divisés, tellement opposés l'un à l'autre, qu'il faille écarter tous les moyens qui pourraient établir plus d'intimité, plus de confiance, plus d'unité dans les desseins et dans les démarches.

Non, messieurs, je ne crois pas que tel soit l'objet de la motion, parce qu'il ne sera jamais en mon pouvoir de croire une chose absurde.

Je ne puis non plus imaginer qu'un des moyens de salut public parmi nos voisins ne puisse être qu'une source de maux parmi nous; que nous ne puissions profiter des mêmes avantages que les communes anglaises retirent de la présence de leurs ministres; que cette présence ne fût parmi nous qu'un instrument de corruption, ou une source de défiance, tandis qu'elle permet au parlement d'Angleterre de connaître à chaque instant les desseins de la cour, de faire rendre compte aux agents de l'autorité, de les surveiller, de les instruire, de comparer les moyens avec les projets, et d'établir cette marche uniforme qui surmonte tous les obstacles.

Je ne puis croire, non plus, que l'on veuille faire cette injure au ministère, de penser que quiconque en fait partie doit être suspect par cela seul à l'Assemblée législative;

A trois ministres déjà pris dans le sein de cette Assemblée, et presque d'après ses suffrages, que cet exemple a fait sentir qu'une pareille promotion serait dangereuse à l'avenir ;

A chacun des membres de cette Assemblée, que, s'il était appelé au ministère pour avoir fait son devoir de citoyen, il cesserait de le remplir par cela seul qu'il serait ministre ;

Enfin, à cette Assemblée elle-même, qu'elle ferait redouter un mauvais ministre, dans quelque rang qu'il fût placé, et quels que fussent ses pouvoirs, après la responsabilité que vous avez établie.

Je me demande d'ailleurs à moi-même : Est-ce un point de constitution que l'on veut fixer? Le moment n'est point encore venu d'examiner si les fonctions du ministère sont incompatibles avec la qualité de représentant de la nation ; et ce n'est pas sans la discuter avec lenteur qu'une pareille question pourrait être décidée.

Est-ce une simple règle de police que l'on veut établir? C'est alors une première loi à laquelle il faut peut-être obéir, celle de nos mandats, sans lesquels nul de nous ne serait ce qu'il est ; et, sous ce rapport, il faudrait peut-être examiner s'il dépend de cette Assemblée d'établir pour cette session une incompatibilité que les mandats n'ont pas prévue, et à laquelle aucun député ne s'est soumis.

Voudrait-on défendre à chacun des représentants de donner sa démission? Notre liberté serait violée.

Voudrait-on empêcher celui qui aurait donné sa démission d'accepter une place dans le ministère? C'est la liberté du pouvoir exécutif que l'on voudrait limiter.

Voudrait-on priver les mandants du droit de réélire le député que le monarque appellerait dans son conseil? Ce n'est point alors une simple loi de police qu'il s'agit de faire; c'est un point de constitution qu'il faut établir.

Je me dis encore à moi-même : il fut un moment où

l'Assemblée Nationale ne voyait d'autre espoir de salut que dans une promotion de ministres qui, pris dans son sein, qui, désignés en quelque sorte par elle, adopteraient ses mesures et partageraient ses principes.

Je me dis : le ministère sera-t-il toujours assez bien choisi pour que la nation n'ait aucun changement à désirer? Fût-il choisi de cette manière, un tel ministère serait-il éternel? Je me dis encore : le choix des bons ministres est-il si facile qu'on ne doive pas craindre de borner le nombre de ceux parmi lesquels un tel choix peut être fait?

Quel que soit le nombre des hommes d'État que renferme une nation aussi éclairée que la nôtre, n'est-ce rien que de rendre inéligibles 1.200 citoyens qui sont déjà l'élite de cette nation? Je me demande : sont-ce des courtisans ou ceux à qui la nation n'a point donné sa confiance, quoique peut-être ils se soient mis sur les rangs pour la solliciter, que le roi devra préférer aux députés de son peuple?

Oserait-on dire que ce ministre en qui la nation avait mis toute son espérance, et qu'elle a rappelé par le suffrage le plus universel et le plus honorable, après l'orage qui l'avait écarté, n'aurait pu devenir ministre, si nous avions eu le bonheur de le voir assis parmi nous?

Non, messieurs, je ne puis croire à aucune de ces conséquences, ni, par cela même, à l'objet apparent de la motion que l'on vient de vous proposer. Je suis donc forcé de penser, pour rendre hommage aux intentions de celui qui l'a faite, que quelque motif secret la justifie, et je vais tâcher de les deviner.

Je crois, messieurs, qu'il peut être utile d'empêcher que tel membre de l'Assemblée n'entre dans le ministère. Mais comme, pour obtenir cet avantage particulier, il ne convient pas de sacrifier un grand principe, je propose pour amendement l'exclusion du ministère aux membres de l'Assemblée que l'auteur de la motion paraît redouter, et je me charge de vous les faire connaître.

Il n'y a, messieurs, que deux personnes dans l'Assemblée qui puissent être l'objet secret de la motion. Les autres ont donné assez de preuves de liberté, de courage et d'esprit public pour rassurer l'honorable député; mais il y a deux membres sur lesquels lui et moi pouvons parler avec plus de liberté, qu'il dépend de lui et de moi d'exclure; et certainement sa motion ne peut porter que sur l'un des deux.

Quels sont ces membres? Vous l'avez déjà deviné, messieurs; c'est ou l'auteur de la motion, ou moi. Je dis d'abord l'auteur de la motion parce qu'il est possible que sa modestie embarrassée ou son courage mal affermi aient redouté quelque grande marque de confiance, et qu'il ait voulu se ménager le moyen de la refuser en faisant admettre une exclusion générale. Je dis ensuite moi-même : parce que des bruits populaires répandus sur mon compte ont donné des craintes à certaines personnes, et peut-être des espérances à quelques autres ; qu'il est très possible que l'auteur de la motion ait cru ces bruits; qu'il est très possible encore qu'il ait de moi l'idée que j'en ai moi-même; et dès lors je ne suis pas étonné qu'il me croie incapable de remplir une mission que je regarde comme fort au-dessus, non de mon zèle ni de mon courage, mais de mes lumières et de mes talents, surtout si elle devait me priver des leçons et des conseils que je n'ai cessé de recevoir dans cette Assemblée.

Voici donc, messieurs, l'amendement que je vous propose : c'est de borner l'exclusion demandée à M. de Mirabeau, député des communes de la sénéchaussée d'Aix.

Je me croirai fort heureux si, au prix de mon exclusion, je puis conserver à cette Assemblée l'espérance de voir plusieurs de ses membres, dignes de toute ma confiance et de tout mon respect, devenir les conseillers intimes de la nation et du roi, que je ne cesserai de regarder comme indivisibles.

La partie d'une proposition de Lanjuinais qui était analogue à celle de Blin est adoptée.

SÉANCES DU 13 AU 17 NOVEMBRE

Le 13, Thouret, au nom du Comité de Constitution, avait critiqué le plan de division du royaume de Mirabeau, et celui-ci demandait à lui répondre le 14 pour ne pas improviser sur un sujet ausi important. La discussion continua le 15, par une réplique de Thouret auquel Mirabeau avait communiqué le texte de son discours.

SÉANCE DU 18 NOVEMBRE

« Les électeurs des assemblées primaires de chaque département, réunis par département pourront choisir les députés à l'Assemblée Nationale parmi les éligibles de tous les départements du royaume », tel était l'article du comité de constitution, soumis à la discussion. Le marquis d'Ambly demanda que les éligibles fussent seulement pris dans le département électeur.

MIRABEAU. — Quand on a eu l'honneur d'être le compagnon de vos travaux, on s'attendrait plutôt à une grande défaveur pour l'opinion qui veut restreindre le choix des départements, que pour l'opinion qui donnerait plus de latitude à ce choix. Chacun de nous a entendu dire qu'il était le représentant de la nation, solidaire des intérêts et de l'honneur de la nation, et non pas solidaire de tel canton. Vos succès n'auraient pas fait juger qu'un principe si salutaire pût être contesté maintenant.

La première question qu'on peut se faire, est celle-ci : peut-il y avoir d'autre loi pour l'élection, que celle de la confiance? Et pouvez-vous, en ce sens, imposer des lois à vos commettants?

Le second point de vue de la question, c'est de savoir si le principe d'élection pour les administrations provinciales est le même pour les Assemblées Nationales.

Dans les premières, le principe de restriction est juste

et sage ; ceux qui ont un intérêt immédiat, des connaissances requises, doivent seuls être admis à l'administration locale ; mais l'Assemblée Nationale ne s'occupe pas des intérêts locaux ; et il est étrange de choisir le moment où vous avez uni toutes les parties de l'empire, pour réveiller un principe qui nous a, pendant long-temps, divisés en trente-deux royaumes, et qui nous diviserait aujourd'hui en quatre-vingts, puisque vous avez divisé la France en quatre-vingts départements ou provinces.

L'on parle de l'Angleterre : mais la représentation y est très vicieuse ; mais il faut un très gros revenu pour y parvenir. Avez-vous admis cette détestable loi ? La représentation en Angleterre est profondément vicieuse, et la vôtre est pure.

La preuve du vice de la représentation de nos voisins, c'est qu'inutilement les deux partis cherchent à la réformer, cette représentation. Eh ! pourquoi ne le font-ils pas ? parce que le parti de l'opposition et le parti ministériel agissent de mauvaise foi ; parce que c'est pour eux un domaine de corruption, à laquelle la phalange des intéressés oppose une telle force, que l'on ne peut la vaincre.

Il y a quelque chose de vrai dans les craintes de ceux qui ont parlé d'intrigues et de cabales ; mais il ne faut pas toujours s'environner des méfiances d'un ordre de choses qui ne subsistait que parce que nous n'avions pas de constitution.

Je pense donc qu'il ne faut pas circonscrire le choix des députés à l'Assemblée Nationale, mais qu'il faut laisser ce choix à la confiance des électeurs, qui pourront trouver dans un citoyen d'un autre département plus de lumières et de patriotisme.

En laissant ce choix à la liberté des électeurs, je crois que nous aurons fait une chose *nationalement bonne.*

La motion du marquis d'Ambly, appuyée par Barnave, est adoptée.

SÉANCES DU 20 AU 29 NOVEMBRE

Le 14, Necker avait exposé devant l'Assemblée le mauvais état des finances et développé le plan qu'il se proposait d'exécuter pour y remédier : transformations de la Caisse d'Escompte en Banque nationale avec privilège, émission de billets portant la garantie de la nation, etc. Dans la séance du 20, où ce plan vint en discussion, Mirabeau parla contre sans épuiser le débat. Le 25, il renouvela sa dénonciation contre le prévôt de Marseille qui, malgré les décrets, rendait ses jugements dans les anciennes formes.

SÉANCE DU 30 NOVEMBRE

Salicetti avait demandé à l'Assemblée de rendre un décret déclarant que la Corse faisait partie de l'Empire français. Il avait été rendu dans ces termes : « L'île de Corse est déclarée partie de l'empire français; ses habitants seront régis par la même constitution que les autres Français, et dès ce moment le roi est supplié d'y faire parvenir et publier tous les décrets de l'Assemblée Nationale. »

MIRABEAU. — Après avoir rendu ce décret, il s'en présente un autre qui en est la suite nécessaire, et que je propose en ces termes :

« L'Assemblée Nationale décrète que ceux des Corses qui, après avoir combattu pour la défense de la liberté, se sont expatriés par l'effet et les suites de la conquête de leur île, et qui cependant ne sont coupables d'aucuns *délits légaux*, auront dès ce moment la faculté de rentrer dans leur pays, pour y exercer tous les droits de citoyens français, et que le roi sera supplié de donner, sans délai, tous les ordres nécessaires pour cet objet. »

Le prince de Poix propose de consulter le pouvoir exécutif avant de prendre ce décret, à son avis dangereux pour la tranquillité de l'île.

DE BOUSMARD. — Je demande la suppression de cette phrase : *qui, après avoir combattu pour la défense de leur liberté*, comme injurieuse à la nation et à la mémoire du feu roi.

MIRABEAU. — Toute objection est levée par ces mots : *qui ne sont coupables d'aucuns délits légaux*; car je ne pense pas que personne ici puisse regarder comme coupables envers la nation des citoyens dont le crime unique serait d'avoir défendu leurs foyers et leur liberté. J'ai dit des *délits légaux*, parce qu'il n'y a que les actes contraires aux lois protectrices de l'homme qui méritent d'être punis. Je ne conçois pas comment la liberté, quand elle est innocente de tout délit de ce genre, pourrait n'être pas sous votre sauvegarde.

J'avoue que ma première jeunesse a été souillée par une participation à la conquête de la Corse; mais je ne m'en tiens que plus étroitement obligé à réparer envers ce peuple généreux ce que ma raison me représente comme une injustice. Une proclamation a prononcé la peine de mort contre les Corses qui ont défendu leurs foyers, et que l'amour de la liberté a fait fuir. Je vous le demande, serait-il de votre justice et de la bonté du roi que cette proclamation les éloignât encore de leur pays, et punît de mort leur retour dans leur patrie?

On dirait que le mot de *liberté* fait ici sur quelques hommes la même impression que l'eau sur les hydrophobes... Je persiste à demander que mon projet de décret soit mis aux voix; et, pour lever les scrupules de quelques personnes, je substitue à ces mots, *délits légaux*, ceux de *délits déterminés par la loi*.

Le projet de décret est adopté.

SÉANCE DU 1er DÉCEMBRE

Target, au nom du comité de constitution, lit divers articles sur l'organisation des municipalités. L'article 51 donne lieu à des débats. Il prévoit que dans le cas d'infidélité des officiers municipaux, cent citoyens actifs devront signer un mémoire pour les dénoncer. L'Assemblée estime que le chiffre de cent citoyens est trop élevé, Target qui défend l'article propose de le réduire à dix.

DEMEUNIER. — Je demande au préopinant si, en matière d'administration, il serait à propos d'envoyer directement la dénonciation aux cours de justice.

MIRABEAU. — Je vous demande à mon tour si vous appelez délits d'administration une chose reconnue mauvaise par la loi, sitôt qu'elle est faite par un administrateur.

DEMEUNIER. — J'observe qu'il s'agit uniquement de porter au département une dénonciation préalable, qui y sera examinée, et que le jugement, s'il doit avoir lieu, sera rendu par les tribunaux.

MIRABEAU. — Tout citoyen a droit de dénoncer un crime public. Voilà le principe que toutes les puissances de la terre n'anéantiraient pas. Nous ne pouvons empêcher d'exercer ce droit, je dirai même ce devoir.

J'observe au préopinant qu'il change l'état de la question. L'article du comité indique de véritables délits, *infidélité dans le maniement des deniers communs, violences arbitraires*, etc. Voilà des crimes qui devront être dénoncés par tous les citoyens. Le gouvernement n'est pas institué pour l'aise et la commodité de ceux qui gouvernent. Ce serait un véritable vice constitutionnel que d'exiger la réunion d'un nombre déterminé de citoyens actifs pour dénoncer un officier public; cette condition serait pour les officiers municipaux une sauvegarde certaine et un brevet d'impunité.

Le comité nous parle de grands délits, et, pour défendre son article, il nous menace de *tracasseries*. Assez longtemps on a donné l'éphithète de *tracassiers* à tous les citoyens dont les yeux étaient ouverts; assez longtemps on a appelé toutes les plaintes des *tracasseries*. Messieurs, rien ne peut autoriser la violation du droit inaliable qu'a chaque citoyen d'intenter l'action populaire : voilà un principe dont il faut convenir aujourd'hui.

L'Assemblée décrète qu'il suffira d'un seul citoyen actif pour dénoncer un délit d'administration. Le comité de constitution propose un article reconnaissant le droit aux citoyens actifs de s'assembler au nombre de trente après les élections.

MIRABEAU. — Les hommes non armés ont le droit de se réunir en tel nombre qu'ils veulent, pour se communiquer leurs lumières, leurs vœux, leurs titres ; les en empêcher, c'est attaquer le droit des hommes et des citoyens : je demande le renvoi de l'article.

L'article est ajourné.

SÉANCE DU 2 DÉCEMBRE

A propos de la formation d'un comité colonial, Gouy d'Arsy, député de Saint-Domingue, avait déclaré dans la séance du premier, que le ministre de la Marine, de La Luzerne, était : « un ministre exécré qui a fait le malheur de la colonie et qui cherche à consommer sa ruine. » Par une lettre adressée à l'Assemblée, le ministre protestait contre les paroles de Gouy d'Arsy et demandait qu'il fournît les faits et les preuves sur lesquels il basait son opinion. Le marquis d'Ambly avait demandé que fût déclaré calomniateur et exclu de l'Assemblée tout député dénonciateur qui ne ferait pas la preuve de sa dénonciation.

MIRABEAU. — Préjuger par un décret que les députés de la nation peuvent être calomniateurs ; leur ôter le pouvoir d'exprimer les vœux, les sentiments de leurs commettants ; décider que l'Assemblée a le droit de prononcer l'exclusion d'un de ses membres, de le flétrir aux yeux de la nation qui lui a donné sa confiance, c'est porter un décret avilissant pour l'Assemblée, attentatoire à sa liberté, et contraire aux droits de la nation, qui seule est juge en dernier ressort de la conduite de ses représentants.

Sans doute un député calomniateur serait plus coupable qu'un autre homme, puisqu'ayant des fonctions plus saintes, puisqu'étant revêtu d'une inviolabilité sacrée, il aurait abusé de tous les genres de confiance. Mais un de nos décrets commencerait par ces termes : *Si un député est calomniateur, il sera exclu.* Voilà certes un étrange *si* à faire juger par l'Assemblée... Je n'ai jamais entendu parler du ministre de la Marine que d'une manière favorable à sa morale et à son caractère; mais je declare que sa sensibilité l'a emporté trop loin, et qu'il parle d'une manière irrespectueuse pour l'Assemblée, lorsqu'il nous représente comme prêts à accueillir toutes les plaintes, toutes les imputations contre les ministres ; plus ce sentiment serait condamnable en nous, dont le premier devoir est d'être justes, moins il est permis de nous l'attribuer. Le ministère, considéré comme un pouvoir abstrait, a trop fait de mal à la France pour que nos défiances soient si tôt guéries ; mais les ministres actuels ont plutôt éprouvé une partialité honorable à leur caractère.

Quant à la motion qu'on nous propose, je demande la question préalable : toute formule qui blesserait notre liberté, doit être repoussée : à plus forte raison devons-nous rejeter avec horreur le dogme que l'on voudrait établir, de l'inviolabilité des ministres et de la responsabilité des députés.

Le président lève la séance, sans que l'Assemblée ait pris de décision sur la proposition du marquis d'Ambly.

SÉANCES DU 8 AU 23 DÉCEMBRE

Le 8, Mirabeau parla à nouveau sur les affaires de Marseille; le 10 il prit la parole à propos du travail sur les municipalités fait par le comité de Constitution et le système graduel qu'il proposa fut violemment combattu par

Barnave. Sa motion revint en discussion le 15 et malgré ses efforts elle fut ajournée indéfiniment par l'Assemblée.

SÉANCE DU 24 DÉCEMBRE

Discussion de la motion concernant l'admission des non catholiques et des comédiens, à toutes les fonctions municipales et provinciales et à tous les emplois civils et militaires. Brion de Beaumetz propose d'ajourner la question en ce qui concerne les juifs.

MIRABEAU. — Ce n'est pas sans étonnement que j'ai entendu cet orateur estimable vous dire que les juifs ne voudraient peut-être pas des emplois civils et militaires auxquels vous les déclareriez admissibles, et conclure de là très spécieusement que ce serait de votre part une générosité gratuite et mal entendue que de prononcer leur aptitude à ces emplois.

Eh! messieurs, serait-ce parce que les juifs ne voudraient pas être citoyens que vous ne les déclareriez pas citoyens? Dans un gouvernement comme celui que vous élevez, il faut que tous les hommes soient hommes; il faut bannir de votre sein ceux qui ne le sont pas ou qui refuseraient de le devenir.

Mais la requête que les juifs viennent de faire remettre à cette Assemblée prouve contre l'assertion du préopinant.

Je conclus de ce que je viens de lire [1] qu'il faut ajourner la question sur les juifs, parce qu'elle n'est pas encore assez éclaircie; mais que je n'en ai pas moins dû chercher à détruire les impressions que le préopinant aurait pu faire naître contre ce peuple, moins coupable qu'infortuné.

Je passe au second objet. Non seulement il n'existe pas de loi qui ait déclaré les comédiens infâmes, mais les États-Généraux tenus à Orléans ont dit, article IV

1. Mirabeau avait lu une phrase de la requête des juifs.

de leur ordonnance, presque ces mots, mais certainement leur véritable sens : « Quand les comédiens auront
épuré leurs théâtres (et alors la scène était occupée par
ces misérables farces qu'on s'honnore de voir oubliées),
on s'occupera de déterminer ce qu'ils doivent être dans
l'ordre civil, d'où ils ne paraissent pas devoir être
rejetés pour eux-mêmes. » Aujourd'hui même, messieurs, il est des provinces françaises qui déjà ont
secoué le préjugé que nous devons abolir; et la preuve
en est que les pouvoirs d'un de nos collègues, député
de Metz, sont signés de deux comédiens. Il serait donc
absurde, impolitique même, de refuser aux comédiens le
titre de citoyens, que la nation leur défère avant nous,
et auquel ils ont d'autant plus de droits qu'il est peut-
être vrai qu'ils n'ont jamais mérité d'en être dépouillés.

Les amendements de Brion de Beaumetz sont adoptés.

SÉANCE DU 26 DÉCEMBRE

Les impôts indirects se percevaient difficilement et Necker
avait demandé, en insistant sur la résistance particulière de
la ville de Dreux, à l'Assemblée, d'en assurer le recouvre-
ment. De Fermon avait réclamé la nomination d'un nouveau
comité de finances et Le Brun avait défendu l'ancien.

MIRABEAU. — Un nouveau système général des impositions! — La promesse que vous fait votre comité n'est-
elle point inconsidérée? ne sera-t-elle point illusoire?

On murmure.

Oui, messieurs, quelque chatouilleuses que soient les
impressions de l'amour-propre, elles ne m'empêcheront
jamais de dire la vérité : je ne sais si le préopinant, et
je le nomme, M. le Brun, s'est fait une idée juste d'un
système général d'imposition; mais je lui dis qu'il est
moralement, physiquement impossible de s'occuper

avec succès, dans ce moment surtout, d'un semblable travail. Il faut avoir statué sur *tout* avant de rien entreprendre sur le nouveau système d'imposition ; et certes il nous reste encore beaucoup à faire avant d'avoir statué sur *tout*. Je pense donc que vous ne devez, que vous ne pouvez vous occuper que d'un système provisoire.

On crie : oh ! oh !

Telle est mon opinion, et j'ai pour d'avoir plus entendu la matière dont je parle que ceux qui font *oh ! oh !...*

SÉANCES DU 29 ET DU 30 DÉCEMBRE

Les Génevois avaient offert à l'Assemblée nationale une somme de neuf cent mille livres. Mirabeau et l'abbé Maury parlèrent le 29 pour que ce don ne fut pas accepté. A l'unanimité l'Assemblée prononça que le don du Comité génevois serait refusé.

Le 30, Target pour le comité de constitution lit cet article sur l'organisation des municipalités qui lui avait été renvoyé : « Les administrateurs de départements et de districts et les corps municipaux auront chacun en leur territoire, en toute cérémonie publique, la préséance sur les corps civils et militaires. » On propose des amendements.

MIRABEAU. — Je demande en sous-amendement que tous les amendements soient renvoyés à M. de Brézé, grand-maître des cérémonies, et que nous nous hâtions de consacrer uniquement ce principe : que tous les officiers municipaux, comme véritables et immédiats représentants du peuple, auront à jamais le pas sur toute autre existence sociale.

L'article du comité est adopté.

TABLE

ÉTATS-GÉNÉRAUX — 1789.

OUVRAGES SUR LA RÉVOLUTION

ANDRÉ CHÉNIER

Œuvres en prose .... 1 vol.

DANTON

Discours civiques, avec une *Introduction* et des *Notes* par H. FLEISCHMANN .... 1 vol.

A. DEBIDOUR

Études critiques sur la Révolution, l'Empire et la Période contemporaine .... 1 vol.

CAMILLE DESMOULINS

Œuvres choisies, avec *Préface* de JULES CLARETIE .... 2 vol.

DUBOIS-CRANCÉ

Analyse de la Révolution française, *depuis l'ouverture des États généraux jusqu'au 6 brumaire an IV* .... 1 vol.

ANTONIN DUBOST

Danton et la Politique contemporaine .... 1 vol.

FABRE D'ÉGLANTINE

Œuvres politiques, avec une *Introduction* et des *Notes* par CH. VELLAY .... 1 vol.

FOUQUIER-TINVILLE

Réquisitoires, avec *Introduction* et *Notes* par H. FLEISCHMANN... 1 vol.

EDMOND ET JULES DE GONCOURT

Histoire de la Société française pendant la Révolution. 1 vol.

ARSÈNE HOUSSAYE

Galeries du XVIIIe siècle : LA RÉVOLUTION .... 1 vol.

GÉNÉRAL TH. IUNG

Bonaparte et son temps .... 3 vol.
L'Armée et la Révolution (1747-1814) .... 2 vol.

P. LANFREY

Essai sur la Révolution française .... 1 vol.

MARAT

Correspondance, recueillie et annotée par CH. VELLAY.......... 1 vol.
Les Pamphlets, avec une *Introduction* et des *Notes* par CH. VELLAY. 1 vol.

MIRABEAU

Les Écrits, avec une *Introduction* et des *Notes* par L. LUMET. 1 vol.

CHARLES NODIER

Souvenirs de la Révolution et de l'Empire .... 2 vol.

ROBESPIERRE

Discours et Rapports, avec *Introduction* et *Notes* par CH. VELLAY. 1 vol.

SAINT-JUST

Œuvres complètes, avec *Introduction* et *Notes* par CH. VELLAY.. 2 vol.

Mme DE STAËL

Considérations sur la Révolution française.................... 2 vol.

JEAN WALLON

Le Clergé de quatre-vingt-neuf. — LE PAPE ; LE ROI ; LA NATION ; FIN DE L'ANCIEN RÉGIME .... 1 vol.